财政部规划教材
全国财政职业教育教学指导委员会推荐教材
全国中等职业学校财经类教材

经济法律法规

肖 薇 王朝辉 主编

中国财经出版传媒集团
中国财政经济出版社

图书在版编目（CIP）数据

经济法律法规 / 肖薇，王朝辉主编 . —北京：中国财政经济出版社，2018.6

财政部规划教材　全国财政职业教育教学指导委员会推荐教材　全国中等职业学校财经类教材

ISBN 978 – 7 – 5095 – 8264 – 0

Ⅰ. ①经… Ⅱ. ①肖… ②王… Ⅲ. ①经济法 – 中国 – 中等专业学校 – 教材 Ⅳ. ①D922. 29

中国版本图书馆 CIP 数据核字 (2018) 第 108371 号

责任编辑：马立祥　　　　　　　　责任校对：徐艳丽
封面设计：构远设计

中国财政经济出版社 出版

URL：http：//www.cfeph.cn
E – mail：cfeph @ cfeph.cn

（版权所有　翻印必究）

社址：北京市海淀区阜成路甲 28 号　邮政编码：100142
营销中心电话：010 – 88191537　北京财经书店电话：64033436　84041336
北京富生印刷厂印刷　各地新华书店经销
787×1092 毫米　16 开　13.25 印张　321 000 字
2018 年 7 月第 1 版　2021 年 7 月北京第 2 次印刷
定价：31.00 元
ISBN 978 – 7 – 5095 – 8264 – 0
（图书出现印装问题，本社负责调换）
本社质量投诉电话：010 – 88190744
打击盗版举报热线：010 – 88191661　　QQ：2242791300

编写说明

本书是财政部规划教材、全国财政职业教育教学指导委员会推荐教材，由财政部教材编审委员会组织编写并审定，作为全国中等职业学校财经类教材使用。

在当前国家大力实施全面依法治国战略布局的大环境下，培养学法、懂法、守法的学生是中职学校的责任。本教材以培养学生公共素养为出发点，让学生获取与经济相关的法学基础理论知识，了解与经济生活密切相关的法律法规，使学生具有良好的职业道德和职业习惯，为将来就业和创业奠定基础，造就学生成为遵纪守法的社会主义劳动者。

本教材按专题撰写，涵盖学生将来就业所需要的经济法律知识，包括经济法基础知识、中小企业法律制度、公司法律制度、合同法律制度、劳动合同与社会保险法律制度、工业产权法律制度、会计法律制度、消费者权益保护法、税法、证券法律制度共十个专题。每个专题通过"案例导入"引入主题，考虑该门课程概念比较抽象难懂，设计了"小提示"、"小思考"、"小练习"等环节，既方便老师教学，也让学生加深对知识的理解，学会在问题中思考、在实践中运用，从而提高学生的综合能力。

本教材结构严谨，内容根据中职学生的学习现状和就业需求进行了取舍，适合中职学校各专业的学生了解经济法律法规的基本内容，具有较强的实用性。各专业可根据具体情况选学专题，课程开设一个学期或一个学年，周课时2~4节。

本教材由常德财经学校肖薇老师和长沙财经学校王朝辉老师担任主编。前五个专题由长沙财经学校负责编写，专题一由王朝辉编写，专题二由何熠编写，专题三由张平编写，专题四由向征编写，专题五由刘一心编写；后五个专题由常德财经学校编写，专题六由罗梦编写，专题七由肖薇编写，专题八由龙禹含编写，专题九由杨复娟编写，专题十由刘雅云编写。

教材在编写过程中，得到了全国财政职业教育教学指导委员会专家、武汉市财政学校副校长徐俊和广东省财政职业技术学校钟秉盛科长的悉心指导。在此深表感谢！

本教材章后均附有"同步练习"，用书学校任课老师若需要答案，请以电子邮件的形式向中国财政经济出版社索取（请注明：学校、书名、版次），E-mail：caijingjiaocai@163.com。若需要其他网络教学资源，请登录如下网址：http://www.zgcjjy.com 或 http://cjjc.cfeph.cn 下载。

由于编者水平有限，教材错误之处在所难免，敬请读者批评指正。

编　者

2018年4月

目 录

专题一　经济法基础知识 ……………………………………………………（ 1 ）

专题二　中小企业法律制度 ……………………………………………………（ 18 ）

专题三　公司法律制度 …………………………………………………………（ 39 ）

专题四　合同法律制度 …………………………………………………………（ 62 ）

专题五　劳动合同与社会保险法律制度 ………………………………………（ 84 ）

专题六　工业产权法律制度 ……………………………………………………（109）

专题七　会计法律制度 …………………………………………………………（121）

专题八　消费者权益保护法律制度 ……………………………………………（145）

专题九　税收管理法律制度 ……………………………………………………（156）

专题十　证券法律制度 …………………………………………………………（174）

专题一
经济法基础知识

专题一　知识结构图

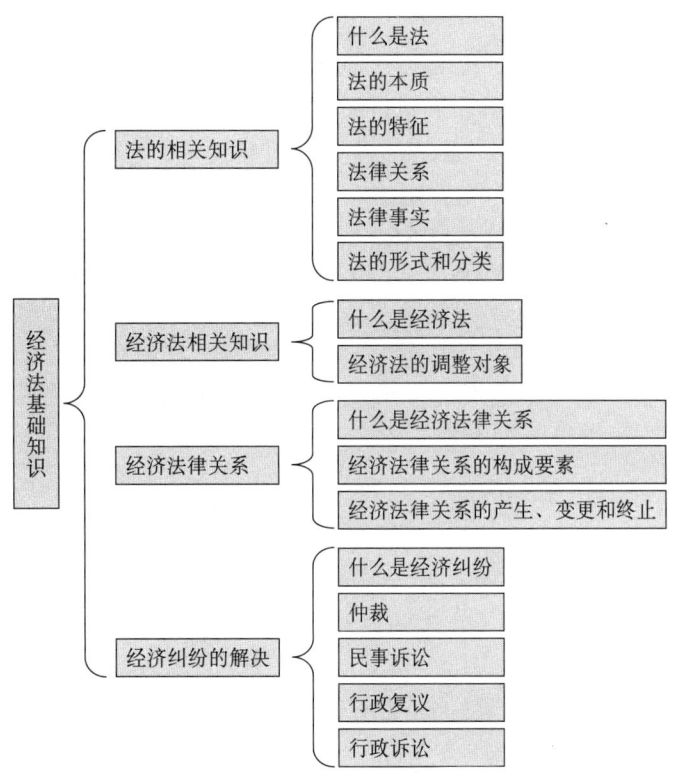

经济法律法规

【学习目标】

- ☐ 了解法的相关知识
- ☐ 了解经济法的概念及调整对象
- ☐ 了解经济法律关系
- ☐ 了解经济纠纷解决的方法

【案例导入】

长沙某职业学校招收新生后，委托天诚服装加工厂加工校服2000套，约定材料由服装厂采购，学校提供样品，取货时付款。眼看交货时间到了，天诚服装加工厂因接的订单太多难以如期完成，情急之下，私自委托和美服装厂加工500套，可和美服装厂加工的500套与样品要求不符，学校拒绝付款。请问你的身边发生过这种类似的事件吗？一般以什么方式解决呢？

一、法的相关知识

（一）什么是法

法作为一种特殊的社会规范，是人类社会发展的产物。一般来说，法是由国家制定或认可，以权利义务为主要内容，由国家强制力保证实施的社会行为规范及其相应的规范性文件等的总称。

清末以来，"法"与"法律"是并用的。在我国现代汉语中，"法律"一词有狭义和广义两种用法。广义的"法律"指法的整体，即国家制定或认可，并由国家强制力保证实施的各种行为规范的总和。狭义的法律专指拥有立法权的国家机关（国家立法机关）依照法定权限和程序制定颁布的规范性文件。

本书对"法"和"法律"不加以严格的区分。

（二）法的本质

法是统治阶级的国家意志的体现。具体理解如下：

1. 法所体现的统治阶级的意志，不是凭空产生的，而是由统治阶级的物质生活条件决定的，是社会客观需要的反映。

2. 法体现的是统治阶级的整体意志和根本利益，不是统治阶级每个成员个人意志的简单相加。

【小思考1-1】 法是统治阶级意志的体现，统治阶级违法犯罪是否会受到法律的制裁？

3. 法体现的不是一般的统治阶级意志，而是统治阶级的国家意志。

(三) 法的特征

1. 国家意志性

法是经过国家制定或认可才得以形成的规范，具有国家意志性。统治阶级意志并不能直接形成法，必须通过一定的组织和程序，即通过统治阶级的国家制定或认可，才能形成法。制定、认可，是国家创制法的两种方式，也是统治阶级把自己的意志变为国家意志的两条途径。

> 【小提示1-1】法是通过国家制定和发布的，但并不是国家发布的任何文件都是法。
> (1) 法是国家发布的规范性文件。
> (2) 法是按照法定的职权和方式制定和发布的，有确定的表现形式。

2. 国家强制性

法凭借国家强制力的保证而获得普遍遵行的效力，具有国家强制性，即以国家的强制机构（如警察、法庭、监狱）为后盾，和国家制裁相联系。其他社会规范如道德主要依靠社会舆论的强制，习惯受到习惯势力的强制，这些强制都不同于国家的强制。

3. 规范性

法是确定人们在社会关系中的权利和义务的行为规范，具有规范性。具体表现为：一是概括性，法是调节人们行为的一种社会规范，具有能为人们提供一个行为模式、标准的属性。二是利益导向性，法通过规定人们的权利和义务来分配利益，影响人们的动机和行为，进而影响社会关系，实现统治阶级的意志和要求，维持社会秩序。

4. 明确公开性和普遍约束性

法是明确而普遍适用的规范，具有明确公开性和普遍约束性。法具有明确的内容，能使人们预知自己或他人一定行为的法律后果（可预测性）。法具有普遍适用性，凡是在国家权力管辖和法律调整的范围、期限内，对所有社会成员及其活动都普遍适用。

> 【小练习1-1】下列关于法的本质与特征的表述中，不正确的是（ ）。
> A. 法是由国家制定或认可的规范
> B. 法是全社会成员共同意志的体现
> C. 法由统治阶级的物质生活条件所决定
> D. 法凭借国家强制力的保证获得普遍遵行的效力

(四) 法律关系

法律关系是法律规范在调整人们的行为过程中所形成的一种特殊的社会关系，即法律上的权利与义务关系。所以法律关系也可以表述为法律规范所调整的权利与义务关系，由法律关系的主体、法律关系的内容和法律关系的客体三个要素构成，缺一不可。

1. 法律关系的主体

法律关系主体又称权利主体或义务主体，是指参加法律关系，依法享有权利和承担义务的当事人。任何一个法律关系至少要有两个主体。

【小思考1-2】 为什么任何一个法律关系至少要有两个主体？

根据我国法律规定，法律关系的主体包括以下几类：

（1）自然人（公民）。所谓自然人，是指具有生命的个体的人。既包括中国公民，也包括居住在中国境内或在境内活动的外国公民和无国籍人。公民是最常见的法律关系主体。

（2）组织（法人组织和非法人组织）。法人组织分为营利法人、非营利法人和特别法人。营利法人包括有限责任公司、股份有限公司和其他企业法人等。非营利法人包括事业单位、社会团体、基金会、社会服务机构等。其中机关法人、农村集体经济组织法人、城镇农村的合作经济组织法人、基层群众性自治组织法人为特别法人。非法人组织包括个人独资企业、合伙企业、不具有法人资格的专业服务机构等。

（3）国家。在特殊情况下，国家可以作为一个整体成为法律关系主体。

【小提示1-2】 在国内，国家是国家财产所有权唯一和统一的主体；在国际法上，国家则是国际法关系的主体。

【小练习1-2】 下列选项中可以成为法律关系主体的有（　　）。
　A. 公民　　B. 企业　　C. 土地　　D. 国家

法律关系的主体资格包括权利能力和行为能力两个方面：

（1）权利能力。指法律关系主体能够参加某种法律关系，依法享有一定的权利和承担一定的义务的法律资格。它是任何个人或组织参加法律关系的前提。

（2）行为能力。指法律关系主体能够通过自己的行为实际取得权利和履行义务的能力。

【小提示1-3】 法人的行为能力和权利能力是一致的，同时产生、同时消灭。自然人的行为能力不同于其权利能力，具有行为能力必须首先具有权利能力，但具有权利能力并不必然具有行为能力。确定公民有无行为能力，一看能否认识自己行为的性质、意义和后果；二看能否控制自己的行为并对自己的行为负责。

我国将自然人的民事行为能力划分为三类：

一是完全行为能力人，是指达到法定年龄、智力健全、能够对自己行为负完全责任的自然人。包括两种情况：

（1）18周岁以上的自然人（≥18周岁），18周岁以上的自然人是成年人，具有完全民事行为能力，可以独立进行民事活动，是完全民事行为能力人。

（2）16周岁以上的未成年人（16周岁≤未成年人＜18周岁），以自己的劳动收入为主要生活来源的，视为完全民事行为能力人。

二是限制行为能力人，是指行为能力受到一定的限制，只有部分行为能力的自然人。包括两种情况：

（1）8周岁以上的未成年人（≥8周岁）。

（2）不能完全辨认自己行为的成年人。

三是无行为能力人，是指完全不能以自己的行为行使权利、履行义务的公民。包括三种情况：

（1）不满8周岁的未成年人（<8周岁）。

（2）8周岁以上的未成年人，不能辨认自己行为的。

（3）不能辨认自己行为的成年人。

我国将自然人的刑事责任能力作了如下规定：

一是刑事责任年龄。已满16周岁的人犯罪，应当负刑事责任。已满14周岁不满16周岁的人，犯故意杀人、故意伤害致人重伤或者死亡、强奸、抢劫、贩卖毒品、放火、爆炸、投毒（8种）的，应当负刑事责任。

二是对特殊年龄段自然人的量刑规定。已满14周岁不满18周岁的犯罪，应当从轻或减轻处罚。已满75周岁的人，故意犯罪的，可以从轻或减轻处罚，过失犯罪的，应当从轻或减轻处罚。

三是对精神状态异常的自然人的规定。精神病人在不能辨认或者不能控制自己行为的时候造成危害结果，经法定程序鉴定确认的，不负刑事责任，但应当责令他的家属或监护人严加看管得医疗，必要时有政府强制医疗。间歇性的精神病人在精神正常的时候犯罪，应当负刑事责任。尚未完全丧失辨认或者控制自己行为能力的精神病人犯罪，应当负刑事责任，但是可以从轻或者减轻处罚。

2. 法律关系的内容

法律关系的内容是指法律关系主体所享有的权利和承担的义务。

权利是指法律关系主体依法享有的权益，表现为权利享有者依照法律规定具有的自主决定做出或者不做出某种行为、要求他人做出或者不做出某种行为和一旦被侵犯，有权请求国家予以法律保护。

义务是指法律关系主体依照法律规定所担负的必须作出某种行为或者不得作出某种行为的负担或约束。依法承担义务的主体称为义务主体或义务人。义务主体必须作出某种行为是指以积极的作为方式去履行义务，称为积极义务（如纳税）。义务主体不得作出某种行为是指以消极的不作为方式去履行义务，称为消极义务（如不得毁坏公共财物）。

法律权利和义务作为构成法律关系内容的两个方面，是密切联系不可分离的，如买卖关系中，买方承担向卖方支付价款的义务，同时享有获得卖方出售物的权利；卖方享有获得买方价款的权利，同时承担向买方支付出售物的义务。

【小练习1-3】下列各项权利义务中，属于法律关系内容的有（   ）。
  A. 所有权   B. 经营管理权   C. 纳税义务   D. 服兵役义务

3. 法律关系的客体

法律关系客体是指法律关系主体的权利和义务所指向的对象。没有客体，权利与义务就失去了依附的目标和载体，无所指向，也就不可能发生权利与义务。法律关系客体的内容和范围是由法律规定的，客体应当具备能为人类所控制并对人类有价值这一特征。客体随着经济、科技的发展不断出现，如数据、网络虚拟财产等新的客体。一般认为法律关系客体包括四类：

（1）物。指能满足人们需要，具有一定的稀缺性，并能为人们现实支配和控制的各种物质资源。可以是自然物（土地、矿藏），可以是人造物（建筑、机器），还可以是货币及有价证券。物可以是有体物，有体物可以是固定形态的（实物）和无固定形态的（天然气、电力），物也可以是无体物（权利、数据信息）。

（2）人身、人格。人身和人格分别代表着人的物质形态和精神利益，是人之为人的两个不可或缺的要素。一方面，人身和人格是生命权、身体权、健康权、姓名权、肖像权、名誉权、荣誉权、隐私权、婚姻自主权等人身权指向的客体。另一方面，人身和人格又是禁止非法拘禁他人、禁止对犯罪嫌疑人刑讯逼供、禁止侮辱或诽谤他人、禁止卖身为奴、禁止卖淫等法律义务所指向的客体。

【小思考1-3】人的整体是法律关系的主体还是法律关系的客体？

（3）非物质财富，也称精神产品或精神财富，包括知识产品和荣誉产品。知识产品也称智力成果，指人们通过脑力劳动创造的能够带来经济价值的精神财富。如作品、发明、实用新型、外观设计等。

荣誉产品是指人们在各种社会活动中所取得的物化或非物化的荣誉价值，如荣誉称号、奖章、奖品等，是荣誉权的法律关系客体。

【小提示1-4】智力成果是一种精神形态的客体，是一种思想或者技术方案，不是物，但通常有物质载体，如书籍、图册、录像、录音等，就是记录、承载智力成果的物质形式。

（4）行为（行为结果）。非指人们的一切行为，而是指法律关系的主体为达到一定目的所进行的作为（积极行为）或不作为（消极行为），是人的有意识的活动。如生产经营行为、经济管理行为等。行为是行为过程与其结果的统一。

【小思考1-4】公民王某与某医疗中心签订协议，承诺死后将自己的眼角膜无偿捐赠给该医疗中心，用于帮助失明患者重见光明。分析王某与该医疗中心形成的法律关系。

【小练习1-4】下列各项中，可以成为我国经济法律关系客体的有（　　）。
　　A. 阳光　　B. 房屋　　C. 经济决策行为　　D. 自然人

（五）法律事实

任何法律关系的发生、变更和消灭，都要有法律事实的存在。

法律事实是指由法律规范所确定的，能够产生法律后果，即能够直接引起法律关系发生、变更或消灭的情况。法律事实是法律关系发生、变更和消灭的直接原因。包括法律事件和法律行为两大类。

1. 法律事件

法律事件是指不以当事人的主观意志为转移的，能够引起法律关系发生、变更和消灭的法定情况或者现象。

（1）自然现象（绝对事件）。如地震、洪水、台风、森林大火、出生、死亡。

（2）社会现象（相对事件）。如社会革命、战争、重大政策的改变。

2. 法律行为

法律行为是指以当事人的主观意志为转移，能够引起法律关系发生、变更和消灭的法定情况或现象。

根据不同的标准，可以对法律行为作不同的分类：按行为是否符合法律规范要求，分为合法行为与违法行为；按行为的表现形式，分为积极行为（作为）与消极行为（不作为）；按行为是否通过意思表达，分为意思表示行为（签订合同）与意思非表示行为（发现埋藏物）；按主体意思表示的形式，分为单方行为（行政命令）与多方行为（合同行为）；按行为是否需要特定形式或实质要件，分为要式行为（票据行为）与非要式行为（口头订立合同）；按主体实际参与行为的状态分为自主行为（以自己的名义独立从事的法律行为）与代理行为（法律主体根据法律授权或其他主体的委托而以被代理人的名义所从事的法律行为）。

【小练习1-5】下列各项中，属于法律事实中法律事件范围的有（　　　）。
　　A. 设立公司　　B. 签订合同　　C. 地震　　D. 逃税

【小思考1-5】出纳员李玲在单位领导的授意下，多开发票金额并入账。思考出纳员、单位领导的行为是否构成法律行为？

（六）法的形式和分类

1. 法的形式

法的形式，即法学上所称的法的形式渊源，是指法的具体的表现形态。我国法的主要形式有：

（1）宪法。由国家最高立法机关即全国人民代表大会制定，是国家的根本大法。具有最高的法律效力，也具有最为严格的制定和修改程序。

（2）法律。全国人民代表大会及其常务委员会制定，其法律效率和地位仅次于宪法。

（3）行政法规。由国家最高行政机关即国务院在法定职权范围内为实施宪法和法律而制定、发布的规范性文件，通常冠以条例、办法、规定等名称。

（4）地方性法规、自治条例和单行条例。

（5）特别行政区的法。

（6）规章。包括部门规章和地方政府规章。

（7）国际条约。

2. 法的分类

根据不同的标准，可以对法作不同的分类。根据法的创制方式和发布形式，分为成文法和不成文法；根据法的内容、效力和制定程序，分为根本法和普通法；根据法的内容，分为实体法（如民法）和程序法（如民事诉讼法）；根据法的空间效力、时间效力或对人的效力，分为一般法和特别法；根据法的主体、调整对象和渊源，分为国际法和国内法；根据法律运用的目的，分为公法和私法。

> 【小练习1-6】下列对法所作的分类中，属于以法的空间效力、时间效力或者对人的效力为依据进行分类的是（　　）。
> A. 成文法和不成文法　　　B. 根本法和普通法
> C. 一般法和特别法　　　　D. 实体法和程序法

二、经济法相关知识

（一）什么是经济法

经济法是调整国家在管理与协调经济运行过程中所发生的经济关系的法律规范的总和。经济法是一个独立的法律部门，是由众多的经济法律和经济法规所构成的有机体。

（二）经济法的调整对象

经济法的调整对象是国家在对经济活动进行管理过程中所发生的法律关系。经济法调整的经济关系主要有如下几类：

（1）市场主体调控关系。指国家在对市场主体的活动进行管理，以及市场主体自身运行的过程中所发生的经济关系。如企业、个体工商户、公民个人等。

（2）市场运行调控关系。指国家为了建立市场经济秩序，维护国家、市场经营者和消费者的合法权益而干预市场所发生的经济关系。如反不正当竞争、维护消费者权益等。

（3）宏观经济调控关系。指国家从长远和社会公共利益出发，对关系国计民生的重大因素，在实行全局性管理的过程中，与其他社会组织之间发生的具有隶属性或指导性的社会经济关系。如土地管理、金融证券监管等。

（4）社会分配调控关系。指国家在对国民收入进行初次分配和再分配过程中所发生的经济关系。如财政、税收等。

三、经济法律关系

（一）什么是经济法律关系

经济法律关系是法律关系的一种，是指当事人在经济活动中，根据经济法律、法规的规定所形成的经济权利和经济义务的关系。

【小提示1-5】经济法律关系与经济关系既有联系，又有区别。经济关系是生产、交换、分配、消费等领域的总称。经济法律关系是国家机关、社会组织和其他经济实体在参加经济管理过程中和经营协调活动中发生的，由经济法律、法规确认和调整的，并由国家强制力保证其存在和运行的经济权利、经济义务相统一的关系。经济关系是经济法律关系的客观物质基础，经济法律关系对经济关系有着巨大的反作用。经济法律关系属于上层建筑范畴，经济关系属于经济基础范畴。

（二）经济法律关系的构成要素

1. 经济法律关系主体

经济法律关系主体是指经济法律关系的参与者或当事人。在我国，可分为经济管理主体和经济活动主体两类。具体包括国家和国家机关、企业和其他社会组织、企业的内部组织和有关人员、个体经营者和公民。

2. 经济法律关系的内容

经济法律关系的内容是指经济法律关系的主体依法享有的经济权利和应当承担的经济义务。

（1）经济权利。指经济法主体依法具有的自己为或不为一定行为和要求他人为或不为一定行为的资格。按其范围划分，一般分为经济职权、财产所有权、经营管理权和请求权等。

（2）经济义务。经济法主体依据经济法律规定，或者为满足权利主体的要求，必须作为或不作为的责任。

3. 经济法律关系的客体

经济法律关系的客体是指经济权利和经济义务所共同指向的对象，包括物、经济行为和非物质财富。

（1）物：指能为主体所支配，具有经济价值的物品，是经济法律关系客体中最普遍、最主要的一种。它不同于物理学中的"物"，它可分为生产资料与生活资料、可分物与不可分物、动产与不动产、自由流通物、限制流通物与禁止流通物等。

（2）经济行为：指经济法主体为达到一定目的所进行的经济活动。包括经济管理行为和给付行为。如运输法律关系中的客体就是运送的行为。

（3）非物质财富。指智力成果、道德产品和经济信息等。

【小练习1-7】某财经学校与某家政公司签订劳务合同，2017年8月10日至15日，家政公司安排人员为学校服务，负责全面打扫和清理学校各办公和实训场地。打扫清理完成后，学校付给家政公司5000元。请问：该经济法律关系中，主体是（　　），内容是（　　），客体是（　　）。

A. 劳务行为　　　　　　　B. 学校付报酬的义务和接受劳务的权利

C. 学校和家政公司　　　　D. 家政公司提供劳务的义务和接受报酬的权利

(三) 经济法律关系的产生、变更和终止

社会经济活动是在连续不断的运动中进行的，在此基础上形成的经济法律关系也是不断产生、变更和终止的。

(1) 经济法律关系的产生。指有关主体之间依据经济法而形成一定的权利义务关系。

(2) 经济法律关系的变更。即经济法律关系主体、内容、客体的变化。

(3) 经济法律关系的终止。即有关主体之间的经济权利义务关系消灭。

法律事实，是引起法律关系产生、变更和终止的直接原因，包括法律行为和法律事件。

【小思考1-6】8月1日，某财经学校与美美服装加工厂签订3000套校服的合同。根据合同，学校当日向服装厂预付30万元，校服全部交付时结清货款。8月20日，学校新生报到，实际报到人数为2500人，于是提出协商减少500套校服，加工厂表示同意。合同期满，学校与加工厂分别履行了合同规定的义务。试分析案例中经济法律关系的主体、客体、内容及变更与终止。

四、经济纠纷的解决

(一) 什么是经济纠纷

经济纠纷是指市场经济主体之间因经济权利和经济义务的矛盾引起的权益争议，包括平等主体之间涉及经济内容的纠纷和公民、法人或其他组织作为行政管理相对人与行政机关之间因行政管理所发生的涉及经济内容的纠纷。如合同纠纷、纳税人与税务机关就纳税事务发生争议等。

为了保护当事人的合法权益，维持社会经济秩序，必须利用有效手段，及时处理解决经济纠纷。在我国，解决经济纠纷的途径和方式主要有仲裁、民事诉讼、行政复议、行政诉讼。仲裁和民事诉讼适用于横向关系经济纠纷（民事争议纠纷）的解决方式，行政复议和行政诉讼适用于纵向关系经济纠纷（行政争议纠纷）的解决方式。

【小提示1-6】作为平等民事主体的当事人之间发生的经济纠纷，只能在仲裁或者民事诉讼两种方式中选择一种解决争议。有效的仲裁协议可排除法院的管辖权，只有在没有仲裁协议或者仲裁协议无效，或者当事人放弃仲裁协议的情况下，法院才可以行使管辖权，这在法律上称为或裁或审原则。

(二) 仲裁

1. 仲裁的概念及特征

仲裁是指由经济纠纷的各方当事人共同选定仲裁机构，对纠纷依法定程序作出具有约束力的裁决的活动。仲裁具有三个要素或者特征：

(1) 仲裁以双方当事人自愿协商为基础。

(2) 仲裁由双方当事人自愿选择的中立第三者（仲裁机构）进行裁判。仲裁机构是民间性的组织，不是国家的行政机关或司法机关，对经济纠纷案件没有强制管辖权。

（3）仲裁裁决对双方当事人都具有约束力。

2. 仲裁的适用范围

平等主体的公民、法人和其他组织之间发生的合同纠纷和其他财产权益纠纷，可以仲裁。下列纠纷不能提请仲裁：

（1）与人身有关的婚姻、收养、监护、扶养、继承纠纷。

（2）依法应当由行政机关处理的行政争议。

【小提示1-7】劳动争议的仲裁、农业集体经济组织内部的农业承包合同纠纷的仲裁不适用《仲裁法》，不属于《仲裁法》所规定的仲裁范围，而由别的法律予以调整。

【小练习1-8】下列纠纷可以适用《仲裁法》解决的有（   ）。
　　A. 合同纠纷　　B. 继承纠纷　　C. 劳动争议　　D. 行政争议

3. 仲裁的基本原则

（1）自愿原则。当事人采用仲裁方式解决纠纷，应当双方自愿，达成仲裁协议。没有仲裁协议，一方申请仲裁的，仲裁委员会不予受理。

（2）以法律为准、公平合理原则。仲裁要坚持以事实为根据，以法律为准绳的原则，在法律没有规定或者规定不完备的情况下，仲裁庭可以按照公平合理的一般原则来解决纠纷。

（3）独立仲裁原则。仲裁机关不依附于任何机关而独立存在，仲裁依法独立进行，不受任何行政机关、社会团体和个人的干涉。

（4）一裁终局原则。仲裁庭作出的仲裁裁决为终局裁决。裁决作出后，当事人就同一纠纷再申请仲裁或者向人民法院起诉的，仲裁委员会或者人民法院不予受理。

【小思考1-7】甲、乙两公司因合同纠纷向某市仲裁委员会申请仲裁。仲裁庭作出裁决后，甲公司不服，拟再次申请仲裁，或向法院起诉。分析甲公司是否可以再次申请仲裁或向法院起诉？

4. 仲裁机构

仲裁机构主要是指仲裁委员会。仲裁委员会是有权对当事人提交的经济纠纷进行审理和裁决的机构。仲裁委员会不是行政机关或司法机关，仲裁委员会独立于行政机关，与行政机关没有隶属关系。仲裁委员会之间也没有隶属关系，是独立的裁决经济纠纷的民间组织机构。

【小提示1-8】仲裁委员会由主任1人、副主任2~4人和委员7~11人组成。仲裁委员会的主任、副主任和委员由法律、经济贸易专家和有实际工作经验的人员担任。仲裁委员会的组成人员中，法律、经济贸易专家不得少于2/3。仲裁委员会从公道正派且符合一定专业条件的人员中聘任仲裁员。

5. 仲裁协议

仲裁协议是指双方当事人自愿把他们之间可能发生或者已经发生的经济纠纷提交仲裁机构裁决的书面约定。

（1）仲裁协议形式。应当以书面形式订立。口头达成仲裁的意思表示无效。

（2）仲裁协议的内容。包括：请求仲裁的意思表示、仲裁事项、选定的仲裁委员会。

（3）仲裁协议的效力。仲裁协议一经依法成立，即具有法律约束力。仲裁协议独立存在，合同的变更、解除、终止或者无效，不影响仲裁协议的效力。

（4）对仲裁协议效力的异议。当事人对仲裁协议的效力有异议的，可以请求仲裁委员会作出决定或者请求人民法院作出裁定。一方请求仲裁委员会作出决定，另一方请求人民法院作出裁定的，由人民法院裁定。当事人对仲裁协议的效力有异议，应当在仲裁庭首次开庭前提出。

当事人达成仲裁协议，一方向人民法院起诉未声明有仲裁协议，人民法院受理后，另一方在首次开庭前提交仲裁协议的，人民法院应当驳回起诉，但仲裁协议无效的除外；另一方在首次开庭前未对人民法院受理该案提出异议的，视为放弃仲裁协议，人民法院应当继续审理。

6. 仲裁程序

（1）仲裁庭的选定。仲裁不实行级别管辖和地域管辖，仲裁委员会由当事人协议选定。

（2）仲裁庭的组成。当事人约定由3名仲裁员组成仲裁庭的，应各自选定或各自委托仲裁委员会指定1名仲裁员，第3名仲裁员由当事人共同选定或共同委托仲裁委员会主任指定。第3名仲裁员是首席仲裁员。当事人约定由1名仲裁员成立仲裁庭的，应当由当事人共同选定或共同委托仲裁委员会主任指定。

（3）仲裁员的回避。仲裁员有下列情况之一必须回避，当事人也有权提出回避申请：是本案当事人或当事人、代理人的近亲属；与本案有利害关系；与本案当事人、代理人有其他关系，可能影响公正仲裁的；私自会见当事人、代理人，或接受当事人、代理人的请客送礼的。

（4）开庭。仲裁应当开庭进行。当事人协议不开庭的，仲裁庭可根据仲裁申请书、答辩书及其他材料作出裁决。仲裁不公开进行，当事人协议公开的可以公开进行，但涉及国家秘密的除外。

（5）仲裁调解。仲裁庭作出裁决前，可以先行调解。调解书与裁决书具有同等法律效力。

（6）裁决的作出。仲裁裁决应当按多数仲裁员的意见作出，仲裁庭不能形成多数意见时，按首席仲裁员的意见作出。裁决书作出之日起发生法律效力。

（7）强制执行。当事人应当履行裁决。一方当事人不履行仲裁裁决的，另一方当事人可以依法向人民法院申请强制执行。

【小练习1-9】甲、乙公司因租赁合同发生纠纷,双方在纠纷发生前签订了有效的仲裁协议。甲公司就该纠纷向人民法院提起诉讼,未声明有仲裁协议。法院受理后,开庭审理时,乙公司提出异议并提交仲裁协议,要求通过仲裁方式解决。对该案件的下列处理方式中,符合法律规定的是( )。
  A. 仲裁协议有效,法院驳回甲公司的起诉
  B. 仲裁协议无效,法院继续审理
  C. 由甲、乙公司协商确定纠纷解决方式
  D. 视为甲、乙双方已放弃仲裁协议,法院继续审理

(三) 民事诉讼

诉讼是指国家审判机关即人民法院,依照法律规定,在当事人和其他诉讼参与人的参加下,依法解决讼争的活动。

诉讼是解决经济纠纷的重要手段。经济纠纷所涉及的诉讼包括行政诉讼和民事诉讼。解决经济纠纷所涉及的诉讼绝大部分属于民事诉讼。

1. 民事诉讼的适用范围

公民之间、法人之间、其他组织之间以及他们相互之间因财产关系和人身关系发生纠纷,可以提起民事诉讼。

2. 审判制度

(1) 合议制度。是指由3名或以上(须是单数)的审判人员组成合议庭,代表法院行使审判权,对案件进行审理并作出裁判的制度。

(2) 回避制度。是指参与某案件民事诉讼活动的审判人员、书记员、翻译人员、鉴定人、勘验人是案件的当事人或者当事人、诉讼代理人的近亲属,或者与案件有利害关系,或者与案件当事人、诉讼代理人有其他关系,可能影响对案件公正审理的,应当自行回避,当事人有权用口头或者书面方式申请他们回避。

(3) 公开审判制度。除涉及国家秘密、个人隐私或者法律另有规定的以外,不论案件是否公开审理,一律公开宣告判决。

(4) 两审终审制度。是指一个诉讼案件经过两级法院审判后即终结的制度。按照两审终审制,一个案件经第一审法院审判后,当事人如果不服,有权在法定期限内向上一级法院提起上诉,由该上一级法院进行第二审。二审法院的判决、裁定是终审的判决、裁定。对终审判决、裁定,当事人不得上诉。如果发现终审裁判确有错误,可以通过审判监督程序予以纠正。

【小思考1-8】甲公司与乙公司因合同纠纷诉至法院。法院经审理判决甲公司败诉,甲公司不服,提起上诉。二审法院判决驳回上诉,维持原判。思考二审法院判决的法律效力有哪些?

3. 诉讼时效

（1）诉讼时效的概念。诉讼时效是指权利人在法定期间内不行使权利而失去诉讼保护的制度。诉讼时效期间是指权利人请求法院或仲裁机关保护其民事权利的法定期间。

【小提示1-9】诉讼时效期间届满，权利人丧失的是胜诉权，即丧失依诉讼程序强制义务人履行义务的权利；权利人的实体权利并不消灭，债务人自愿履行的，不受诉讼时效限制。

诉讼时效的期间、计算方法以及中止、中断的事由由法律规定，当事人约定无效。人民法院不得主动适用诉讼时效的规定。

（2）诉讼时效期间的确定：

①普通诉讼时效期间。我国《民法通则》规定，向人民法院请求保护民事权利的诉讼时效期间为3年，法律另有规定除外。

②最长诉讼时效期间。自权利受到损害之日起超过20年的，人民法院不予保护，有特殊情况的，人民法院可以根据权利人的申请决定延长。

既知道权利受到侵害，又要知道义务人时，诉讼时效期间才起算；只知道权利受到侵害，而尚不知道义务人时，诉讼时效期间不起算。

（3）诉讼时效期间的中止、中断：

①诉讼时效的中止。在诉讼时效期间的最后6个月内，因不可抗力或者其他障碍致使权利人不能行使请求权的，诉讼时效中止。自中止时效的原因消除之日起满6个月，诉讼时效期间届满。

所谓其他障碍，包括无民事行为能力人、限制民事行为能力人没有法定代理人，或者法定代理人死亡，或者法定代理人本人丧失行为能力、丧失代理权；也包括继承开始后继承人尚未确定或者遗产管理人不明确；权利人被义务人或者其他人控制；其他导致权利人不能行使请求权的障碍。

②诉讼时效的中断。指在诉讼时效期间，出现权利人向义务人提出履行请求的、义务人同意履行义务的、权利人提起诉讼或者申请仲裁的、与提起诉讼或者申请仲裁具有同等效力的其他情形。

【小提示1-10】诉讼时效的中止，相当于时间的暂停，中止事由清除后，中间暂停的时间往后顺延；诉讼时效中断相当于计算器中的"清零键"，当时效中断事由清除后，诉讼时效期间重新计算。

（4）不适应诉讼时效的情形：

①请求停止侵害、排除妨碍、消除危险。
②不动产物权和登记的动产物权的权利人请求返还财产。
③请求支付抚养费、赡养费或者扶养费。
④依法不适用诉讼时效的其他请求权。

【小思考1-9】2017年11月1日至12月31日，王某租住赵某的一套住房，约定

2017 年 11 月 30 日前支付租金，但王某一直未付，赵某忙于工作也未催要。请分析赵某向法院提起诉讼，要求王某支付房租的诉讼时效期间是什么？

（四）行政复议

行政复议是指国家行政机关在依照法律、法规的规定履行对社会的行政管理职责过程中，作为行政管理主体的行政机关一方与作为行政管理相对人的公民、法人或者其他组织一方，对于法律规定范围内的具体行政行为发生争议，由行政管理相对人向作出具体行政行为的行政机关的上一级行政机关或者法律规定的其他行政机关提出申请，由该行政机关对引起争议的具体行政行为进行审查，并作出相应决定的一种行政监督活动。行政复议是现代国家保护公民免受行政机关具体行政行为不法侵害的一种重要的法律制度。

（五）行政诉讼

行政诉讼是指公民、法人或者其他组织认为行政机关或法律、法规授权的组织的行政行为侵犯其合法权益，依法向人民法院请求司法保护，人民法院通过对被诉行政行为的合法性进行审查，在双方当事人和其他诉讼参与人的参与下，对该行政争议进行审理和裁判的司法活动。

【小思考1-10】甲、乙公司因买卖合同发生纠纷，经长沙市天心区工商行政管理局调解，双方对合同的履行达成谅解。后甲公司越想越觉得调解结果对自己不利，于是向长沙市工商行政管理局申请行政复议。分析长沙市工商行政管理局应如何处理甲公司的申请。

【小提示1-11】当公民、法人或者其他组织认为行政机关的具体行政行为侵犯其合法权益时，可采取申请行政复议或者提起行政诉讼的方式解决。行政复议与行政诉讼方式都是针对纵向关系经济纠纷的解决方式，都由行政管理相对人一方提出申请，选择哪种方式则与纠纷的性质有关。根据法律的不同规定，有的可以直接向法院起诉，或者先申请行政复议、对行政复议决定不服时再起诉；有的则只能先申请行政复议，对行政复议决定不服才能提起行政诉讼；还有的则只能通过行政复议的方式解决，由行政机关对纠纷作出最终裁决。

【小练习1-10】下列适用于解决平等民事主体当事人之间发生的经济纠纷的方式有（　　）。
　　A. 仲裁　　B. 民事诉讼　　C. 行政复议　　D. 行政诉讼

同步练习

一、单项选择题

1. 经济法律关系的主体是指参与经济法律关系，享受权利和承担义务的（　　）。

A. 企业　　　　　　B. 当事人　　　　　C. 经济组织　　　　　D. 公司

2. 诉讼时效终止，是指在诉讼时效期间的最后（　　）内，因不可抗力或者其他障碍不能行使请求权的，诉讼时效暂时停止计算。

A. 3 个月　　　　　B. 5 个月　　　　　C. 6 个月　　　　　D. 8 个月

3. 下列关于我国审判制度有关内容的表述中，不正确的是（　　）。

A. 人民法院审理案件一律实行合议制度

B. 合议庭的成员，应当是 3 人及以上的单数

C. 人民法院审理案件一律公开宣告判决

D. 人民法院审理案件实行两审终审制度

4. 当事人双方达成仲裁协议，一方向人民法院起诉未声明有仲裁协议，人民法院受理后，另一方在特定的期间提交仲裁协议的，人民法院应该驳回起诉，否则视为放弃仲裁协议，人民法院应该继续审理，该提交的期间为（　　）。

A. 一方起诉的同时　　　　　　　　　B. 人民法院受理后

C. 首次开庭前　　　　　　　　　　　D. 一审判决前

5. 普遍诉讼时效期间是（　　）年。

A. 2　　　　　　　B. 3　　　　　　　C. 5　　　　　　　D. 20

6. 王某租赁张某一套住房，租赁期间为 2017 年 1 月 1 日至 12 月 31 日，约定 2017 年 6 月 30 日之前支付房租，但王某一直未付房租，张某也未催要，根据民事诉讼法律制度关于诉讼时效的规定，张某可以向法院提起诉讼，主张其民事权利的法定期间是（　　）。

A. 2018 年 6 月 30 日之前　　　　　　B. 2019 年 12 月 31 日之前

C. 2020 年 6 月 30 日之前　　　　　　D. 2020 年 12 月 31 日之前

7. 根据《行政复议法》的规定，下列各项中，不属于行政复议范围的是（　　）。

A. 郑某不服某税务局对其作出的罚款处罚决定

B. 村民李某不服某镇政府作出的关于李某与高某之间土地承包经营权纠纷的调解

C. 甲企业不服某工商局作出的吊销其营业执照的决定

D. 郑某不服某公安局对其作出的行政拘留处罚决定

8. 根据民事法律制度的规定，下列各项中，不属于可导致诉讼时效中断情形的是（　　）。

A. 权利人提起诉讼　　　　　　　　　B. 权利人申请仲裁

C. 当事人同意履行义务　　　　　　　D. 发生不可抗力致使权利人不能行使请求权

9. 下列法律事实中，属于法律事件的是（　　）。

A. 设立公司　　　　B. 偷税　　　　　C. 干旱　　　　　　D. 订立合同

10. 下列公民中，视为完全民事行为能力人的是（　　）。

A. 小张今年 6 岁，智力超常

B. 小王今年 17 岁，靠父母供养在读大学

C. 小李今年 9 岁，精神状态无异常

D. 小孙今年 18 岁，先天腿部残疾，但精神状态正常

二、多项选择题

1. 根据我国法律制度的规定，下列各项中，能够成为法律关系主体的有（　　）。

A. 自然人　　　　B. 商品　　　　C. 法人　　　　D. 行为
2. 下列各项中，能够引起法律关系发生、变更和消灭的事实有（　　）。
A. 地震　　　　B. 爆发战争　　　　C. 签订合同　　　　D. 提起诉讼
3. 经济法律关系的要素有（　　）。
A. 经济法律关系主体　　　　B. 经济法律关系客体
C. 经济法律关系内容　　　　D. 法律事实
4. 下列各项中，可以成为我国经济法律关系客体的有（　　）。
A. 自然人　　　　B. 发明专利　　　　C. 劳务　　　　D. 物质资料
5. 根据《仲裁法》的规定，下列关于仲裁委员会的表述中，正确的有（　　）。
A. 仲裁委员会是司法机关　　　　B. 仲裁委员会不按行政区划层层设立
C. 仲裁委员会独立于行政机关　　　　D. 仲裁委员会之间没有隶属关系

三、判断题

1. 一方当事人向人民法院起诉时未声明有仲裁协议的，人民法院受理后，另一方在人民法院作出判决之前提交仲裁的，人民法院应当驳回起诉，但仲裁协议无效的除外。（　）
2. 诉讼时效届满，消灭的不仅是诉讼保护的权利，还有实体权力。（　）
3. 法律关系发生、变更和消灭的直接原因是法律规范。（　）
4. 当事人申请仲裁，必须按照级别管辖和地域管辖的规定选择仲裁委员会。（　）
5. 特殊情况下，当事人双方可以根据具体情况对诉讼时效予以延长。（　）
6. 审理民事案件，不论案件是否公开审理，一律公开宣告判决。（　）
7. 行政复议机关受理行政复议申请，可以向申请人收取行政复议费用。（　）
8. 道德产品也能成为法律关系的客体。（　）
9. 经济法律关系就是经济关系。（　）
10. 任何一个法律关系至少要有两个主体。（　）

四、案例分析题

案例1：2016年，湖南卫视台与最高人民检察院影视中心签订《合同书》，以2.2亿元购买55集电视连续剧《人民的名义》的独家播放权。分析案例中经济法律关系主体、客体与内容。

案例2：2018年1月，家住长沙的小张和老王因租赁合同发生纠纷，向长沙市仲裁委员会申请仲裁。仲裁庭作出裁决后，小张不服。拟再次申请仲裁，或向法院起诉。
请问小张的主张能实现吗？为什么？

案例3：刘俊，18岁，2017年7月从某职业学校毕业，由学校推荐到友阿集团做收银员，一天，骑车上班途中，不慎把一小孩单单撞倒，单单膝盖受伤，花去治疗费800元，单单的父母向法院起诉，要求刘俊的父母赔偿单单的治疗费800元。
分析：单单父母的请求是否合适？如不合适，该如何提出诉讼请求？此案中，如果刘俊年龄是17岁，单单父母的请求是否合适？

专题二
中小企业法律制度

专题二　知识结构图

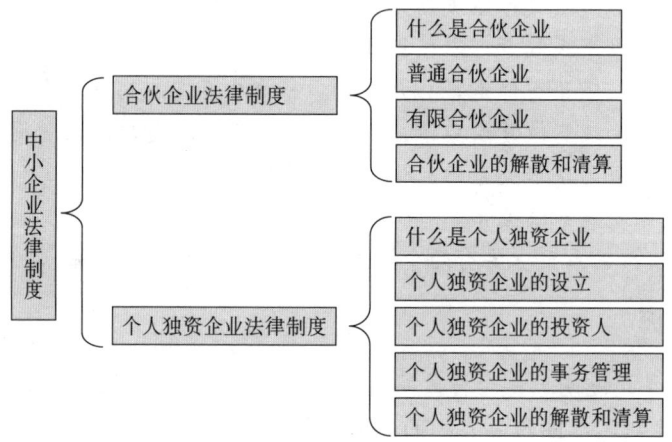

【学习目标】
- 了解合伙企业的含义、设立条件
- 了解合伙企业的财产、合伙企业与第三人的关系、合伙人的入伙与退伙
- 了解个人独资企业的含义、个人独资企业与相关经济组织的区别
- 了解个人独资企业的法律规定

【案例导入】
邢某原患有间歇性精神病，治愈后找到朋友丁某、马某筹划成立一个普通合伙企业"可爱熊玩具加工厂"。邢某以价值20万元的厂房及土地使用权作为出资，丁某以价值10万元的货车作为出资，马某则出资10万元。三人订立了书面合伙协议，协议中记载了企业名称、经营地点等合伙企业的基本情况及经营中涉及的事项。协议签订后，邢某、丁某实际缴付了出资，而马某按照合伙协议约定预先缴付了5万元，并承诺在约定的缴付期限内一定补足出资。那么，邢某、丁某、马某三人满足设立普通合伙企业的条件吗？

一、合伙企业法律制度

（一）什么是合伙企业

合伙企业是指两个或两个以上的民事主体，包括自然人、法人或其他组织，为了一定目的组织起来的，依照合伙协议，共同投资，合伙经营，共负盈亏的一种企业组织形式。合伙企业包括自然人、法人和其他组织依《合伙企业法》在中国境内设立的普通合伙企业和有限合伙企业。

普通合伙企业由普通合伙人组成，合伙人对合伙企业债务承担无限连带责任。对普通合伙人承担责任的形式有特别规定的，从其规定。有限合伙企业由普通合伙人和有限合伙人组成，普通合伙人对合伙企业债务承担无限连带责任，有限合伙人以其认缴的出资额为限对合伙企业债务承担责任。

（二）普通合伙企业

1. 普通合伙企业设立条件

（1）有两个以上合伙人。合伙企业合伙人至少为2人以上，且应当是具有完全民事行为能力的人。无民事行为能力人和限制民事行为能力人不能成为合伙企业成立时的合伙人。

【小提示2-1】并不是所有具有完全民事行为能力的自然人、法人或其他组织都能成为普通合伙企业的合伙人。（1）国有独资公司、国有企业、上市公司以及公益性的事业单位、社会团体不得成为普通合伙人；（2）法律、行政法规禁止从事营利活动的人，如国家公务员、法官、检察官及警察不得成为合伙企业的合伙人。

（2）有书面合伙协议。合伙协议依法由全体合伙人协商一致，以书面形式订立。合伙协议应当载明下列事项：

①合伙企业的名称和主要经营场所的地点。

②合伙目的和合伙经营范围。
③合伙人的姓名或者名称、住所。
④合伙人的出资方式、数额和缴付期限。
⑤利润分配、亏损分担方式。
⑥合伙事务的执行。
⑦入伙与退伙。
⑧争议解决办法。
⑨合伙企业的解散与清算。
⑩违约责任。

合伙协议经全体合伙人签名、盖章后生效。合伙协议的修改或补充应当经过全体合伙人一致同意，但合伙协议另有约定的除外。

（3）有合伙人认缴或者实际缴付的出资。合伙协议生效后，合伙人应当按照合伙协议的规定缴纳出资。合伙人可以用货币、实物、知识产权、土地使用权或者其他财产权利出资，也可以用劳务出资。具体规定如下：

①合伙人以实物、知识产权、土地使用权或者其他财产权利出资，需要评估作价的，可以由全体合伙人协商确定，也可以由全体合伙人委托法定评估机构评估。

②合伙人以劳务出资的，其评估办法由全体合伙人协商确定，并在合伙协议中载明。

③以非货币财产出资的，依照法律、行政法规的规定，需要办理财产权转移手续的，应当依法办理。

【小练习2-1】普通合伙企业中合伙人可以如下的（　　）作为出资方式。
A. 货币　　　　　　　　B. 著作权
C. 工业产权　　　　　　D. 劳务

（4）有合伙企业的名称和生产经营场所。合伙企业名称中应当标明"普通合伙"字样。
（5）法律、行政法规规定的其他条件。

【小思考2-1】张三、李四、王五是好朋友，拟设立一普通合伙企业，并订立了一份合伙协议。部分内容如下：（1）张三出资现金6万元，于合伙企业成立后3个月内缴付；（2）李四的出资为劳务，作价也是6万元；（3）王五的出资为作价10万元的房屋一间，不办理产权转移手续，王五保留对该房子的处分权。请思考该协议中的内容是否符合规定？

2. 普通合伙企业的设立程序

全体合伙人签订合伙协议并且实际缴纳出资后，即可办理设立登记。
（1）申请人向企业登记机关提交下列相关文件：
①全体合伙人签署的设立登记申请书。
②合伙协议书。
③全体合伙人的身份证明。

④全体合伙人指定的代表或者共同委托代理人的委托书。
⑤全体合伙人对各合伙人认缴或者实际缴付出资的确认书。
⑥经营场所证明。
⑦其他法定的证明文件。

【小提示2-2】合伙企业的经营范围中有属于法律、行政法规规定在登记前须经批准的项目的，该项经营业务应当依法经过批准，并在登记时提交批准文件。

（2）企业登记机关核发营业执照。申请人提交的登记申请材料齐全、符合法定形式，企业登记机关应予登记，发给营业执照。合伙企业的营业执照签发日期，为合伙企业成立日期。合伙企业领取营业执照前，合伙人不得以合伙企业名义从事合伙业务。

【小提示2-3】合伙企业设立分支机构，应当向分支机构所在地的企业登记机关申请登记，领取营业执照。合伙企业登记事项发生变更的，应当自作出变更决定或者发生变更事由之日起十五日内，向企业登记机关申请办理变更登记。

3. 普通合伙企业财产
（1）合伙企业财产的组成。合伙人的出资、以合伙企业名义取得的收益和依法取得的其他财产，均为合伙企业的财产。由三个部分组成：
①伙人认缴的出资。全体合伙人认缴的出资形成合伙企业的原始财产。

【小提示2-4】注意是合伙人认缴的出资，而不是实际缴纳的财产。

②以合伙企业名义取得的收益。合伙经营积累的财产归合伙人共有，合伙人在合伙企业清算前，不得请求分割合伙企业的财产。但本法另有规定的除外。
③依法取得的其他财产。如合法接受的赠与财产等。
（2）合伙人财产份额的转让：
①对外转让。除合伙协议另有约定外，合伙人向合伙人以外的人转让其在合伙企业中的全部或者部分财产份额时，须经其他合伙人一致同意。合伙人向合伙人以外的人转让其在合伙企业中的财产份额的，在同等条件下，其他合伙人有优先购买权；但合伙协议另有约定的除外。

合伙人以外的人依法受让合伙人在合伙企业中的财产份额的，经修改合伙协议即成为合伙企业的合伙人，依照本法和修改后的合伙协议享有权利，履行义务。
②对内转让。合伙人之间转让在合伙企业中的全部或者部分财产份额时，应当通知其他合伙人。

【小思考2-2】为什么合伙人财产份额的内部转让，只需通知其他合伙人，而不必经其他合伙人一致同意？

③出质。出质是指合伙人将其在合伙企业中的财产份额作为质押物来担保债权人债权实现的行为。合伙人以其在合伙企业中的财产份额出质的，须经其他合伙人一致同意；未经其他合伙人一致同意，其行为无效，由此给善意第三人造成损失的，由行为人依法承担赔偿

责任。

4. 普通合伙企业的事务执行

（1）事务执行的方式：

①全体合伙人共同执行。合伙人对执行合伙事务享有同等的权利。这种方式适用于合伙人数较少的合伙。

②委托一个或者数个合伙人对外代表合伙企业，执行合伙事务。作为合伙人的法人、其他组织执行合伙事务的，由其委派的代表执行。委托一个或者数个合伙人执行合伙事务的，其他合伙人不再执行合伙事务。这种方式适应于人数较多的合伙。

③聘请第三人担任经营管理人员。经全体合伙人同意，合伙企业可以聘请合伙人以外的人担任合伙企业的经营管理人员。被聘任的合伙企业的经营管理人员应当在合伙企业授权范围内履行职务，超越合伙企业授权范围履行职务，或者在履行职务过程中因故意或者重大过失给合伙企业造成损失的，依法承担赔偿责任。

【小提示2-5】除合伙协议另有约定外，合伙企业的下列事项应当经全体合伙人一致同意：

（1）改变合伙企业的名称。

（2）改变合伙企业的经营范围、主要经营场所的地点。

（3）处分合伙企业的不动产。

（4）转让或者处分合伙企业的知识产权和其他财产权利。

（5）以合伙企业名义为他人提供担保。

（6）聘任合伙人以外的人担任合伙企业的经营管理人员。

【小练习2-2】某普通合伙企业委托刘洋执行合伙事务，下列说法正确的是（　　）。

A. 刘洋可以邀请某合伙人一起对外代表该合伙企业

B. 只能由刘洋对外代表该合伙企业

C. 除合伙协议另有约定外，刘洋可以改变该合伙企业的主要经营场所的地点

D. 除合伙协议另有约定外，刘洋可以自行处分合伙企业的不动产

（2）合伙人在执行合伙事务中的权利与义务：

①合伙人在执行合伙事务中的权利。

a. 执行合伙事务的权利。各合伙人无论出资多少，都有权平等享有执行合伙企业事务的权利。

b. 执行合伙事务的合伙人对外代表合伙企业。

c. 监督检查权。不执行合伙事务的合伙人有权监督执行事务合伙人执行合伙事务的情况。

d. 查阅账簿权。合伙人为了解合伙企业的经营状况和财务状况，有权查阅合伙企业会计账簿等财务资料。

e. 提出异议和撤销委托权。合伙人分别执行合伙事务的，执行事务合伙人可以对其他合伙人执行的事务提出异议。提出异议时，应当暂停该项事务的执行。受委托执行合伙事务

的合伙人不按照合伙协议或者全体合伙人的决定执行事务的,其他合伙人可以决定撤销该委托。

②合伙人在执行合伙事务中的义务:

a. 由一个或者数个合伙人执行合伙事务的,执行事务合伙人应当定期向其他合伙人报告事务执行情况以及合伙企业的经营和财务状况,其执行合伙事务所产生的收益归合伙企业,所产生的费用和亏损由合伙企业承担。

b. 合伙人不得自营或者同他人合作经营与本合伙企业相竞争的业务。

c. 除合伙协议另有约定或者经全体合伙人一致同意外,合伙人不得同本合伙企业进行交易。

d. 合伙人不得从事损害本合伙企业利益的活动。

【小思考2-3】张小天是一普通合伙企业的合伙人,该合伙企业经营手机销售业务,看到企业生意一天比一天好,张小天打算自己再设立个人独资企业,专门经营手机销售业务。问他的做法是否合法?

(3) 普通合伙企业事务执行的决议方式:

①合伙人对合伙企业有关事项作出决议,按照合伙协议约定的表决办法办理。

②合伙协议未约定或者约定不明确的,实行合伙人一人一票并经全体合伙人过半数通过的表决办法。

③按《合伙企业法》的规定作出决议。《合伙企业法》中规定有些事务需全体合伙人一致同意。

(4) 普通合伙企业的损益分配。合伙企业的利润分配、亏损分担按照如下原则进行:

①按照合伙协议的约定办理。

②合伙协议未约定或者约定不明确的,由合伙人协商决定;协商不成的,由合伙人按照实缴出资比例分配、分担;无法确定出资比例的,由合伙人平均分配、分担。

③合伙协议不得约定将全部利润分配给部分合伙人或者由部分合伙人承担全部亏损。

【小提示2-6】损益分配原则可以简化为"有约从约,无约协商,无协从比(实际出资额),无比均分"。

(5) 普通合伙企业与第三人的关系。合伙企业与第三人的关系,是指有关合伙企业的对外关系,及合伙企业与合伙企业的合伙人以外的第三人的关系。

①合伙企业与善意第三人的关系。合伙企业对合伙人执行合伙事务以及对外代表合伙企业权利的限制,不得对抗善意第三人。

②合伙企业与债务人的关系。合伙企业对其债务,应先以其全部财产进行清偿。合伙企业不能清偿到期债务的,合伙人承担无限连带责任。合伙人由于承担无限连带责任,清偿数额超过其亏损分担比例的,有权向其他合伙人追偿。

【小提示 2-7】 合伙企业对其存续期间产生的债务，应当"先企业后个人"。即先以合伙企业财产清偿，后以投资人个人财产清偿。

【小思考 2-4】 阳光合伙企业总资产 100 万元，欠甲债权人 120 万元，用合伙企业全部资产 100 万元清偿债务后，甲如何追偿余下的 20 万元？

③合伙人个人债务的清偿。合伙人发生与合伙企业无关的债务，相关债权人不得以其债权抵销其对合伙企业的债务；也不得代位行使合伙人在合伙企业中的权利。

合伙人的自有财产不足清偿其与合伙企业无关的债务的，该合伙人可以以其从合伙企业中分取的收益用于清偿；债权人也可以依法请求人民法院强制执行该合伙人在合伙企业中的财产份额用于清偿。

人民法院强制执行合伙人的财产份额时，应当通知全体合伙人，其他合伙人有优先购买权；其他合伙人未购买，又不同意将该财产份额转让给他人的，依照合伙企业法的规定为该合伙人办理退伙结算，或者办理削减该合伙人相应财产份额的结算。

【小练习 2-3】 甲普通合伙企业的合伙人赵某欠个体工商户王某 10 万元债务，王某欠甲合伙企业 5 万元债务已到期。赵某的债务到期后一直未清偿。王某的下列做法中，符合《合伙企业法》规定的是（   ）。

A. 代位行使赵某在甲合伙企业中的权利
B. 自行接管赵某在甲合伙企业中的财产份额
C. 请求人民法院强制执行赵某在甲合伙企业中的财产份额用于清偿
D. 主张以其债权抵销其对甲合伙企业的债务

5. 普通合伙企业的入伙与退伙

（1）入伙。入伙是指在合伙企业存续期间，合伙人以外的第三人加入合伙，取得合伙人资格的行为。

①入伙的条件和程序。新合伙人入伙，除合伙协议另有约定外，应当经全体合伙人一致同意，并依法订立书面入伙协议。订立入伙协议时，原合伙人应当向新合伙人如实告知原合伙企业的经营状况和财务状况。

②新合伙人的权利和责任。新合伙人与原合伙人享有同等权利，承担同等责任。入伙协议另有约定的，从其约定。新合伙人对入伙前合伙企业的债务承担无限连带责任。

（2）退伙。退伙是指合伙人退出合伙企业，丧失合伙人基于自愿的意思表示而退伙。退伙方式有如下几种：

①协议退伙。合伙协议约定了合伙期限的，在合伙企业存续期间，有下列情形之一的，合伙人可以退伙：

a. 合伙协议约定的退伙事由出现。
b. 经全体合伙人一致同意。

c. 发生合伙人难以继续参加合伙的事由。
d. 其他合伙人严重违反合伙协议约定的义务。

②通知退伙。合伙协议未约定合伙期限的，合伙人在不给合伙企业事务执行造成不利影响的情况下，可以退伙，但应当提前三十日通知其他合伙人。

> 【小提示2-8】通知退伙是合伙协议未约定合伙期限，协议退伙是合伙协议约定了合伙期限，在存续期内出现退伙事由。

③当然退伙。合伙人有下列情形之一的，当然退伙：
a. 作为合伙人的自然人死亡或者被依法宣告死亡。
b. 个人丧失偿债能力。
c. 作为合伙人的法人或者其他组织依法被吊销营业执照、责令关闭、撤销，或者被宣告破产。
d. 法律规定或者合伙协议约定合伙人必须具有相关资格而丧失该资格。
e. 合伙人在合伙企业中的全部财产份额被人民法院强制执行。

> 【小提示2-9】合伙人被依法认定为无民事行为能力人或者限制民事行为能力人的，经其他合伙人一致同意，可以依法转为有限合伙人，普通合伙企业依法转为有限合伙企业。其他合伙人未能一致同意的，该无民事行为能力或者限制民事行为能力的合伙人退伙。

④除名退伙。合伙人有下列情形之一的，经其他合伙人一致同意，可以决议将其除名：
a. 未履行出资义务。
b. 因故意或者重大过失给合伙企业造成损失。
c. 执行合伙事务时有不正当行为。
d. 发生合伙协议约定的事由。

对合伙人的除名决议应当书面通知被除名人。被除名人接到除名通知之日，除名生效，被除名人退伙。被除名人对除名决议有异议的，可以自接到除名通知之日起三十日内，向人民法院起诉。

【小思考2-5】想想当然退伙和除名退伙的主要区别在哪里呢？

6. 退伙的效果

退伙的效果。指退伙时退伙人在合伙企业中的财产份额和民事责任的归属变动。分为两种情况：一是财产继承；二是退伙结算。

（1）财产继承。合伙人死亡或者被依法宣告死亡的，对该合伙人在合伙企业中的财产份额享有合法继承权的继承人，按照合伙协议的约定或经全体合伙人一致同意，从继承开始之日起，取得该合伙企业的合伙人资格。但下列情形除外：

①继承人不愿意成为合伙人。
②法律规定或者合伙协议约定合伙人必须具有相关资格，而该继承人未取得该资格。

③合伙协议约定不能成为合伙人的其他情形。

合伙人的继承人为无民事行为能力人或者限制民事行为能力人的，经全体合伙人一致同意，可以依法成为有限合伙人，普通合伙企业依法转为有限合伙企业。全体合伙人未能一致同意的，合伙企业应当将被继承合伙人的财产份额退还该继承人。

（2）退伙结算：

①合伙人退伙，其他合伙人应当与该退伙人按照退伙时的合伙企业财产状况进行结算，退还退伙人的财产份额。退伙人对给合伙企业造成的损失负有赔偿责任的，相应扣减其应当赔偿的数额。

②退伙时有未了结的合伙企业事务的，待该事务了结后进行结算。

③退伙人在合伙企业中财产份额的退还办法，由合伙协议约定或者由全体合伙人决定，可以退还货币，也可以退还实物。

④退伙人对基于其退伙前的原因发生的合伙企业债务，承担无限连带责任。

⑤合伙人退伙时，合伙企业财产少于合伙企业债务的，退伙人应当按合伙协议的约定分担亏损。合伙企业未约定或约定不明确的，由合伙人协商决定；协商不成的，由合伙人按照实缴出资比例分担；无法确定出资比例的，由合伙人平均分担。

【小练习2-4】下列人员应对普通合伙企业债务承担连带责任的有（　　）。

　　A. 合伙企业全体合伙人

　　B. 合伙企业债务发生后办理入伙的合伙人

　　C. 合伙企业债务发生后办理退伙的合伙人

　　D. 合伙企业聘用的经营管理人员

7. 特殊的普通合伙企业

（1）特殊的普通合伙企业的概念。指以专业知识和专门技能为客户提供有偿服务的专业服务机构。特殊的普通合伙企业名称中应当标明"特殊普通合伙"字样。典型的特殊普通合伙企业有会计师事务所、律师事务所等。

（2）特殊的普通合伙企业的责任承担。一个合伙人或者数个合伙人在执业活动中因故意或者重大过失造成合伙企业债务的，应当承担无限责任或者无限连带责任，其他合伙人以其在合伙企业中的财产份额为限承担责任。合伙人在执业活动中非因故意或者重大过失造成的合伙企业债务以及合伙企业的其他债务，由全体合伙人承担无限连带责任。

【小提示2-10】上述重大过失是指明知可能造成损失而轻率地作为或者不作为。

（3）特殊的普通合伙企业的责任追偿。合伙人执业活动中因故意或者重大过失造成的合伙企业债务，以合伙企业财产对外承担责任后，该合伙人应当按照合伙协议的约定对给合伙企业造成的损失承担赔偿责任。

（4）特殊的普通合伙企业的执业风险防范。特殊的普通合伙企业应当建立执业风险基金、办理职业保险。

（三）有限合伙企业

1. 有限合伙企业设立的特殊规定

（1）合伙人数符合规定。有限合伙企业由 2 个以上 50 个以下合伙人设立，法律另有规定的除外。但其中至少应当有一个普通合伙人。

【小提示 2-11】自然人、法人或其他组织可以依法设立有限合伙企业。但国有独资公司、国有企业、上市公司以及公益性的事业单位、社会团体不得成为有限合伙企业的普通合伙人，但可以成为有限合伙人。

（2）有书面合伙协议。有限合伙企业协议应当符合普通合伙企业合伙协议的规定。另外还应当载明下列事项：
①普通合伙人和有限合伙人的姓名或者名称、住所。
②执行事务合伙人应具备的条件和选择程序。
③执行事务合伙人权限与违约处理办法。
④执行事务合伙人的除名条件和更换程序。
⑤有限合伙人入伙、退伙的条件、程序以及相关责任。
⑥有限合伙人和普通合伙人相互转变程序。

（3）有限合伙人出资形式。有限合伙人可以用货币、实物、知识产权、土地使用权或者其他财产权利作价出资。有限合伙人不得以劳务出资。

（4）有限合伙人出资义务。有限合伙人应当按照合伙协议的约定按期足额缴纳出资，未按期足额缴纳的，应当承担补缴义务，并对其他合伙人承担违约责任。

（5）有限合伙企业登记事项。有限合伙企业登记事项中应当载明有限合伙人的姓名或者名称及认缴的出资数额。

【小练习 2-5】下列说法正确的是（　　）。
A. 普通合伙人可以以知识产权出资　　B. 有限合伙人可以以实物出资
C. 普通合伙人可以以土地使用权出资　D. 有限合伙人可以以劳务出资

（6）有限合伙企业的名称和生产经营场所。有限合伙企业名称中应当标明"有限合伙"字样。要有生产经营场所，以便开展生产经营活动。

（7）法律、行政法规规定的其他条件。

【小思考 2-6】甲是一国有企业，乙是一合伙企业，丙是一自然人，现在拟共同投资设立一合伙企业。请思考根据《合伙企业法》的规定，他们是选择设普通合伙企业还是设有限合伙企业呢？为什么？

2. 有限合伙企业的事务执行

（1）事务执行的方式。有限合伙企业由普通合伙人执行合伙事务。有限合伙人不执行合伙事务，不得对外代表有限合伙企业。但有限合伙人的下列行为，不视为执行合伙事务：
①参与决定普通合伙人入伙、退伙。
②对企业的经营管理提出建议。

③参与选择承办有限合伙企业审计业务的会计师事务所。
④获取经审计的有限合伙企业财务会计报告。
⑤对涉及自身利益的情况,查阅有限合伙企业财务会计账簿等财务资料。
⑥在有限合伙企业中的利益受到侵害时,向有责任的合伙人主张权利或者提起诉讼。
⑦执行事务合伙人怠于行使权利时,督促其行使权利或者为了本企业的利益以自己的名义提起诉讼。
⑧依法为本企业提供担保。

【小提示2-12】第三人有理由相信有限合伙人为普通合伙人并与其交易的,该有限合伙人对该笔交易承担与普通合伙人同样的责任。有限合伙人未经授权以有限合伙企业名义与他人进行交易,给有限合伙企业或者其他合伙人造成损失的,该有限合伙人应当承担赔偿责任。

【小练习2-6】小王为丽丽有限合伙企业的有限合伙人,他以普通合伙人的身份与大为企业进行了交易,大为企业有理由相信小王是普通合伙人,根据规定下列说法正确的是( )。
  A. 大为公司自行承担责任
  B. 丽丽有限合伙企业不承担责任
  C. 小王以其对合伙企业的出资额对该笔交易承担有限责任
  D. 小王针对该笔交易承担与普通合伙人同样的责任

(2)有限合伙人的特殊权利:
①除合伙协议另有约定外,有限合伙人可以同本有限合伙企业进行交易。
②合伙协议另有约定外,有限合伙人可以经营与本有限合伙企业相竞争的业务。

【小提示2-13】因有限合伙人不参与有限合伙企业事务的执行,对有限合伙企业的对外交易行为,不能直接或间接控制,其与本有限合伙企业进行交易时,一般不会损害有限合伙企业的利益。

3. 有限合伙企业财产份额出质与转让的特殊规定
(1)有限合伙人财产份额出质。除合伙协议另有约定外,有限合伙人可以将其在有限合伙企业中的财产份额出质。所谓有限合伙人将其在有限合伙企业中的财产份额出质,是指有限合伙人以其在合伙企业中的财产份额对外进行权利质押。
(2)有限合伙人财产份额转让。有限合伙人可以按照合伙协议的约定向合伙人以外的人转让其在有限合伙企业中的财产份额,但应当提前30日通知其他合伙人。

【小思考2-7】普通合伙人和有限合伙人在进行财产份额出质及财产份额转让时的规定有什么不同?为什么?

4. 有限合伙人债务清偿的特殊规定

有限合伙人的自有财产不足清偿其与合伙企业无关的债务的，该合伙人可以以其从有限合伙企业中分取的收益用于清偿；债权人也可以依法请求人民法院强制执行该合伙人在有限合伙企业中的财产份额用于清偿。人民法院强制执行有限合伙人的财产份额时，应当通知全体合伙人。在同等条件下，其他合伙人有优先购买权。

5. 有限合伙企业入伙与退伙的特殊规定

（1）入伙。新入伙的有限合伙人对入伙前有限合伙企业的债务，以其认缴的出资额为限承担责任。

【小提示2-14】普通合伙企业新入伙的合伙人对入伙前合伙企业的债务承担无限连带责任，有限合伙企业新入伙的有限合伙人则以其认缴的出资额为限承担责任。

（2）退伙：

①有限合伙人当然退伙。合伙人有下列情形之一的，当然退伙：

a. 作为合伙人的自然人死亡或者被依法宣告死亡。

b. 作为合伙人的法人或者其他组织依法被吊销营业执照、责令关闭、撤销，或者被宣告破产。

c. 法律规定或者合伙协议约定合伙人必须具有相关资格而丧失该资格。

d. 合伙人在合伙企业中的全部财产份额被人民法院强制执行。

②有限合伙人丧失民事行为能力的处理。有限合伙人的自然人在有限合伙企业存续期间丧失民事行为能力的，其他合伙人不得因此要求其退伙。

【小提示2-15】因为有限合伙人对有限合伙企业只进行投资，不执行事务，因此当其丧失民事行为能力时，不影响有限合伙企业的正常生产经营活动，因此其他合伙人不能要求其退伙。

③有限合伙继承人的权利。有限合伙人的自然人死亡、被依法宣告死亡或者作为有限合伙人的法人及其他组织终止时，其继承人可以依法取得该有限合伙人在有限合伙企业中的资格。

④有限合伙人退伙后的责任承担。有限合伙人退伙后，对退伙前有限合伙企业债务，以其退伙时从有限合伙企业中取回的财产承担责任。

6. 有限合伙企业合伙人性质转变的特殊规定

（1）除合伙协议另有约定外，普通合伙人与有限合伙人之间相互转变身份，应当经全体合伙人一致同意。

（2）有限合伙人转变为普通合伙人的，对转变身份前有限合伙企业发生的债务承担无限连带责任。

（3）普通合伙人转变为有限合伙人的，对转变身份前有限合伙企业发生的债务承担无限连带责任。

（四）合伙企业的解散和清算

1. 合伙企业解散

合伙企业解散，是指由于法定原因的出现，各合伙人解除合伙协议，终止合伙企业。合伙企业有下列情形之一的，应当解散：

（1）合伙期限届满，合伙人决定不再经营。
（2）合伙协议约定的解散事由出现。
（3）全体合伙人决定解散。
（4）合伙人已不具备法定人数满 30 天。
（5）合伙协议约定的合伙目的已经实现或者无法实现。
（6）依法被吊销营业执照、责令关闭或者被撤销。
（7）法律、行政法规规定的其他原因。

【小思考 2-8】合伙企业在合伙协议中约定的经营期限届满，是不是必须解散？

2. 合伙企业的清算

合伙企业清算，指合伙企业宣告解散后，为了终结合伙企业现存的各种法律关系，依法清理合伙企业的债权债务的行为。

（1）确定清算人。清算人由全体合伙人担任。经全体合伙人过半数同意，可以自合伙企业解散事由出现后 15 日内指定一个或者数个合伙人，或者委托第三人，担任清算人。

自合伙企业解散事由出现之日起 15 日内未确定清算人的，合伙人或者其他利害关系人可以申请人民法院指定清算人。

（2）清算人职责。清算人在清算期间执行下列事务：

①清理合伙企业财产，分别编制资产负债表和财产清单。
②处理与清算有关的合伙企业未了结事务。
③清缴所欠税款。
④清理债权、债务。
⑤处理合伙企业清偿债务后的剩余财产。
⑥代表合伙企业参加诉讼或者仲裁活动。

（3）通知和公告债权人。清算人自被确定之日起 10 日内将合伙企业解散事项通知债权人，并于 60 日内在报纸上公告。债权人应当自接到通知书之日起 30 日内，未接到通知书的自公告之日起 45 日内，向清算人申报债权。

清算期间，合伙企业存续，但不得开展与清算无关的经营活动。

（4）财产清偿顺序。合伙企业财产清偿顺序为：先支付清算费用和职工工资、社会保险费用、法定补偿金以及缴纳所欠税款、清偿债务。清偿后仍有剩余财产的，按《合伙企业法》关于利润分配和亏损分担的规定进行分配。

（5）清算结束后的处理：

①注销登记。清算结束，清算人应当编制清算报告，经全体合伙人签名、盖章后，在 15 日内向企业登记机关报送清算报告，申请办理合伙企业注销登记。

合伙企业注销后，原普通合伙人对合伙企业存续期间的债务仍应承担无限连带责任。

②合伙企业不能清偿到期债务的处理。合伙企业不能清偿到期债务的，债权人可以依法

向人民法院提出破产清算申请，也可以要求普通合伙人清偿。合伙企业依法被宣告破产的，普通合伙人对合伙企业债务仍应承担无限连带责任。

【小练习2-7】某普通合伙企业决定解散，经清算人确认：企业欠职工工资和社会保险费用15000元，欠国家税款6000元，发生清理费用4000元。下列清偿顺序正确的是（　　）。
　　A. 先支付职工工资和社会保险费，再缴税款，然后支付清理费用
　　B. 先缴税款，再支付职工工资和社会保险费，然后支付清理费用
　　C. 先支付清理费用，再缴税款，然后支付职工工资和社会保险费
　　D. 先支付清理费用，再支付职工工资和社会保险费，然后缴税款

二、个人独资企业法律制度

（一）什么是个人独资企业？

个人独资企业，是指依法在中国境内设立，由一个自然人投资，财产为投资人个人所有，投资人以其个人财产对企业债务承担无限责任的经营实体。个人独资企业的特征如下：

（1）仅由一个自然人投资设立。

【小思考2-9】在投资主体上个人独资企业与合伙企业有什么不同？

（2）企业全部财产为投资人个人所有。
（3）投资人承担无限责任。

【小提示2-16】个人独资企业的投资人为一个自然人，其对企业出资多少、追加投资或减少投资、经营方式等一切事项均由投资人一人决定。所以当企业资产不足以清偿到期债务时，投资人应以个人全部财产用于偿债。

（4）不具有法人资格。个人独资企业不具有法人资格，无法独立承担民事责任，但它是独立的民事主体，可以以自己的名义从事民事活动。

（二）个人独资企业的设立

1. 设立条件
（1）投资人为一个自然人。

【小提示2-17】个人独资企业的投资人必须是一个人，而且只能是中国公民。法律、行政法规规定禁止从事营利活动的人，不得作为个人独资企业投资人。如公务员、党政机关领导、警官、法官、检察官、商业银行工作人员等，不得投资设立个人独资企业。

（2）有合法的企业名称。个人独资企业的名称应当与其责任形式及从事的营业相符合。可以使用"厂"、"店"、"部"、"中心"、"工作室"等，但不得使用"有限"、"有限责任"和"公司"字样。

（3）有投资人申报的出资。个人独资企业对出资额未作限制。投资人可以用货币出资、也可以用折算成货币数额的实物、知识产权、土地使用权或者其他财产权利出资，但不能用劳务出资。投资人可以个人财产权利出资，也可以家庭共有财产出资。

（4）有固定的生产经营场所和必要的生产经营条件。

（5）有必要的从业人员。即要有与其生产经营范围、规模相适应的从业人员。

> 【小练习2-8】下列各项可以用作个人独资企业名称的有（　　）。
> A. 天缘时尚摄影中心　　B. 爱美丽形象设计工作室
> C. 含光纺织有限公司　　D. 云坊股份有限公司

2. 设立程序

（1）提出申请。申请设立个人独资企业，应当由投资人或者其委托的代理人向个人独资企业所在地的登记机关提交设立申请书、投资人身份证明、生产经营场所使用证明等文件。委托代理人申请设立登记时，应当出具投资人的委托书和代理人的合法证明。

个人独资企业设立申请书应当载明下列事项：企业的名称和住所；投资人的姓名和居所；投资人的出资额和出资方式；经营范围。以个人财产出资或以家庭共有财产出资的，还应在设立申请书上载明。

（2）工商登记。登记机关应当在收到设立申请文件之日起15日内，对符合《个人独资企业法》规定条件的，予以登记，发给营业执照；对不符合本法规定条件的，不予登记，并应当给予书面答复，说明理由。个人独资企业的营业执照的签发日期，为个人独资企业成立日期。在领取个人独资企业营业执照前，投资人不得以个人独资企业名义从事经营活动。

> 【小提示2-18】常见的营业执照有《企业法人营业执照》和《营业执照》两种。前者是取得企业法人资格的合法凭证，后者是合法经营权的凭证，不具备法人资格的个人独资企业、合伙企业应核发该种执照。

（三）个人独资企业的投资人

个人独资企业的投资人为具有中国国籍的自然人，但法律、行政法规禁止从事营利性活动的人不得作为投资人申请设立个人独资企业。

> 【小练习2-9】下列可以投资设立个人独资企业的中国公民是（　　）。
> A. 桃江县政府办公室主任张某　　B. 长沙银行五一路支行行长蔡某
> C. 长沙市中级人民法院法官王某　　D. 长沙财经学校毕业生李某

个人独资企业投资人有如下权利：对本企业的财产依法享有所有权，有关权利可以依法进行转让或继承。个人独资企业投资人在申请企业设立登记时明确以其家庭共有财产作为个人出资的，应当依法以家庭共有财产对企业债务承担无限责任。

(四) 个人独资企业的事务管理

1. 事务管理的方式

（1）自行管理企业事务。

（2）委托或者聘用其他具有民事行为能力的人负责企业的事务管理。投资人委托或者聘用他人管理个人独资企业事务，应当与受托人或者被聘用的人签订书面合同，明确委托的具体内容和授予的权利范围。

2. 受托人或者被聘用的管理人的义务

受托人或者被聘用的人员应当履行诚信、勤勉义务，按照与投资人签订的合同负责个人独资企业的事务管理。具体包括两个方面：

（1）内部限制。投资人对受托人或者被聘用的人员职权的限制，不得对抗善意第三人。

【小提示 2-19】 善意第三人，是指在有关经济业务事项交往中，没有与受托人或者被聘用的人员串通，故意损害投资人利益的第三人。

（2）法定限制。投资人委托或者聘用的管理个人独资企业事务的人员不得有下列行为：

①利用职务上的便利，索取或者收受贿赂。
②利用职务或者工作上的便利侵占企业财产。
③挪用企业的资金归个人使用或者借贷给他人。
④擅自将企业资金以个人名义或者以他人名义开立账户储存。
⑤擅自以企业财产提供担保。
⑥未经投资人同意，从事与本企业相竞争的业务。
⑦未经投资人同意，同本企业订立合同或者进行交易。
⑧未经投资人同意，擅自将企业商标或者其他知识产权转让给他人使用。
⑨泄露本企业的商业秘密。
⑩法律、行政法规禁止的其他行为。

【小思考 2-10】 个人独资企业投资人王平聘请李文文管理企业事务。双方签订合同，对于标的额超过 2 万元的合同，李文文必须向王平请示，同意后方能签订。某日李文文未征得王平同意，与善意第三人于莉签订了标的为 2.5 万元的买卖合同，同时，将企业的商标有偿转让给某个体工商户使用。请分析李文文的行为是否有效？为什么？

3. 个人独资企业的财务管理

个人独资企业应当依法设置会计账簿，进行会计核算。

4. 个人独资企业劳动管理与社会保障

（1）个人独资企业招用职工的，应当依法与职工签订劳动合同，保障职工的劳动安全，按时、足额发放职工工资。

（2）个人独资企业应当按照国家规定参加社会保险，为职工缴纳社会保险费。

（3）个人独资企业违反规定，侵犯职工合法权益，未保障职工劳动安全，不缴纳社会保险费用的，按照有关法律、行政法规予以处罚，并追究有关责任人员的责任。

（4）任何单位和个人不得违反法律、行政法规的规定，以任何方式强制个人独资企业提供财力、物力、人力；对于违法强制提供财力、物力、人力的行为，个人独资企业有权拒绝。

（五）个人独资企业的解散和清算

1. 个人独资企业的解散

个人独资企业解散是指个人独资企业因出现某些法律事由而导致其民事主体资格消灭的行为。个人独资企业有下列情形之一时，应当解散：

（1）投资人决定解散。

（2）投资人死亡或者被宣告死亡，无继承人或者继承人决定放弃继承。

（3）被依法吊销营业执照。

（4）法律、行政法规规定的其他情形。

【小提示2-20】投资人决定解散，是个人独资企业解散的任意原因，只要不违反法律规定，投资人有权决定有任何时候解散独资企业。依法吊销营业执照，是独资企业解散的强制原因。

2. 个人独资企业的清算

个人独资企业清算是指处理解散企业未了结的法律关系的程序。清算结束，进行注销登记，独资企业才最后消灭。

（1）清算人的规定：

①投资人自行清算。

②债权人申请人民法院指定清算人进行清算。

【小思考2-11】个人独资企业自行清算时，能否让受托人或投资者的继承人负责该清算事由？

（2）通知与公告规定。投资人自行清算的，应当在清算前十五日内书面通知债权人，无法通知的，应当予以公告。债权人应当在接到通知之日起30日内，未接到通知的应当在公告之日起60日内，向投资人申报其债权。

【小练习2-10】张三设立的个人独资企业经营发生严重亏损，2017年6月20日，决定解散该企业，自行清算并在规定时间向债权人发出了通知。甲债权人于2017年7月1日收到通知。甲向个人独资企业申报债权的期限截止到（　　）。

A. 2017年7月15日　　　　B. 2017年7月30日

C. 2017年8月30日　　　　D. 2017年7月5日

（3）财产的清偿顺序。个人独资企业解散的，财产应当按照下列顺序清偿：

①所欠职工工资和社会保险费用。
②所欠税款。
③其他债务。

个人独资企业财产不足以清偿债务的，投资人应当以其个人的其他财产予以清偿。

(4) 清算期对投资人的规定。清算期间，个人独资企业不得开展与清算目的无关的经营活动。在按前条规定清偿债务前，投资人不得转移、隐匿财产。

(5) 投资人责任消灭的规定。个人独资企业解散后，原投资人对个人独资企业存续期间的债务仍应承担偿还责任，但债权人在五年内未向债务人提出偿债请求的，该责任消灭。

(6) 注销登记。个人独资企业清算结束后，投资人或者人民法院指定的清算人应当编制清算报告，并于15日内到登记机关办理注销登记。

同步练习

一、单项选择题

1. 根据《合伙企业法》的规定，普通合伙企业的下列事务中，不是必须经全体合伙人一致同意通过的有（　　）。
   A. 以合伙企业的名义为他人提供担保
   B. 合伙人之间转让在合伙企业中的部分财产份额
   C. 聘任合伙企业以外的人担任合伙企业的经营管理人员
   D. 改变合伙企业的名称

2. 某个人独资企业的投资人以家庭共有财产作为出资，根据《个人独资企业法》的规定，下列关于投资人应对个人独资企业债务承担责任的表述中，正确的是（　　）。
   A. 投资人以家庭共有财产承担无限责任
   B. 投资人以其出资额为限承担责任
   C. 投资人以其个人财产承担无限责任
   D. 投资人以企业财产为限承担责任

3. 某个人独资企业由王某以个人财产出资设立。该企业因经营不善被解散，其财产不足以清偿所欠债务，对尚未清偿的债务，下列处理方式中，符合《个人独资企业法》规定的是（　　）。
   A. 不再清偿
   B. 以王某的其他财产予以清偿，仍不足清偿的，则不再清偿
   C. 以王某的家庭共有财产予以清偿，仍不足清偿的，则不再清偿
   D. 债权人在企业解散后5年内未提出偿债请求的，王某不再承担清偿责任

4. 根据《合伙企业法》的规定，下列选项中，属于合伙人当然退伙的情形是（　　）。
   A. 未履行出资义务　　　　　B. 个人丧失偿债能力
   C. 合伙协议约定的退伙事由出现　　D. 执行合伙企业事务时有不正当行为

5. 清算人自被确定之日起（　　）日内将合伙企业解散事项通知债权人，并于

（　　）日内在报纸上公告。

  A. 10　60　　　　　　　　B. 30　45

  C. 15　45　　　　　　　　D. 30　60

  6. 某有限合伙企业吸收甲为该企业的有限合伙人。对甲入伙前该有限合伙企业既有的债务，下列表述中，符合《合伙企业法》规定的是（　　）。

  A. 甲不承担责任　　　　　　B. 甲以其认缴的出资额承担责任

  C. 甲以其实缴的出资额承担责任　　D. 甲承担无限连带责任

  7. 根据个人独资企业法律制度的相关规定，下列各项不能作为个人独资企业出资的是（　　）。

  A. 劳务　　　　　　　　　　B. 投资人的货币

  C. 投资人的知识产权　　　　D. 家庭共有的财产

  8. 甲投资设立某个人独资企业，委托乙管理企业事务，授权乙可以决定10万元以下的交易。乙以企业的名义向丙购买15万元的商品。丙不知甲对乙的授权限制，依约供货。企业未按期付款，由此发生争议。下列表述中，符合法律规定的是（　　）。

  A. 企业向丙购买商品的行为有效，应履行付款义务

  B. 乙仅对10万元以下的交易有决定权，企业向丙购买商品的行为无效

  C. 甲向丙出示给乙的授权委托书后，可不履行付款义务

  D. 甲向丙出示给乙的授权委托书后，付款10万元，其余款项丙只能要求乙支付

  9. 某普通合伙企业委托合伙人张某单独执行合伙企业事务，张某定期向其他合伙人报告事务执行情况以及合伙企业的经营和财务状况。对于张某在执行合伙企业事务期间产生的亏损，应当承担责任的是（　　）。

  A. 张某　　　　　　　　　　B. 张某和有过错的第三人

  C. 提议委托张某的合伙人　　D. 全体合伙人

  10. 依照《合伙企业法》的规定，下列情形中，不属于普通合伙人被除名的情形是（　　）。

  A. 甲合伙人在执行合伙事务中有贪污合伙企业财产的行为

  B. 乙合伙人认缴的出资没有按约定缴付

  C. 因重大过失给合伙企业造成损失

  D. 个人丧失偿债能力

二、多项选择题

  1. 根据《合伙企业法》的规定，普通合伙企业的合伙人发生的下列情形中，属于协议退伙的有（　　）。

  A. 合伙人未履行出资义务　　　　B. 发生合伙人难以继续参加合伙的事由

  C. 合伙人故意给合伙企业造成损失　　D. 合伙协议约定的退伙事由出现

  2. 下列关于合伙企业与个人独资企业法律特征的表述中，正确的有（　　）。

  A. 合伙企业与个人独资企业都不是企业法人

  B. 合伙企业与个人独资企业的出资人都对企业债务承担有限责任

  C. 合伙企业与个人独资企业都没有法定最低注册资本的限制

D. 合伙企业与个人独资企业的出资人都只能是自然人

3. 个人独资企业聘用的经营管理人员，未经投资人同意，不得从事的行为有（   ）。
A. 从事与本企业相竞争的业务　　B. 同本企业订立合同或者进行交易
C. 将企业专利权转让给他人使用　　D. 将企业商标权转让给他人使用

4. 根据《合伙企业法》的原文规定，下列标准中，属于合伙企业应当解散的情形有（   ）。
A. 合伙期限届满，合伙人决定不再经营
B. 全体合伙人决定解散
C. 合伙人已不具备法定人数满三个月
D. 合伙协议约定的合伙目的已经实现

5. 有限合伙人实施的下列行为中，不视为执行合伙企业事务的是（   ）。
A. 参与决定普通合伙人入伙、退伙
B. 获取经审计的有限合伙企业财务会计报告
C. 依法为本企业提供担保
D. 对企业的经营管理提出建议

三、判断题

1. 合伙协议未约定合伙企业的利润分配和亏损分担比例的，按照合伙人的出资比例分配和分担。（   ）

2. 在普通合伙企业中，入伙的新合伙人与原合伙人可以在入伙协议中约定，新合伙人比原合伙人享有较大的权利，承担较少的责任。（   ）

3. 个人独资企业的成立日期为提交申请登机文件之日。（   ）

4. 个人独资企业的投资人为一个具有中国国籍的自然人，但法律、行政法规禁止从事营利性活动的人，不得作为投资人申请设立个人独资企业。（   ）

5. 个人独资企业解散时，可以由投资人自行清算，也可以由债权人申请人民法院指定清算人进行清算。（   ）

6. 合伙协议未约定合伙企业经营期限的，合伙人在不给合伙企业事务执行造成不利影响的情况下，只需提前15日通知其他合伙人即可以退伙。（   ）

7. 合伙企业中不参加执行事务的合伙人查阅合伙企业的账簿和其他有关文件时，需经执行合伙企业事务的合伙人同意。（   ）

8. 为保证全体合伙人的利益，合伙企业合伙人一律不得同本企业进行交易。（   ）

9. 合伙企业对合伙人执行合伙企业事务以及对外代表合伙企业权利的限制，不得对抗善意第三人。（   ）

10. 合伙人个人财产不足清偿其个人所负债务的，债权人可以代位行使该合伙人在合伙企业中的财产份额。（   ）

四、案例分析题

案例1：张某、王某、赵某三人欲成立合伙企业进行印刷业务，张某以价值20万元的机器设备、厂房作为出资，王某以人民币10万元作为出资，张某和王某表示自己愿意为合伙企业承担无限连带责任。赵某表示自己只想出资10万元作为投资，不想参与经营，如果企业亏损只以这10万元为限，不想承担其他责任。而后市第一小学因有印刷业务的需要，对企业未来的前景有一定了解，该校校长想让他供职的小学入伙印刷厂，收益可以用来改善教学环境。

根据以上事实，请分析：在上述情况下，张某、王某、赵某三人能成立什么性质的合伙企业？市第一小学能入伙印刷厂成为合伙人吗？

案例2：张某、王某、李某成立普通合伙企业"美纱棉纺厂"，三人签订合伙协议，协议约定经营期限为10年。该企业建立时正是棉纺织业发展的良好阶段，该厂效益非常好，赵某看到了该行业的发展前景和该厂的发展潜力，向张某三人表示要加入美纱棉纺厂，三人协商一致，同意赵某加入合伙企业，并将企业的经营状况、资产、负债等情况如实告知了赵某，四人经协商变更了合伙协议，约定赵某对入伙前发生的债务不承担连带责任。经过几年经营，美纱棉纺厂资不抵债，债权人要求四人共同承担无限连带责任。赵某向债权人出示了合伙协议，表示自己仅对入伙后的债务承担责任，对入伙之前的债务不承担任何责任。而后张某家中发生了一些变故，急需用钱。于是张某便向其他合伙人提出退伙的要求，要求将其投资的钱退还给他。而美纱棉纺厂资金不足，面临危机，合伙人拒绝了张某的请求。

根据以上事实，回答下列问题：

（1）赵某是否应对其加入合伙企业之前发生的债务承担无限连带责任？

（2）约定了合伙期限的合伙人张某，可以要求退伙吗？

案例3：张某和李某是同学。大学毕业后张某自己创业，利用自己名下的临街门市房两间和大学期间勤工俭学积攒的2万元钱，成立了独资企业批发各种零食。张某给自己的批发站起名为"宏达食品批发公司"。张某做好一切准备工作开始筹划给批发站进行工商登记。

李某考取了某县政府的一名普通科员，国家公务员的工资待遇并不太高，李某按揭买房以后，每月偿还房贷后，常常入不敷出。为摆脱这种困境，李某效仿张某进行自己创业，借钱投资成立一家商贸公司。谁知，在登记注册时，工商局不予注册。

根据以上事实，回答下列问题：

（1）张某的批发站能否用"宏达食品批发公司"的名称进行注册？

（2）为什么李某设立的公司，工商局不予注册，请说明理由。

专题三
公司法律制度

专题三　知识结构图

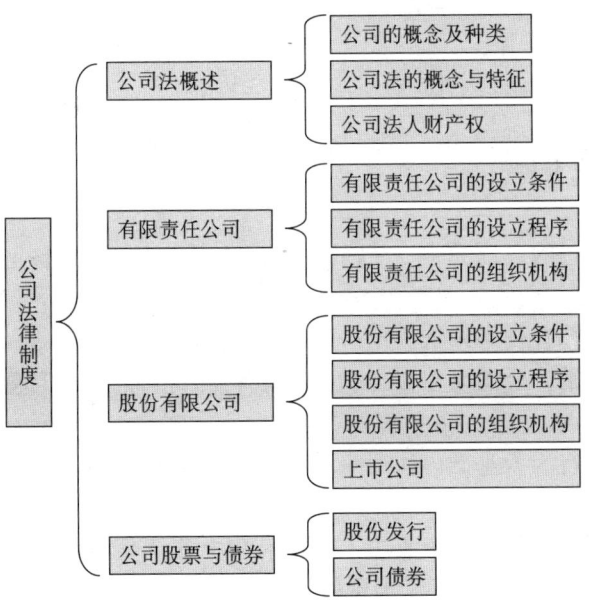

【学习目标】
- 了解公司的概念与种类，了解公司法的概念与特征
- 了解有限责任公司的设立及组织机构
- 了解股份有限公司的设立及组织机构
- 了解上市公司组织机构的特别规定
- 理解公司股票与债券的区别及发行与转让的相关规定

【案例导入】

小明从某职业学校毕业后，决定自己创业，成立自己的物流公司，公司地址是中南物流园区，投入资金20万元，由于小明是第一次自己创业，对公司成立的很多事情并不是很懂，只好回到学校，请教他的经济法规老师，老师给予了小明鼓励，从公司概念、种类、公司依法成立的程序到公司法特征等详细进行了讲解，并逐一回答了小明的疑问，小明受益匪浅，创业信心大增，干劲更足，一个月以后，杰明物流有限公司正式成立，公司运营非常好。

一、公司法概述

（一）公司的概念及种类

1. 什么是公司

公司是指依法设立的，以营利为目的，由股东投资形成的企业法人。公司具有如下特征：

（1）依法设立。指公司必须依法定条件、法定程序设立。

（2）以营利为目的。公司设立以经营并获取利润为目的，而且要求公司有利润时应当分配给股东。

（3）以股东投资行为为基础。注册资本来源于股东的投资，因此没有股东的投资行为就不能设立公司。

（4）具有法人资格。公司是企业法人，具有独立法人资格，主要表现在两个方面：一是财产独立，公司作为法人有独立于出资股东的可支配的财产；二是责任独立，公司以其独立的财产对其债务承担责任。

2. 公司的种类

依不同的标准可以将公司划分为不同的类型：

（1）按股东对公司承担的责任分类：

①有限责任公司。是指股东以其认缴的出资额为限对公司承担责任，公司以其全部财产对公司的债务承担责任的公司。

②股份有限公司。是指将公司全部资本分为等额股份；股东以其认购的股份为限对公司承担责任，公司以其全部财产对公司的债务承担责任的公司。

③无限公司。由两个以上股东组成，全体股东对公司的债务承担无限连带责任。

④两合公司。一部分股东对公司承担有限责任,一部分股东对公司承担无限连带责任的公司。

> 【小提示3-1】《中华人民共和国公司法》规定的公司形式仅为在中国境内设立的有限责任公司和股份有限公司。

(2) 按信用基础分类:
①资合公司。是指公司以资本量的大小,资本的雄厚程度作为信用基础的公司,如股份有限公司。
②人合公司。是指以股东个人的财力、能力和信誉作为信用基础的公司,如无限公司。
③资合兼人合的公司。两者兼有的公司,如有限责任公司。
(3) 以公司组织关系为标准分类:
①母公司和子公司。公司基于股权而存在控制与被控制关系,实际控制其他公司的公司是母公司,受其他公司实际控制的公司是子公司。在法律上母子公司都具有法人资格,依法独立承担民事责任。
②总公司与分公司。公司可以设立分公司,分公司以公司的名义进行经营活动,可以领取营业执照(非《企业法人营业执照》),但不具有法人资格,其民事责任由公司承担。相对分公司而言,公司称为总公司。

【小思考3-1】母公司、子公司、总公司、分公司是否都具有法人资格?

> 【小提示3-2】企业与公司不是同一概念。企业是指投资者依法设立的,以营利为目的,从事生产、流通和服务等经营活动的经济组织。企业包括法人企业、公司以及其他非法人企业。公司是企业的一种。

(二) 公司法的概念与特征

1. 公司法的概念

广义的公司法是指调整公司组织关系,规范公司在设立、变更与终止过程中的组织行为的法律规范的总称。狭义的公司法,指专门调整公司各种关系的《中华人民共和国公司法》(以下简称《公司法》)。

2. 公司法的特征

(1) 公司法是组织法与行为法的结合。公司法规定公司的法律地位,调整公司的设立、变更与终止行为,规范公司内部组织机构的设置与运作,规范公司股东与股东之间、股东与公司之间的关系等。所以是组织法,其组织法性质为公司法的本质特征。公司法也是行为法,在调整公司组织关系的同时,也对与公司组织活动有关的行为加以调整,如公司股份的发行和转让等。

(2) 公司法体现强制性规范和任意性规范的结合。所谓强制性规范是指必须依照法律适用、不能以个人意志予以变更和排除适用的规范。任意性规范则允许主体变更、选择适用或者排除该规范的适用。

调整公司内部关系的，如公司内部主体之间的相互关系，股东之间、股东与管理机构之间、管理机构相互之间这样一些行为的法律规范，应当更多的具有任意性。调整公司外部关系的，涉及公司之外主体和当事人利益的规范，应该更多地具有强制性。

（三）公司法人财产权

公司的财产来源于股东投资，但股东一旦将财产投资于公司，便丧失对该财产直接支配的权利，公司依法对该财产行使占有、使用、收益、处分的权利，公司享有法人财产权。在公司成立后股东不得抽逃投资，或者占用、支配公司的资金、财产。

为保障公司债权人的利益，我国《公司法》对公司行使法人财产权作了如下限制：

1. 对外担保

公司向其他企业投资或者为他人提供担保，按照公司章程的规定由董事会或者股东会、股东大会决议；且不能超过公司章程对担保总额及单项担保数额的限额规定。

2. 对内担保

公司为股东或者实际控制人提供担保的，必须经股东会或者股东大会决议。接受担保的股东或者受实际控制人支配的股东不得参加表决。该项表决由出席会议的其他股东所持表决权的过半数通过。

【小练习3-1】张三、李四、王五三位股东发起方式设立A股份有限公司，公司经营一段时间后，张三向银行贷款100万元，拟由A公司为其提供担保，关于该担保事项，下列说法正确的是（　　　）。

　A. 按照公司章程的规定由董事会或者股东大会进行决议
　B. 由董事会作出决议
　C. 无须经过会议讨论，甲股东可以安排公司经理办理担保事项
　D. 必须经股东大会决议

二、有限责任公司

（一）有限责任公司的设立条件

（1）股东符合法定人数。有限责任公司由50个以下股东出资设立，股东人数没有下限，即有限责任公司股东人数可以为1个，即一人有限责任公司。股东，既可以是自然人，也可以是法人。

（2）公司注册资本。公司章程中自主约定注册资本总额和全体股东的首次出资比例，自主约定出资方式和出资比例，但法律、法规规定的特定行业除外。

（3）股东共同制定公司章程。设立有限责任公司必须由股东共同依法制定公司章程。股东应当在公司章程上签名、盖章。公司章程对公司、股东、董事、监事、高级管理人员具有约束力。

根据《公司法》的规定，有限责任公司章程应当载明下列事项：

①公司名称和住所。

②公司经营范围。
③公司注册资本。
④股东的姓名或者名称。
⑤股东的出资方式、出资额和出资时间。
⑥公司的机构及其产生办法、职权、议事规则。
⑦公司法定代表人。
⑧股东会会议认为需要规定的其他事项。

【小提示3-3】高级管理人员是指公司的经理、副经理、财务负责人、上市公司董事会秘书和公司章程规定的其他人员。

(4) 有公司名称，建立符合有限责任公司要求的组织机构。
(5) 有公司住所。

【小练习3-2】根据《公司法》的规定，公司章程对特定的人员或机构具有约束力。下列各项中，属于该特定人员或机构的有（   ）。
A. 公司财务负责人　　　　B. 上市公司董事会秘书
C. 公司股东　　　　　　　D. 公司实际控制人

(二) 有限责任公司的设立程序

1. 订立公司章程

股东设立有限责任公司，必须先订立公司章程，由全体发出人共同商议起草，将设立公司的基本情况及各方面的权利义务加以明确，并经全体股东共同同意通过方可生效。

2. 股东缴纳出资

(1) 股东应当按期足额缴纳公司章程中规定的各自所认缴的出资额。

(2) 股东以货币出资的，应当将货币出资足额存入为设立有限责任公司而在银行开设的账户；以非货币财产出资的，应当依法办理其财产权的转移手续，该转移手续一般在6个月内办理完毕。

(3) 股东不按照规定缴纳出资的，除应当向公司足额缴纳外，还应当向已按期足额缴纳出资的股东承担违约责任。

(4) 依法设立的会计师事务所等，可以依法承担股东出资的验资工作。

3. 申请设立登记

(1) 股东认足公司章程规定的出资后，由全体股东指定的代表或者共同委托的代理人向公司登记机关报送公司登记申请书、公司章程等文件，申请设立登记。

(2) 有限责任公司成立后，应当向股东签发出资证明书。

(3) 股东不得抽逃出资。

(三) 有限责任公司的组织机构

公司组织机构又称公司机关，是代表公司活动、行使相应职权的自然人或自然人组成的集合体。有限责任公司的组织机构包括股东会、董事会、监事会和高级管理人员。不设董事会、监事会的小型公司可设置董事，设置一至二名监事。

1. 股东会

（1）股东会的职权。有限责任公司的股东会由全体股东组成，是公司的权力机构，行使下列职权：

①决定公司的经营方针和投资计划。

②选举和更换非由职工代表担任的董事、监事，决定有关董事、监事的报酬事项。

③审议批准董事会的报告。

④审议批准监事会或者监事的报告。

⑤审议批准公司的年度财务预算方案、决算方案。

⑥审议批准公司的利润分配方案和弥补亏损方案。

⑦对公司增加或者减少注册资本作出决议。

⑧对发行公司债券作出决议。

⑨对公司合并、分立、变更公司形式、解散和清算等事项作出决议。

⑩修改公司章程。

其上以外，还有公司章程规定的其他职权。

【小提示3-4】1人有限责任公司不设股东会。国有独资公司也不设股东会，由国有资产监督管理机构行使股东职权。

（2）股东会的形式。股东会会议分为定期会议和临时会议。定期会议应当按照公司章程的规定按时召开。有如下情况，应召开临时会议：

①代表1/10以上表决权的股东提议召开。

②1/3以上的董事提议召开。

③监事会或者不设监事会的公司的监事提议召开。

（3）股东会的召开。首次股东会会议由出资最多的股东召集和主持，依法行使职权。以后的股东会会议按如下规定：

①公司设立董事会的，由董事会召集，董事长主持；董事长不能履行职务或者不履行职务的，由副董事长主持；副董事长不能履行职务或者不履行职务的，由半数以上董事共同推举一名董事主持。

②公司不设董事会的，股东会会议由执行董事召集和主持。

③董事会或者执行董事不能履行或者不履行召集股东会会议职责的，由监事会或者不设监事会的公司的监事召集和主持。

④监事会或者监事不召集和主持的，代表1/10以上表决权的股东可以自行召集和主持。

【小提示3-5】所谓不能履行职务，是指因生病、出差在外等客观上的原因导致其无法履行职务的情形。所谓不履行职务，是指不存在无法履行职务的客观原因，但以其他理由或者根本就没有理由而不履行职务的情形。

召开股东会会议，应当于会议召开15日前通知全体股东；但是，公司章程另有规定或者全体股东另有约定的除外。股东会应当对所议事项的决定做成会议记录，出席会议的股东应当在会议记录上签名。

(4) 股东会的决议。股东会会议由股东按照出资比例行使表决权,但公司章程另有规定的除外。股东会的议事方式和表决程序,除《公司法》有规定的外,由公司章程规定。但以下决议需经代表 2/3 以上表决权的股东通过。

①修改公司章程。
②增加或者减少注册资本的决议。
③公司合并、分立、解散或者变更公司形式的决议。

【小练习 3-3】根据《公司法》的规定,有限责任公司股东会会议对下列事项作出的决议中,必须经代表 2/3 以上表决权的股东通过的有(　　)。
　A. 修改公司章程　　　　　B. 减少注册资本
　C. 更换公司董事　　　　　D. 变更公司形式

【小思考 3-2】小赵、小钱、小孙、小李为某有限责任公司股东,分别持有公司 5%、20%、35%、40% 的股权。公司章程未对股东行使表决权及股东会决议方式作出规定。请思考:四名股东中有哪几位可以提议召开股东会临时会议?如果要作出增加公司注册资本的决议,至少必须哪两个股东表示同意?

2. 董事会

董事会是公司股东会的执行机构,对股东会负责。

(1) 董事会的组成。

①人数规定。董事会(依法不设董事会的除外)成员为 3 人至 13 人。

②职工代表的规定。两个以上的国有企业或者其他两个以上的国有投资主体投资设立的有限责任公司,其董事会成员中应当有公司职工代表;其他有限责任公司董事会成员中可以有公司职工代表。董事会中的职工代表由公司职工通过职工代表大会、职工大会或者其他形式民主选举产生。

董事会设董事长 1 人,可以设副董事长。董事长、副董事长的产生办法由公司章程规定。

董事任期。董事任期由公司章程规定,但每届任期不得超过 3 年。董事任期届满,连选可以连任。

(2) 董事会的职权。董事会对股东会负责,行使下列职权:

①召集股东会会议,并向股东会报告工作。
②执行股东会的决议。
③决定公司的经营计划和投资方案。
④制定公司的年度财务预算方案、决算方案。
⑤制定公司的利润分配方案和弥补亏损方案。
⑥制定公司增加或者减少注册资本以及发行公司债券的方案。

⑦制定公司合并、分立、变更公司形式、解散的方案。
⑧决定公司内部管理机构的设置。
⑨决定聘任或者解聘公司经理及其报酬事项，并根据经理的提名决定聘任或者解聘公司副经理、财务负责人及其报酬事项。
⑩制定公司的基本管理制度。
⑪公司章程规定的其他职权。

【小思考3-3】为什么股东会决定公司的经营方针和投资计划，董事会决定公司的经营计划和投资方案？

（3）董事会的召开。董事会会议由董事长召集和主持；董事长不能履行职务或者不履行职务的，由副董事长召集和主持；副董事长不能履行职务或者不履行职务的，由半数以上董事共同推举一名董事召集和主持。

（4）董事会的决议。同股东会一样，董事会的议事方式和表决程序由公司章程规定。董事会应当对所议事项的决定做成会议记录，出席会议的董事应当在会议记录上签名。董事会决议的表决，实行一人一票。

【小提示3-6】有限责任公司股东人数较少或者规模较小的，可以设1名执行董事，不设董事会。执行董事可以兼任公司经理。执行董事的职权由公司章程规定。

（5）经理。有限责任公司可以设经理，由董事会决定聘任或者解聘。经理对董事会负责，并列席董事会会议。

3. 监事会

监事会是公司的监督机构，主要对公司董事、高级管理人员执行公司职务的行为进行监督。

（1）监事会的组成：

①人数规定。有限责任公司监事会成员不得少于3人。股东人数较少或者规模较小的有限责任公司，可以设1~2名监事，不设监事会。

②职工代表的规定。监事会应当包括股东代表和不得低于1/3比例的公司职工代表，具体比例由公司章程规定。监事会中的职工代表由公司职工通过职工代表大会、职工大会或者其他形式民主选举产生。

③监事会设主席1人，由全体监事过半数选举产生。监事会主席召集和主持监事会会议；监事会主席不能履行职务或者不履行职务的，由半数以上监事共同推举1名监事召集和主持监事会会议。

④监事任期。任期每届为3年。监事任期届满，连选可以连任。

⑤担任监事的限制。董事、高级管理人员不得兼任监事。

（2）监事会的职权。监事会、不设监事会的公司的监事行使下列职权：

①检查公司财务。

②对董事、高级管理人员执行公司职务的行为进行监督，对违反法律、行政法规、公司章程或者股东会决议的董事、高级管理人员提出罢免的建议。

③当董事、高级管理人员的行为损害公司的利益时，要求董事、高级管理人员予以纠正。

④提议召开临时股东会会议，在董事会不履行规定的召集和主持股东会会议职责时召集和主持股东会会议。

⑤向股东会会议提出提案。

⑥依法对董事、高级管理人员提起诉讼。

⑦公司章程规定的其他职权。

(3) 监事会的决议：

①监事会每年度至少召开1次会议，监事可以提议召开临时监事会会议。

②监事会的议事方式和表决程序，除《公司法》有规定的外，由公司章程规定。

③监事会决议应当经半数以上监事通过。监事会应当对所议事项的决定做成会议记录，出席会议的监事应当在会议记录上签名。

> 【小练习3-4】张三和李四共同出资设立了湘湘有限责任公司，注册资金15万元。下列说法，不正确的是（　　）。
> A. 湘湘公司不设董事会，由张三担任执行董事
> B. 湘湘公司不设监事会，由李四担任执行监事
> C. 湘湘公司决定由执行董事张三兼任经理
> D. 湘湘公司决定由执行董事张三兼任监事

三、股份有限公司

（一）股份有限公司的设立条件

(1) 发起人符合法定人数

设立股份有限公司，应当有2人以上200人以下为发起人，其中须有半数以上的发起人在中国境内有住所。

> 【小提示3-7】发起人是指依法筹办创立股份有限公司事务的人。发起人既可以是自然人，也可以是法人；既可以是中国公民，也可以是外国公民。

(2) 有符合公司章程规定的全体发起人认购的股本总额或募集的实收股本总额。

①股份有限公司采取发起设立方式设立的，注册资本为在公司登记机关登记的全体发起人认购的股本总额。在发起人认购的股份缴足前，不得向他人募集股份。

②股份有限公司采取募集方式设立的，注册资本为在公司登记机关登记的实收股本总额。即公司的注册资本为公司实际收到作为公司股本的财产总额，已由股东认购但实际并未缴纳的部分，不得计入公司的注册资本额中。（募集方式，必须是"实收"，不得分期缴纳）

> 【小提示3-8】股份有限公司的设立方式有两种：发起设立和募集设立。发起设立是指由发起人认购公司应发行的全部股份而设立公司。公司在发行新股前，全部股份由发起人持有，公司的全部股东都是设立公司的发起人。募集设立是指由发起人认购公司应发行股份的一部分，其余股份经国务院证券管理部门批准后向社会公开募集或者向特定对象募集而设立公司。

③出资方式。以发起设立方式设立的股份有限公司，发起人应当书面认足公司章程规定其认购股份，并按公司章程规定缴纳出资，以非货币财产出资的，应依法办理其财产权的转移手续，法律、行政法规规定不得作为出资的财产除外。

(3) 股份发行、筹办事项符合法律规定。

(4) 发起人制定公司章程，采用募集方式设立的须经创立大会通过。对于以发起设立方式设立的股份有限公司，由全体发起人共同制定公司章程。对于以募集设立方式设立的股份有限公司，发起人制定的公司章程，还应当经有其他认股人参加的创立大会通过。

根据《公司法》的规定，股份有限公司的公司章程应当载明以下事项：
①公司名称和住所。
②公司经营范围。
③公司设立方式。
④公司股份总数、每股金额和注册资本。
⑤发起人的姓名或名称、认购的股份数、出资方式和出资时间。
⑥董事会的组成、职权、任期和议事规则。
⑦公司法定代表人。
⑧监事会的组成、职权、任期和议事规则。
⑨公司利润分配办法。
⑩公司的解散事由与清算办法。
⑪公司的通知和公告办法。
⑫股东大会会议认为需要规定的其他事项。

(5) 有公司名称，建立符合股份有限公司要求的组织机构。
(6) 有公司住所。

> 【小练习3-5】下列关于股份有限公司的设立，不符合《公司法》规定的有（   ）。
> A. 发起人可以用货币或实物出资
> B. 发起人共有10人，其中4人在中国境内有住所
> C. 某发起人以劳务出资，作价30万元
> D. 作为出资的非货币财产应当评估作价

（二）股份有限公司的设立程序

股份有限公司在两种设立方式下程序不同，具体如下：

1. 发起设立方式下的设立程序

（1）发起人书面认足公司章程规定其认购的股份。

（2）缴纳出资。发起人不是以货币出资，应当依法进行评估作价，核实财产，办理其财产权的转移手续。发起人不按照规定缴纳出资的，应当按照发起人协议的约定承担违约责任。

（3）选举董事会和监事会。

（4）申请设立登记。

董事会向公司登记机关提交公司章程、验资报告以及法律、行政法规规定的其他文件，由公司登记机构核准，予以登记并发给公司营业执照。

2. 募集设立方式下的设立程序

（1）发起人认购股份。全体发起人认购的股份不得少于公司股份总数的35%；但法律、行政法规另有规定的，从其规定。

（2）向社会公开募集股份：

①发起人必须公告招股说明书，并由认购人填写认购书的认股股数、金额、住所并签名、盖章。

②发起人应当与依法设立的证券公司签订承销协议，委托证券公司承销。

③发起人应当同银行签订代收股款协议。

（3）召开创立大会。发起人以股款缴足之日起30日内主持召开有代表股份总额过半数的发起人和认股人出席的公司创立大会，并应在创立大会召开15日前将会议日期通知各认股人或者予以公告。

【小提示3-9】创立大会的职权主要包括：审议发起人关于公司筹办情况的报告；通过公司章程；选举董事会成员；选举监事会成员；对公司的设立费用进行审核；对发起人用于抵作股款的财产的作价进行审核；发生不可抗力或者经营条件发生重大变化直接影响公司设立的，可以作出不设立公司的决议。创立大会对前款所列事项作出决议，必须经出席会议的认股人所持表决权过半数通过。

（4）申请设立登记。股份有限公司应当由董事会于创立大会结束后30日内，向公司登记机关申请设立登记，由公司登记机关依法核准登记后，发给企业法人营业执照。

【小提示3-10】发起人应承担下列责任：公司不能成立时，对设立行为所产生的债务和费用负连带责任；公司不能成立时，对认股人已缴纳的股款，负返还股款并加算银行同期存款利息的连带责任；在公司设立过程中，由于发起人的过失致使公司利益受到损害的，应当对公司承担赔偿责任。

【小练习3-6】下列关于以募集方式设立的股份有限公司股份募集的表述中，符合《公司法》规定的有（　　　　）。

　　A. 发起人向社会公开募集股份，必须报经国务院证券监督管理机构核准
　　B. 发起人向社会公开募集股份，必须公告招股说明书，并制作认股书
　　C. 发起人向社会公开募集股份，应当由依法设立的证券公司承销，签订承销协议
　　D. 发起人向社会公开募集股份，应当同银行签订代收股款协议

【小思考3-4】 小甲和小乙拟募集设立一股份有限公司并已获准向社会募股,他们与某银行签订了承销股份和代收股款的协议,由该银行代售股份和代收股款,并在招股说明书上告知公司章程由认股人在创立大会上共同制定,同时告知股款募足后将在60日内召开创立大会。请分析他们实施的行为是否违法?

(三) 股份有限公司的组织机构

股份有限公司的组织机构包括股东大会、董事会、监事会等组成。

1. 股东大会

(1) 股东大会的性质和组成。股东大会是公司的权力机构。股份有限公司的股东大会由全体股东组成,公司的任何一个股东,无论其所持股份有多少,都是股东大会的成员。

(2) 股东大会的职权。股份有限公司股东大会的职权与有限责任公司股东会的职权的规定基本相同。但上市公司的股东大会及职权还有一些特殊的规定:

①有权对公司聘用、解聘会计师事务所作出决议。
②审议公司在一年内购买、出售重大资产超过公司最近一期经审计总资产30%的事项。
③审议批准变更募集资金用途事项。
④审议代表公司发行在外有表决权股份总数的5%以上的股东的提案。
⑤审议股权激励计划。
⑥审议批准相关担保行为。

【小提示3-11】 股东大会审议批准的担保行为包括:(1) 本公司及本公司控股子公司的对外担保总额,达到或超过最近一期经审计总产的50%以后提供的任何担保;(2) 公司的对外担保总额,达到或超过最近一期经审计净资产的30%以后提供的任何担保;为资产负债率超过70%的担保对象提供的担保;单笔担保额超过最近一期经审计净资产10%的担保;对股东、实际控制人及其关联方提供的担保。

(3) 股东大会的形式。股东大会分为年会和临时会议。股东大会应当每年召开1次年会。上市公司的年度股东大会应当于上一会计年度结束后的6个月内举行。有如下情形之一的,应在2个月内召开临时股东大会:

①董事人数不足《公司法》规定人数或者公司章程所定人数的2/3时。
②公司未弥补的亏损达实收股本总额1/3时。
③单独或者合计持有公司10%以上股份的股东请求时。
④董事会认为必要时。
⑤监事会提议召开时。
⑥公司章程规定的其他情形。

> 【小练习 3-7】甲公司是一家以募集方式设立的股份有限公司，其注册资本为人民币 6000 万元。董事会有 7 名成员。最大股东李某持有公司 12% 的股份。根据《公司法》的规定，下列各项中，属于甲公司应当在两个月内召开临时股东大会的情形有（   ）。
> A. 监事陈某提议召开
> B. 公司未弥补亏损达人民币 2100 万元
> C. 董事人数减至 4 人
> D. 最大股东李某请求召开

（4）股东大会的召开：

①股东大会会议由董事会召集，董事长主持；董事长不能履行职务或者不履行职务的，由副董事长主持；副董事长不能履行职务或者不履行职务的，由半数以上董事共同推举一名董事主持。

②董事会不能履行或者不履行召集股东大会会议职责的，监事会应当及时召集和主持；监事会不召集和主持的，连续 90 日以上单独或者合计持有公司 10% 以上股份的股东可以自行召集和主持。

（5）股东大会的决议。股东出席股东大会会议，所持每一股份有一表决权。股东可以委托代理人出席股东大会会议，代理人应当向公司提交股东授权委托书，并在授权范围内行使表决权。但是，公司持有的本公司股份没有表决权。

股东大会作出决议，必须经出席会议的股东所持表决权过半数通过。但股东大会作出的以下特别决议，必须经出席会议的股东所持表决权的 2/3 以上通过：

①修改公司章程的决议。

②增加或者减少注册资本的决议。

③公司合并、分立、解散的决议。

④变更公司形式的决议。

股东大会应当对所议事项的决定做成会议记录，主持人、出席会议的董事应当在会议记录上签名。会议记录应当与出席股东的签名册及代理出席的委托书一并保存。

股东大会选举董事、监事，可以根据公司章程的规定或者股东大会的决议，实行累积投票制。

> 【小提示 3-12】所谓累积投票制，是指股东大会选举董事或者监事时，每一股份拥有与应选董事或者监事人数相同的表决权，股东拥有的表决权可以集中使用。累积投票制的目的在于防止大股东或控股股东利用表决权优势对董事、监事选举过程的控制与操纵，矫正"一股一票"表决制度存在的弊端，有利于保护中小股东的利益。例如，某股东有 100 股，每股 1 票，选出 6 位董事，通常是让该股东给选中的 6 位董事候选人的每 1 位投 100 票，共 600 票。而累积投票法则可以将这 600 票投给一位董事候选人，或根据自己的意愿分投给选中的各候选人。

2. 董事会

董事会是公司股东大会的执行机构，对股东大会负责。

（1）董事会的组成：

①人数规定。董事会成员为 5 人至 19 人。

②职工代表的规定。董事会成员中可以有公司职工代表。董事会中的职工代表由公司职工通过职工代表大会、职工大会或者其他形式民主选举产生。

董事会设董事长 1 人，可以设副董事长。董事长、副董事长的产生由董事会以全体董事的过半数选举产生。

③董事任期。董事任期由公司章程规定，但每届任期不得超过 3 年。董事任期届满，连选可以连任。

（2）董事会的职权。股份有限公司董事会的职权与有限责任公司董事会的职权规定基本相同。

（3）董事会的召开。董事长召集和主持董事会会议，检查董事会决议的实施情况。副董事长协助董事长工作，董事长不能履行职务或者不履行职务的，由副董事长履行职务；副董事长不能履行职务或者不履行职务的，由半数以上董事共同推举 1 名董事履行职务。

（4）董事会的决议。董事会会议应有过半数的董事出席方可举行。董事会作出决议，必须经全体董事的过半数通过。董事会决议的表决，实行一人一票，即每个董事只能享有一票表决权。董事会会议，应由董事本人出席；董事因故不能出席，可以书面委托其他董事代为出席，委托书中应载明授权范围。董事会应当对会议所议事项的决定做成会议记录，出席会议的董事应当在会议记录上签名。

董事应当对董事会的决议承担责任。董事会的决议违反法律、行政法规或者公司章程、股东大会决议，致使公司遭受严重损失的，参与决议的董事对公司负赔偿责任。但经证明在表决时曾表明异议并记载于会议记录的，该董事可以免除责任。

【小提示 3 - 13】只有具备下列三个条件董事才对公司负赔偿责任：一是董事会的决议违反了法律、行政法规或者公司章程、股东大会决议；二是董事会的决议致使公司遭受严重损失；三是该董事参与了董事会的决议并对决议表示了同意。

（5）经理。股份有限公司设经理，由董事会决定聘任或者解聘。股份有限公司经理的职权与有限责任公司经理的职权的规定基本相同。公司董事会可以决定由董事会成员兼任公司经理。

3. 监事会

股份有限公司依法应当设立监事会，监事会为公司的监督机构。

（1）监事会的组成：

①人数规定。股份有限公司监事会成员不得少于 3 人。股东人数较少或者规模较小的有限责任公司，可以设 1～2 名监事，不设监事会。

②职工代表的规定。监事会应当包括股东代表和适当比例的公司职工代表，其中职工代表的比例不得低于 1/3，具体比例由公司章程规定。监事会中的职工代表由公司职工通过职工代表大会、职工大会或者其他形式民主选举产生。

③监事会设主席 1 人，可以设副主席。监事会主席和副主席由全体监事过半数选举产生。监事会主席召集和主持监事会会议；监事会主席不能履行职务或者不履行职务的，由监事会副主席召集和主持监事会会议，监事会副主席不能履行职务或者不履行职务的，由半数以上监事共同推举 1 名监事召集和主持监事会会议。

④监事任期。监事的任期每届为 3 年。监事任期届满,连选可以连任。
⑤担任监事的限制。董事、高级管理人员不得兼任监事。
(2) 监事会的职权。股份有限公司监事会的职权与有限责任公司监事会的职权的规定基本相同。
(3) 监事会的决议:
①监事会每 6 个月至少召开 1 次会议,监事可以提议召开临时监事会会议。
②监事会的议事方式和表决程序,除《公司法》有规定的外,由公司章程规定。
③监事会应当对所议事项的决定做成会议记录,出席会议的监事应当在会议记录上签名。

【小练习 3-8】下列有关股份有限公司监事会组成的表述中,符合公司法律制度规定的是(   )。
　A. 监事会成员必须全部由股东大会选举产生
　B. 监事会中必须有职工代表
　C. 未担任公司行政管理职务的公司董事可以兼任监事
　D. 监事会成员任期为 3 年,不得连选连任

(四) 上市公司

上市公司,是指其股票在证券交易所上市交易的股份有限公司。

1. 增加股东大会特别决议事项

上市公司在 1 年内购买、出售重大资产或者担保金额超过公司资产总额 30% 的,应当由股东大会作出决议,并经出席会议的股东所持表决权的 2/3 以上通过。

2. 上市公司设立独立董事

(1) 独立董事,是指既不是公司股东,又不在公司担任除董事外的其他职务,并与其受聘的上市公司及其主要股东不存在可能妨碍其进行独立客观判断的关系的董事。

(2) 上市公司要建立独立董事制度。

(3) 担任独立董事应当符合下列基本条件:
①根据法律、行政法规及其他有关规定,具备担任上市公司董事的资格。
②具有所要求的独立性。
③具备上市公司运作的基本知识,熟悉相关法律、行政法规、规章及规则。
④具有 5 年以上法律、经济或者其他履行独立董事职责所必需的工作经验。
⑤公司章程规定的其他条件。

(4) 下列人员不得担任独立董事:
①在上市公司或者其附属企业任职的人员及其直系亲属、主要社会关系(直系亲属是指配偶、父母、子女等;主要社会关系是指兄弟姐妹、岳父母、儿媳女婿、兄弟姐妹的配偶、配偶的兄弟姐妹等)。
②直接或间接持有上市公司已发行股份 1% 以上或者是上市公司前 10 名股东中的自然人股东及其直系亲属。

③在直接或间接持有上市公司已发行股份5%以上的股东单位或者在上市公司前5名股东单位任职的人员及其直系亲属。

④最近1年内曾经具有前三项所列举情形的人员。

⑤为上市公司或者其附属企业提供财务、法律、咨询等服务的人员。

⑥公司章程规定的其他人员。

⑦中国证监会认定的其他人员。

【小练习3-9】甲、乙、丙、丁拟任A上市公司独立董事。下列选项中，不影响当事人担任独立董事的情形的方式有（　　）。

　　A. 甲之妻半年前卸任A上市公司之附属企业N公司的总经理

　　B. 乙于1年前卸任C公司副董事长之职，C公司持有A上市公司已发行股份的10%

　　C. 丙正在担任N公司的法律顾问

　　D. 丁是持有A上市公司已发行股份2%的自然人股东

（5）独立董事除依法行使股份有限公司董事的职权外，还行使下列职权：

①对公司关联交易、聘用或者解聘会计师事务所等重大事项进行审核并发表独立意见。

②就上市公司董事、高级管理人员的提名、任免、报酬、考核事项以及其认为可能损害中小股东权益的事项发表独立意见。

独立董事发表的独立意见应当做成记录，并经独立董事书面签字确认。股东有权查阅独立董事发表的独立意见。

3. 上市公司设立董事会秘书

董事会秘书是指掌管董事会文件并协助董事会成员处理日常事务的人员。

4. 增设关联关系董事的表决权排除制度

（1）上市公司董事与董事会会议决议事项所涉及的企业有关联关系的，不得对该项决议行使表决权，也不得代理其他董事行使表决权。

（2）该董事会会议由过半数的无关联关系董事出席即可举行，董事会会议所作决议须经无关联关系董事过半数通过。出席董事会的无关联关系董事人数不足3人的，应将该事项提交上市公司股东大会审议。这里所称关联关系，是指上市公司的董事与董事会决议事项所涉及的企业之间存在直接或者间接的利益关系。

【小思考3-5】某上市公司董事会成员为11人，根据公司章程规定，对于股东张三签订重要采购合同事宜召开临时董事会议。其中，李董事是张三所在公司的董事长，另外还有2个董事因故没有参加会议。表决时有5个董事同意。分析该董事会会议召开是否符合要求？会议通过的决议是否有效？

四、公司股票与债券

（一）股份发行

1. 股份和股票的概念

股份是指将股份有限公司的注册资本按相同的金额或比例划分为相等的份额，股份是公司资本的最小划分单位。

（1）所有股东持有的股份加起来所代表的资本数额即为公司的资本总额。

（2）每股金额相等，所表现出的股东权利和义务是相等的。

股票是指公司签发的证明股东所持股份的凭证，是股份的表现形式。

（1）股票是有价证券。股票记载着股票种类、票面金额及代表的股份数。

（2）股票是证权证券。任何人只要合法占有股票，其就可以依法向公司行使权利。

（3）股票是要式证券。股票应当采取纸面形式或者国务院证券监督管理机构规定的其他形式。

（4）股票是流通证券。股票可以在证券交易市场依法进行交易。

2. 股票种类

（1）根据股东权利、义务的不同分为普通股和优先股。普通股是指享有普通权利、承担普通义务的股份，是股份的最基本形式。依照规定，普通股股东享有决策参与权、利润分配权、优先认股权和剩余资产分配权。优先股是指享有优先权的股份。公司对优先股的股利须按约定的股利率支付，不受公司盈利大小的影响。在公司进行清算时，优先股股东先于普通股股东取得公司剩余财产。但是，优先股股东不参与公司决策，不参与公司红利分配。

（2）根据股票上是否记载股东的姓名或名称为标准，分为记名股和无记名股。记名股票是指在票面上记载股东姓名或名称的股票。公司向发起人、法人发行的股票，应当为记名股票。无记名股票是指在票面上不记载股东姓名或名称的股票。

（3）根据投资主体性质不同分为国有股、发起人股和社会公众股。国有股包括国家股和国有法人股，国家股是指有权代表国家投资的政府部门或机构以国有资产投入公司形成的股份或依法定程序取得的股份。发起人股是指股份公司的发起人认购的股份。社会公众股是指个人和机构以合法财产购买并可依法流通的股份。

（4）其他分类。按照发行对象不同，可以将股票分为 A 股、B 股、H 股等。按股东有无表决权，将股票分为表决权股和无表决权股。

3. 发行原则

（1）公平、公正的原则：

①同一次发行中的同一种股份应当具有同等的权利，享有同等的利益，同类股份必须同股同权、同股同利。

②在同次股份发行中，相同种类的股份，每股的发行条件和发行价格应当相同。

③不允许任何人进行内幕交易、价格操纵、价格欺诈等不正当行为获得超过其他人的利益。

（2）同股同价原则。同股同价，是指同次发行的同种类股票，每股的发行条件和价格应当是相同的。

4. 发行价格

股票发行价格可以按票面金额（平价），也可以超过票面金额（溢价），但不得低于票面金额。因为，低于票面金额发行股票，使股票发行募集的资金低于公司相应的注册资本数额。

5. 公司发行新股

发行新股是指股份有限公司成立后再向社会募集股份的法律行为。股份有限公司发行新股是股份有限公司向社会募集股份，增加公司注册资本的行为。公司发行新股，股东大会应当对下列事项作出决议：

（1）新股种类及数额。

（2）新股发行价格。

（3）新股发行的起止日期。

（4）向原有股东发行新股的种类及数额。

【小练习3-10】下列关于股份有限公司股票发行的表述符合《公司法》规定的是（　　）。

　A. 公司历次发行股票的价格都必须相同

　B. 公司发行的股票面额必须为每股1元

　C. 公司发行的股票必须为无记名股票

　D. 公司股票的发行价格不得低于票面金额

6. 股份转让

股份转让，是指股份有限公司的投资者之间相互买卖股份的行为。

（1）股份转让的法律规定：

①股份转让的地点：应在依法设立的证券交易场所进行或者按照国务院规定的其他方式进行。

②股份转让的方式：记名股票，由股东以背书方式或法律、行政法规规定的其他方式转让，转让后由公司将受让人的姓名或者名称及住所记载于股东名册。股东大会召开前20日内或者公司决定分配股利的基准日前5日内，不得进行上述规定的股东名册的变更登记。但是，法律对上市公司股东名册变更登记另有规定的，从其规定。无记名股票的转让，由股东将该股票交付给受让人后即发生转让的效力。

（2）股份转让的限制：

①发起人转让股份的限制。发起人持有的本公司股份，自公司成立之日起1年内不得转让。公司公开发行股份前已发行的股份，自公司股票在证券交易所上市交易之日起1年内不得转让。

②对公司董事、监事、高级管理人员转让股份的限制。公司董事、监事、高级管理人员在任职期间每年转让的股份不得超过其所持有本公司股份总数的25%；所持本公司股份自公司股票上市交易之日起1年内不得转让。离职后半年内不得转让其持有的本公司股份。

【小提示3-14】公司不得收购本公司股份，除减少公司注册资本、与持有本公司股份的其他公司合并、将股份奖励给本公司职工等经股东大会决议外，公司一般不得收购本公司股份。

(二) 公司债券

1. 公司债券的概念和特征

公司债券是指公司依照法定程序发行、约定在一定期限还本付息的有价证券。公司债券与股票相比，具有下列特征：

（1）公司债券的持有人是公司的债权人，对于公司享有民法上规定的债权人的所有权利，而股票的持有人则是公司的股东，享有《公司法》所规定的股东权利。

（2）公司债券的持有人，无论公司是否有盈利，对公司享有按照约定给付利息的请求权，而股票持有人，则必须在公司有盈利时才能依法获得股利分配。

（3）公司债券到了约定期限，公司必须偿还债券本金，而股票持有人仅在公司解散时方可请求分配剩余财产。

（4）公司债券的持有人享有优先于股票持有人获得清偿的权利，而股票持有人必须在公司全部债务清偿之后，方可就公司剩余财产请求分配。

（5）公司债券的利率一般是固定不变的，风险较小，而股票股利分配的高低，与公司经营好坏密切相关，故常有变动，风险较大。

2. 债券种类

（1）记名公司债券和无记名公司债券。记名公司债券是指在公司债券上记载债权人姓名或名称的债券；无记名公司债券是指在公司债券上不记载债权人姓名或者名称的债券。两者转让时的要求不同，记名公司债券的转让，转让人须在债券上背书；无记名公司债券的转让，转让人交付债券即发生转让的法律效力。

（2）可转换公司债券和不可转换公司债券。可转换公司债券是指可以转换成公司股票的公司债券。这种公司债券在发行时规定了转换为公司股票的条件与办法。当条件具备时，债券持有人拥有将公司债券转换为公司股票的选择权。

不可转换公司债券是指不能转换为公司股票的公司债券。凡在发行债券时未作出转换约定的，均为不可转换公司债券。

3. 债券发行

（1）公司债券发行的条件。公司发行公司债券应当符合《证券法》和《公司债券发行与交易管理办法》规定的发行条件与程序。具体内容见证券法律制度。

（2）公司债券募集办法。公司发行债券，应当公告公司债券募集办法。公司债券募集办法中应当载明下列主要事项：

①公司名称。
②债券募集资金的用途。
③债券总额和债券的票面金额。
④债券利率的确定方式。
⑤还本付息的期限和方式。
⑥债券担保情况。
⑦债券的发行价格、发行的起止日期。
⑧公司净资产额。
⑨已发行的尚未到期的公司债券总额。

⑩公司债券的承销机构。

（3）置备公司债券存根簿。公司债券，可以为记名债券，也可以为无记名债券。公司发行公司债券应当置备公司债券存根簿。发行记名公司债券的，应在公司债券存根簿上载明相关事项，发生可转换股票的公司债券的，应在债券上标明可转换公司债券字样，并在存根簿上载明可转换公司债券的数额。

4. 公司债券的转让

《公司法》规定，公司债券可以转让，转让价格由转让人与受让人约定。

同步练习

一、单项选择题

1. 调整公司组织关系，规范公司在设立、变更与终止过程中的组织行为的法律是（   ）。
   A. 公司法   B. 民法
   C. 合同法   D. 民事诉讼法

2. 有限责任公司成立时应由全体股东指定的代表或者共同委托的代理人向（   ）申请设立登记。
   A. 公安局   B. 质量监督机关
   C. 当地政府部门   D. 公司登记机关

3. 设立股份有限公司，应当有2人以上200人以下为发起人，其中须有（   ）发起人在中国境内有住所。
   A. 1/10 以上的   B. 1/3 以上的
   C. 20/100 以上的   D. 半数以上的

4. 上市公司在1年内购买、出售重大资产或者担保金额超过公司资产总额30%的，应当由（   ）作出决议，并经出席会议的股东所持表决权的2/3以上通过。
   A. 董事会   B. 股东大会
   C. 独立董事   D. 监事会

5. 有限责任公司章程由（   ）制度。
   A. 全体股东   B. 董事会
   C. 董事长   D. 总经理

6. 股东大会是（   ）。
   A. 监督机构   B. 执行机构
   C. 权力机构   D. 利益机构

7. 独立董事是指（   ）。
   A. 不在公司担任除董事外的其他职务   B. 是指公司股东
   C. 券商代表   D. 大股东的直系亲属

8. 具有下列哪些人员不能担任公司独立董事是指（   ）。

A. 不是公司股东
B. 不在公司担任除董事外的其他职务
C. 并与其受聘的上市公司及其主要股东不存在可能妨碍其进行独立客观判断的关系的董事
D. 大股东的直系亲属人员

9. 股票发行价格可以平价发行，也可以（　　）。
A. 折价发行　　　　　　　　B. 溢价发行
C. 都可以　　　　　　　　　D. 随机发行

10. 公司债券的利率一般是（　　）。
A. 与公司经营好坏密切相关　　B. 固定不变的，风险较小
C. 随市场变动，风险较大　　　D. 没有任何风险

二、多项选择题

1. 公司具有如下特征（　　）。
A. 依法设立　　　　　　　　B. 以营利为目的
C. 以股东投资行为为基础　　D. 具有法人资格

2. 《中华人民共和国公司法》规定的公司形式可为在中国境内设立的（　　）。
A. 有限责任公司　　　　　　B. 有限公司
C. 股份有限公司　　　　　　D. 两合公司

3. 公司的高级管理人员是指公司（　　）。
A. 经理、副经理　　　　　　B. 财务负责人
C. 上市公司董事会秘书　　　D. 公司章程规定的其他人员

4. 股份有限公司的组织机构包括（　　）。
A. 股东大会　　　　　　　　B. 董事会
C. 监事会　　　　　　　　　D. 总经理

5. 债券种类包括（　　）。
A. 记名公司债券　　　　　　B. 无记名公司债券
C. 转换公司债券　　　　　　D. 不可转换公司债券

三、判断题

1. 有限责任公司注册资本的最低限额为人民币 3 万元。（　　）
2. 有限责任公司由 50 个以下股东出资设立，但股东人数最少为 2 个。（　　）
3. 在公司成立后股东可以占用、支配公司的资金、财产。（　　）
4. 股东一旦将财产投资于公司，公司依法对该财产行使占有、使用、收益、处分的权利，公司享有法人财产权。（　　）
5. 母公司、子公司、总公司、分公司都具有法人资格。（　　）
6. 企业与公司不是同一概念，企业包括法人企业、公司以及其他非法人企业，企业是公司的一种。（　　）
7. 所谓不能履行职务就是不履行职务。（　　）

8. 股份是公司资本的最小划分单位。（　　）

9. 在公司进行清算时，优先股股东先于普通股股东取得公司剩余财产，优先股股东并能参与公司决策，参与公司红利分配。（　　）

10. 发起人所持有的股份自公司成立之日起1年内不得转让。（　　）

四、案例分析题

案例1：小杰和小明是长沙某职业学校物流专业毕业的学生，参加工作已有5年，手头有了10多万元的积蓄，积累了一定的人脉资源，两人决定合伙创业，成立自己的物流公司，是成立杰明物流有限责任公司还是杰明物流股份有限公司呢？小明和小杰有点纠结了，小杰认为成立杰明物流有责任限公司，因为成立之初，规模小，便于管理，小明坚持认为成立杰明股份有限公司，因为便于今后规模发展，有可能做成上市公司，两人谁也说服不了谁，只好回到学校，请他们的经济法规老师拿主意。

通过学习以后，请你分析杰明物流有限责任公司和杰明物流股份有限公司有什么区别？成立杰明物流有限责任公司需要走哪些程序？

案例2：杰明物流有限责任公司成立于2015年10月，原注册资本为人民币50万元，由自然人小杰出资34万占68%股本，小明出资16万占32%股本，注册地在长沙中南物流园区A栋105号。经营范围：货物储存、流通加工、包装、运输、咨询等服务。由于诚信经营，深受客户欢迎，经过多年努力拼搏，公司规模发展壮大，在南部沿海各大城市建立了服务网点，2017年12月，成立了杰明物流武汉公司，由小明负责管理，2018年，南方普降暴雨，武汉仓库进水，一部分客户货物被淹，经济损失10万元，客户要求杰明物流有限责任公司进行赔偿。

请问客户的赔偿要求是否合理？杰明物流有限公司和杰明物流武汉公司是什么关系？

案例3："长沙汉牌服饰印绣股份有限公司的上市之路"

原长沙汉牌服饰印绣有限公司2012年10月，原注册资本为人民币1000万元，由自然人刘某出资840万元占84%股本，莫某出资160万元占16%股本，共同建立一家有限责任公司。注册地在长沙雨花区板塘村。经营范围：各种服装生产、加工、销售、服饰印花、绣花。公司产品的上乘质量和企业信誉在业界得到很高评价，公司2015销售收入1278.6万元，净利润139万元。公司凭借优秀的管理水平和驾驭品牌的能力，秉持多元化投资，专业化经营的理念，正在稳步成长，发展壮大。为了规范法人治理结构，清晰资产，吸引战略投资，走资本运行道路，决定将重组公司，调整股本结构，改制为股份企业，力争成为上市公司。

长沙汉牌服饰印绣有限公司，2016年11月通过股东会决议，将原注册资金1000万元，由大股东减持股份，转让其41.2%股份给7位自然人，将注册资金增至5000万元。并委托长沙立信资产评估有限公司进行整体资产评估，并出具了评估报告书（信资评报字［2016］第68号），公司的净资产评估价值为人民币5329.3万元。

进入有限公司改制变更工作，首先对公司进行了组织构架进行调整，设置董事会、监事会、独立董事等，对财务状况、经营状况、资产和负债、股东和管理团队等进行规范化管理，起草、变更、设立、登记等一系列法律文件、章程，通过资产评估和审计、验资等，经市工商行政管理局批准改制为长沙汉牌服饰印绣股份有限公司，注册资本为5000万元。

2016年12月长沙汉牌服饰印绣股份有限公司，向证券监督管理机构提出股票上市申请,并提交了下列文件:①上市报告书;②申请上市的股东大会决定;③公司章程;④公司营业执照;⑤经法定验证机构验证的公司最近3年的或公司成立以来的财务会计报告;⑥法律意见书和证券公司的推荐书;⑦最近一次的招股说明书;⑧证券交易所要求的其他文件,通过证券监督管理部门和上市交易所的核准,2017在深圳证券交易所发行股票,成功上市。

思考:

(1) 根据给定案例材料说说长沙汉牌服饰印绣股份有限公司的变化发展过程?

(2) 上市公司的组织结构有什么要求?

(3) 需要向证券监督管理机构提交哪些文件?

专题四 合同法律制度

专题四 知识结构图

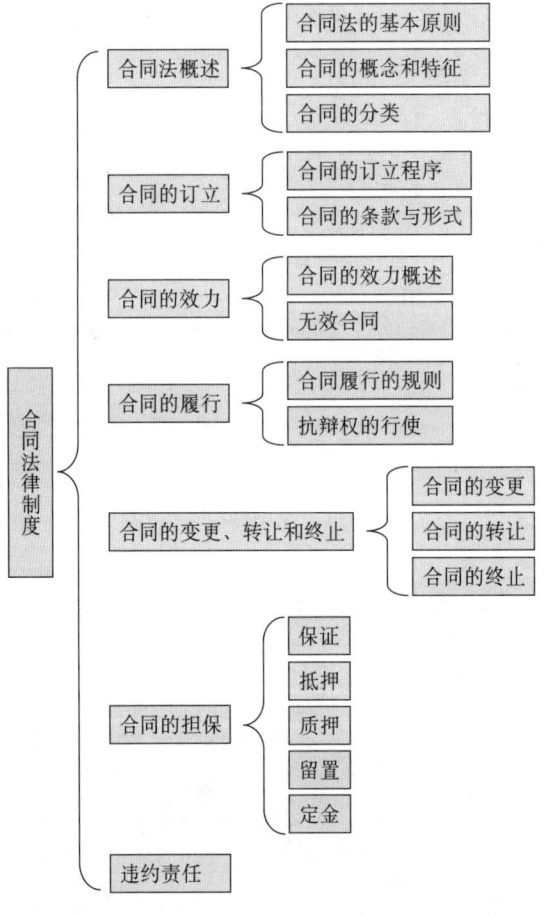

专题四 合同法律制度

【学习目标】
- ☐ 了解合同的变更、转让和终止
- ☐ 了解保证抵押质押留置定金的概念
- ☐ 了解合同的订立;合同的担保
- ☐ 了解合同的效力;合同的履行;违约责任

【案例导入】
> Adam 是一个未成年人,为了与 Ann 订婚,他预定一只价值昂贵的戒指,当然在他能力范围之内。结果事后,珠宝商却拒绝交货,理由是 Adam 是未成年人不具有订约的能力,所以合同无效。你认为法院应该怎样判定?

一、合同法概述

【小提示 4-1】《中华人民共和国合同法》由中华人民共和国第九届全国人民代表大会第二次会议于 1999 年 3 月 15 日通过,自 1999 年 10 月 1 日起施行。

(一)合同法的基本原则

合同法指有关合同的法律规范的总称,是调整平等主体之间的交易关系的法律。
合同法的基本原则包括:
(1)平等原则。合同当事人的法律地位平等,一方不得将自己的意志强加给另一方。
(2)自愿原则。当事人依法享有自愿订立合同的权利,任何单位和个人不得非法干预。
(3)公平原则。当事人应当遵循公平原则确定各方的权利和义务。
(4)诚实信用原则。当事人行使权利、履行义务应当遵循诚实信用原则。
(5)遵守法律、不损害社会公共利益原则。当事人订立、履行合同,应当遵守法律、行政法规,尊重社会公德,不得扰乱社会经济秩序,损害社会公共利益。

(二)合同的概念和特征

合同是平等主体的自然人、法人、其他组织之间设立、变更、终止民事权利义务关系的协议。婚姻、收养、监护等有关身份关系的协议,适用其他法律的规定。

【小提示 4-2】自然人是指基于自然规律出生的人,包括中国人、外国人和无国籍人。法人是与自然人相对应的民事权利义务主体,是具有民事权利能力和民事行为能力,依法独立享有民事权利和承担民事义务的组织。其他组织是指依法成立,有一定的组织机构和财产,但是不具备法人资格的各种实体。如合伙组织、企业法人依法设立的分支机构和一些事业单位、科技性社会团体开办的非法人企业等。

合同具有下列特征:
1. 合同是一种民事法律行为

民法通则规定，民事法律行为是民事主体设立、变更或终止民事权利和民事义务的合法行为。合同是民事法律行为的一种，民法上关于民事法律行为的一般规定，如民事法律行为的有效要件、民事法律行为的无效和撤销的规定等都可适用于合同。

2. 合同以设立、变更和终止民事权利义务关系为目的

任何民事法律行为都有其特定的目的，合同的目的就在于设立、变更和终止民事权利义务关系。所谓设立，是指合同依法成立后，即在当事人之间原始地发生一定的民事权利义务关系；所谓变更，是指当事人通过成立合同，使他们之间原有的民事权利义务关系发生变化，形成新的民事权利义务关系；所谓终止，是指当事人通过成立合同，使他们之间原有的民事权利义务关系消灭。

3. 合同是当事人之间的意思表示一致的协议

首先合同是双方或多方的法律行为，需有双方或多方当事人。其次合同的成立需各方当事人相互为意思表示，即当事人各方均从自己的利益出发作出意思表示，其意思表示是交付作出的。最后当事人的意思表示达成一致。

（三）合同的分类

1. 以双方当事人是否互负义务，分为双务合同和单务合同

双务合同是当事人双方互负义务的合同，当事人双方相互承担对待给付义务。如买卖合同、租赁合同、有偿保管合同等。双务合同是合同的主要形态，合同法上规定的合同多数是双务合同。单务合同是指只有一方当事人承担义务的合同，只有一方当事人承担给付义务。如赠与合同、借用合同。

2. 以当事人取得权利有无代价（对价），分为有偿合同和无偿合同

有偿合同是指当事人一方享有合同规定的权益，需向对方当事人偿付相应代价的合同。有偿合同是商品交换最典型的法律形式，实践中常见的买卖、租赁、运输、承揽等合同都是有偿合同。无偿合同是指当事人一方向对方给予某种利益，对方取得该利益时不支付任何代价的合同。无偿合同不是典型的交易形式，实践中主要有赠与合同、无偿借用合同、无偿保管合同。

3. 以合同成立是否需特定的形式或程序，分为要式合同和不要式合同

要式合同是指法律规定合同具备特定的形式才能成立或生效的合同。不要式合同是指法律不要求采取特定形式或程序就可以成立或生效的合同。根据合同自由原则，当事人有权选择合同的形式，故合同以不要式为常态，但对于一些重要的交易，如不动产的买卖，法律常规定当事人应当采取特定的形式订立合同。

4. 以法律法规是否对合同名称作出明确规定，分为有名合同和无名合同

有名合同，又称典型合同，是指法律对某类合同赋予名称并为其设定具体规范的合同。我国合同法规定的十五类合同就是有名合同。无名合同，又称非典型合同，是指法律尚未确立一定的名称和具体规则，由当事人自由创立的合同。

【小提示4-3】合同法分则规定了15类合同：买卖合同，供用电、水、气、热力合同，赠与合同，借款合同，租赁合同，融资租赁合同，承揽合同，建设工程合同，运输合同，技术合同，保管合同，仓储合同，委托合同，行纪合同，居间合同。

5. 根据合同相互间的主从关系，分成主合同和从合同

主合同是指不依赖其他合同的存在即可独立存在的合同。从合同指必须以其他合同的存在为前提，自身不能独立存在的合同。如借款合同与保证合同（抵押合同）间，前者为主合同，后者为从合同。

6. 以合同的成立是否以交付标的物为要件，分为诺成合同和实践合同

诺成合同，是指缔约当事人双方意思表示一致为充分成立条件，不依赖于标的物的交付的合同。即一旦当事人双方意思表示一致，合同即告成立。如买卖合同、承揽合同、委托合同等。实践合同，又称要物合同，是指除当事人意思表示一致外，尚需交付标的物或完成其他给付才能成立的合同。如保管合同、借用合同。

法律调整的范围、期限内，对所有社会成员及其活动都普遍适用。

> 【小练习 4-1】下列协议中适用《合同法》的是（　　）。
> A. 甲与乙签订的遗赠抚养协议　　B. 乙与丙签订的监护责任协议
> C. 丙与丁签订的离婚协议　　D. 丁与戊签订的企业承包协议

二、合同的订立

合同的订立是指两个或两个以上当事人，依法就合同的主要条款经过协商一致达成协议的法律行为。合同当事人可以是自然人、法人或者其他组织，但都应当具有与订立合同相应的民事权利能力和民事行为能力。当事人也可以依法委托代理人订立合同。

（一）合同的订立程序

订立合同一般采取要约、承诺的方式进行。当事人意思表示真实一致，合同即可成立。

1. 要约

要约指希望和他人订立合同的意思表示。发出要约的当事人称为要约人，要约所指向的对方当事人称为受要约人。

（1）要约应具备的条件：

①内容具体确定。要约的内容必须具有足以使合同成立的主要条件，包括主要条款（如标的、数量、质量、价款或报酬），履行期限、地点和方式等。

②必须是特定人所为的意思表示。在要约的行为中，要约人必须是能够确定的某一特定人，即要约行为是该特定人（要约人）的意思表示，旨在得到受要约人的承诺并成立合同。只有要约人是特定的人，受要约人才能对之承诺。

③要约必须向相对人发出。要约发出的相对人指受要约人，要约只有经过相对人的承诺才能成立合同。但在特殊情况下，对不特定的人作出不妨碍要约所达目的时，相对人也可以是不特定的人。

④表明经受要约人承诺，要约人即受该意思表示约束。要约是一种法律行为，在要约行为中，要约人受发出的要约约束，受要约人受发出的承诺约束。

【小提示4-4】要约与要约邀请的区别：要约邀请是希望他人向自己发出要约的意思表示，不属于订立合同的行为。寄送的价目表、拍卖公告、招标公告、招股说明书、商业广告等为要约邀请。但如果商业广告的内容符合要约的规定，如悬赏广告，则视为要约。要约可以向特定人发出，也可以向非特定人发出。

（2）要约生效时间。要约到达受要约人时生效。采用数据电文形式订立合同，收件人指定特定系统接收数据电文的，该数据电文进入该特定系统的时间，视为到达时间；未指定特定系统的，该数据电文进入收件人的任何系统的首次时间，视为到达时间。

【小提示4-5】要约生效并不是指要约一定要实际送到受要约人或其代理人手中，当要约送达受要约人通常的地址、住所或者能够控制的地方（如信箱等）即为送达。反之，即使在要约送达受要约人之前受要约人已经知道要约的内容，要约也不生效。

（3）要约的撤回、撤销与失效：

①要约撤回是指要约发出后、生效前，要约人使要约不发生法律效力的意思表示。撤回要约的通知应当在要约达到受要约人之前，或者与要约同时到达受要约人时有效。

②要约撤销是指要约人在要约生效后、受要约人承诺前，使要约丧失法律效力的意思表示。撤销要约的通知应当在受要约人发出承诺承知之前到达受要约人时有效。但有下列情形之一的，要约不得撤销：

a. 要约人确定了承诺期限或者以其他形式明示要约不可撤。

b. 受要约人有理由认为要约是不可撤销的，并已经为履行合同作了准备工作。

③要约失效是指要约丧失效力，要约人和受要约人都不再受要约约束。有下列情形之一的，要约失效：

a. 拒绝要约的通知到达要约人。

b. 要约人依法撤销要约。

c. 承诺期限届满，受要约人未作出承诺。

d. 受要约人对要约的内容作出实质性变更。

2. 承诺

承诺是受要约人同意要约的意思表示。

（1）承诺应具备的条件：

①承诺必须由受要约人作出。要约和承诺是一种相对行为，只有受要约人才享有承诺的资格，所以承诺必须由受要约人作出。

②承诺必须向要约人作出。受要约人发出承诺，目的在于要约人订立合同，所以承诺只有向要约人作出才有意义。

③承诺的内容必须与要约的内容一致。承诺是受要约人同意与要约人按要约内容订立合同的意思表示，所以要取得成立合同的法律效果，承诺就必须在内容上与经约的内容一致。

④承诺必须在有效期内作出。要约在其存续期间内才有效力，其中包括一旦受要约人承诺便可成立合同的效力，所以承诺必须在此期间内作出。

（2）承诺的方式。承诺应当以通知的方式作出，通知的方式可以是口头的，也可以是书面的。具体规定如下：

①如果法律或要约中没有规定必须以书面形式表示承诺，当事人就可以口头形式表示承诺。

②根据交易习惯或当事人约定，承诺可以不以通知的方式，而以实施一定的行为或其他方式作出。

③如果要约人在要约中规定以特定方式承诺的，只要该方式不是法律所禁止的或不属于在客观上根本不可能，承诺人应按要约人规定的承诺方式作出承诺。

【小思考4-1】甲公司以招标方式采购设备，向包括乙公司在内的十余家厂商发出招标书，招标书中包括设备性能、规格、品质、交货日期等。乙公司向甲公司发出了投标书。甲公司在接到乙公司及其他公司的投标书后，通过决标，决定乙公司中标，并向乙公司发出了中标通知。请思考：甲公司发出招标书属什么行为？乙公司向甲公司发出投标书属什么行为？甲公司向乙公司发出中标通知书属什么行为？

（3）承诺的生效。根据《合同法》规定，承诺生效时合同成立。承诺自通知到达要约人时生效。承诺不需要通知的，根据交易习惯或者要约的要求作出承诺的行为时生效。采用数据电文形式订立合同的，承诺到达的时间同要约到达时间的规定相同。

（4）承诺的撤回与迟延：

①承诺可以撤回，但撤回承诺的通知应当在承诺通知到达要约人之前，或者与承诺通知同时到达要约人。

②受要约人超过承诺期限发出承诺的，为迟延承诺，除要约人及时通知受要约人该承诺有效的以外，视为新要约。

【小练习4-2】刘某以信件发出为要约，信件未载明承诺开始日期，仅规定承诺期限为10天，4月20日，刘某将信件投入信箱，邮局将信件加盖4月21日邮戳发出，4月23日，信件送达受要约人向某办公室，向某出差至25日才知悉信件内容。问该承诺期限的起算日期是（　　）。

　　A.4月20日　　　B.4月21日　　　C.4月23日　　　D.4月25日

（二）合同的条款与形式

1. 合同的条款

合同条款即合同的内容，是权利义务的具体规定。合同条款的确定是当事人之间协商订立合同的过程，因此总体上应服从合同当事人的意思自由。合同一般包括以下条款：

（1）当事人的名称或者姓名和住所。

（2）标的。

（3）数量。

（4）质量。

（5）价款或者报酬。

（6）履行期限、地点和方式。

（7）违约责任。

（8）解决争议的方法。

2. 合同的形式

（1）书面形式。书面形式是指合同书、信件和数据电文（包括电报、电传、传真、电子数据交换和电子邮件）等可以有形地表现所载内容的形式。法律、行政法规规定采用书面形式的，应当采用书面形式。当事人约定采用书面形式的，应当采用书面形式。

（2）口头形式。口头形式指双方当事人通过交谈达成协议。因发生纠纷后取证较难，适应于即时结清和不重要的合同

（3）其他形式。除书面形式和口头形式外，还可以采用公证、鉴证、批准、登记、行为默认等形式。

【小思考 4-2】书面合同较口头合同有何优点？

三、合同的效力

（一）合同的效力概述

合同的效力指依法成立的合同所具有的法律赋予的拘束力。

1. 合同生效的要件

有效合同必须具备以下要件：

（1）合同当事人具有相应的民事行为能力。行为人在签订合同时，必须能够独立地作出意思表示，并能正确理解自己行为的性质和预见此行为将产生的后果。

（2）意思表示真实。当事人的行为应当真实地反映其内心的想法。

（3）不违反法律或者社会公共利益。这是合同生效的绝对要件。法律保护的是当事人的合法行为。

【小提示 4-6】合同的生效不同于合同的成立。合同的成立是指当事人经过要约和承诺，意思表示一致达成协议，是一个事实问题；合同的生效，是指已依法成立的合同发生相应的法律效力，是一个价值判断问题。合同的生效以合同的成立为前提，绝大多数合同成立时即生效。

2. 合同生效的时间

（1）依法成立的合同，自成立时生效。

（2）法律、行政法规规定应当办理批准、登记等手续生效的，依照其规定。

（3）当事人对合同的效力可以约定附条件。附生效条件的合同，自条件成就时生效。附解除条件的合同，自条件成就时失效。当事人为自己的利益不正当地阻止条件成就的，视为条件已成就；不正当地促成条件成就的，视为条件不成就。

（4）当事人对合同的效力可以约定附期限。附生效期限的合同，自期限届至时生效。附终止期限的合同，自期限届满时失效。

(二) 无效合同

1. 无效合同的概念

无效合同是指虽然成立但违反法律强制性规定而自始不发生法律效力的合同。无效合同具有违法性，是不被法律保护的。

2. 合同无效的情形

根据《合同法》规定，有下列情形之一的，合同无效：

(1) 一方以欺诈、胁迫的手段订立合同，损害国家利益。
(2) 恶意串通，损害国家、集体或者第三人利益。
(3) 以合法形式掩盖非法目的。
(4) 损害社会公共利益。
(5) 违反法律、行政法规的强制性规定。

【小思考4-3】甲公司与乙公司签订一份秘密从境外买卖免税香烟并运至国内销售的合同。甲公司依双方约定，按期将香烟运至境内，但乙公司提走货物后，以目前账上无钱为由，要求暂缓支付货款，甲公司同意。3个月后，乙公司仍未支付货款，甲公司多次索要无果，遂向当地人民法院起诉要求乙公司支付货款并支付违约金。请思考该合同是否具有法律效力？为什么？

3. 合同无效的后果

合同无效或者被撤销后，因该合同取得的财产，应当予以返还；不能返还或者没有必要返还的，应当折价补偿。有过错的一方应当赔偿对方因此所受到的损失，双方都有过错的，应当各自承担相应的责任。当事人恶意串通，损害国家、集体或者第三人利益的，因此取得的财产收归国家所有或者返还集体、第三人。

四、合同的履行

合同的履行是指合同生效后，双方当事人完成合同中规定的各项义务的行为。在合同履行中，当事人应当遵行诚实信用原则完成合同中规定的各项义务，同时还要根据合同的性质、目的和交易习惯履行通知、协助、保密等义务。

(一) 合同履行的规则

1. 合同内容约定不明确时的履行规则

合同生效后，当事人就质量、价款或者报酬、履行地点等内容没有约定或者约定不明确的，可以协议补充；不能达成补充协议的，按照合同有关条款或者交易习惯确定。若仍不能确定的，适用下列规定：

(1) 质量要求不明确的，按照国家标准、行业标准履行；没有国家标准、行业标准的，按照通常标准或者符合合同目的的特定标准履行。

（2）价款或者报酬不明确的，按照订立合同时履行地的市场价格履行；依法应当执行政府定价或者政府指导价的，按照规定履行。

（3）履行地点不明确，给付货币的，在接受货币一方所在地履行；交付不动产的，在不动产所在地履行；其他标的，在履行义务一方所在地履行。

（4）履行期限不明确的，债务人可以随时履行，债权人也可以随时要求履行，但应当给对方必要的准备时间。

（5）履行方式不明确的，按照有利于实现合同目的的方式履行。

（6）履行费用的负担不明确的，由履行义务一方负担。

【小练习4-3】长沙市含光工厂因购买布料与上海市棉麻公司签订一份买卖合同，合同中未约定交货地与付款地，双方就此未达成补充协议，按照合同有关条款或者交易习惯也不能确定。根据合同法律制度的规定，下列关于交货地及付款地的表述中正确的有（   ）。

　　A. 长沙市为交货地　　　　　　B. 上海市为交货地
　　C. 长沙市为付款地　　　　　　D. 上海市为付款地

2. 涉及第三人的合同履行

涉及第三人的合同，又称为涉他合同，是指当事人约定，向第三人履行债务或者由第三人向债权人履行债务的合同。

（1）当事人约定由债务人向第三人履行债务的，债务人未向第三人履行债务或者履行债务不符合约定，应当向债权人承担违约责任。

（2）当事人约定由第三人向债权人履行债务的，第三人不履行债务或者履行债务不符合约定，债务人应当向债权人承担违约责任。

（二）抗辩权的行使

所谓抗辩权，是指对抗请求权或否认对方的权利主张的权利，也称异议权。

合同履行中的抗辩权，是指双务合同的一方当事人在符合法定条件时，对抗另一方当事人的请求权，暂时拒绝履行其合同债务的权利。它是一种行之有效的保障双方合同债务履行的法律制度，对于抗辩权人而言，可以免去自己履行后得不到对方履行的风险，迫使对方当事人及时履行债务或为债务提供担保，有利于及时防止不良债权的形成。具体有三种情况：

1. 同时履行抗辩权

当事人互负债务，没有先后履行顺序的，应当同时履行。一方在对方履行之前有权拒绝其履行要求。一方在对方履行债务不符合约定时，有权拒绝其相应的履行要求。

2. 后履行抗辩权

当事人互负债务，有先后履行顺序，先履行一方未履行的，后履行一方有权拒绝其履行要求。先履行一方履行债务不符合约定的，后履行一方有权拒绝其相应的履行要求。

【小思考4-4】甲公司与乙公司签订一份供货合同，约定乙公司在4月份预付给甲

公司 10 万元，甲公司 6 月份向乙公司供货。合同订立后，乙公司因资金紧张未向甲公司预付款项，6 月份乙公司要求甲公司如期供货，否则要追究甲公司的违约责任。请问乙公司的要求合理吗？为什么？

3. 不安抗辩权

不安抗辩权是指在双务合同中，承担先履行义务的一方当事人，在缔约后由于对方财产状况明显恶化，可能难以保证对等债务履行时，先履行义务的一方有权中止自己的履行，除非对方作出担保。

应当先履行债务的当事人，有确切证据证明对方有下列情形之一的，可以中止履行：

（1）经营状况严重恶化。
（2）转移财产、抽逃资金，以逃避债务。
（3）丧失商业信誉。
（4）有丧失或者可能丧失履行债务能力的其他情形。

当事人没有确切证据中止履行的，应当承担违约责任。当事人中止履行的，应当及时通知对方。对方提供适当担保时，应当恢复履行。中止履行后，对方在合理期限内未恢复履行能力并且未提供适当担保的，中止履行的一方可以解除合同。

五、合同的变更、转让和终止

（一）合同的变更

合同的变更是指生效的合同在未履行或未履行完毕之前，由于主、客观情况的变化而使合同的内容发生变化。

1. 合同变更的条件

合同变更要件包括以下几个方面：

（1）当事人之间已存在合同关系。
（2）合同内容发生了变化。
（3）必须遵守法律的规定和当事人的约定。

2. 合同变更的方式主要有三种：

（1）当事人协议变更。当事人协商一致，可以变更合同。法律、行政法规规定变更合同应当办理批准、登记等手续的，应依照其规定办理批准、登记手续，方可变更。为防止发生纠纷，当事人对合同变更的内容应作明确约定，当事人对合同变更的内容约定不明确的，推定为未变更。

（2）人民法院或仲裁机关裁决变更。如因重大误解或显失公平而订立的合同，当事人一方可以向人民法院或仲裁机关申请裁决变更或撤销合同。

（3）根据法律、法规的直接规定变更。当出现法律规定的情形时，合同内容当根据法律规定自然发生变化。如因为不可抗力因素导致债务不能如期履行时，合同延期履行。

（二）合同的转让

合同的转让指合同的当事人将其合同的权利和义务全部或者部分转让给第三人。分为权利转让、义务转让、权利和义务一并转让三种情形。

1. 合同权利转让

权利转让是指不改变合同的内容,权利人将其合同的权利全部或部分转让给第三人。其中,权利人称为让与人,第三人称为受让人。

《合同法》规定,债权人可以将合同的权利全部或者部分转让给第三人,但有下列情形之一的除外:

(1) 根据合同性质不得转让。这种情况主要指基于当事人特定身份而订立的合同,如果转让会使合同的内容发生变化,使当事人的合法利益得不到保护,如赠与合同、委托合同、雇佣合同等。

(2) 按照当事人约定不得转让。

(3) 依照法律规定不得转让。某些合同的债权涉及国家及社会的公共利益,因而法律禁止该合同的债权转让或债权转让须经国家有关部门批准。

【小提示4-7】债权人转让权利的,应当通知债务人。未经通知,该转让对债务人不发生效力。

2. 合同义务转移

义务转移是指在不改变合同义务的前提下,经债权人同意,债务人将合同的义务全部或者部分转移给第三人。

(1) 义务转移需经债权人同意。债务人将合同的义务全部或者部分转移给第三人的,应当经债权人同意,否则债务人转移合同义务的行为对债权人不发生效力,债权人有权拒绝第三人向其履行,同时有权要求债务人履行义务并承担不履行或迟延履行合同的法律责任。

(2) 合同义务转移的法律后果:

①若新债务人成为合同一方当事人后,不履行或不适当履行合同义务,债权人可以向其请求履行债务或承担违约责任。

②债务人转移义务的,新债务人可以主张原债务人对债权人的抗辩。

③从属于主债务的从债务,随主债务的转移而转移。

3. 合同权利义务一并转让

合同关系的一方当事人经对方同意,将自己在合同中的权利和义务一并转让给第三人。这种情形发生后,当事人一方即全部退出原合同关系,引起合同主体在一方身上发生更替。

(三) 合同的终止

合同权利义务的终止,是指因发生法律规定或当事人约定的情况,使合同当事人之间的权利义务关系消灭,而使合同终止法律效力。

1. 合同的权利义务终止的情形

(1) 债务已经按照约定履行。

(2) 合同解除。

(3) 债务相互抵销。

(4) 债务人依法将标的物提存。

(5) 债权人免除债务。

(6) 债权债务同归于一人。

（7）法律规定或者当事人约定终止的其他情形。

【小提示4-8】提存是指债务人因债权人原因将无法清偿的标的物提交给提存机关保存以消灭合同的行为。我国的提存机关为公证机关。

2. 债务人可以将标的物提存的情形
（1）债权人无正当理由拒绝受领。
（2）债权人下落不明。
（3）债权人死亡未确定继承人或者丧失民事行为能力未确定监护人。
（4）法律规定的其他情形。
合同的权利义务终止后，当事人应当遵循诚实信用原则，根据交易习惯履行通知、协助、保密等义务。

六、合同的担保

合同担保是指依据法律规定或者当事人的约定，为保证合同履行或债权实现而采取的法律保障措施。我国合同担保制度由保证、抵押、质押、留置和定金五种担保方式组成。其中保证属于人的担保，定金属于金钱担保，其余为物的担保。

（一）保证

保证是指由债务人以外的第三人为债务人的债务履行作担保，当债务人不履行债务时，由第三人按照约定履行债务或者承担责任的行为。其中，为债务人的债务履行作担保的第三人为保证人，被担保的债务人称为被保证人。实践中，保证是适用最广泛的担保方式之一。

1. 保证人

根据《担保法》的规定，具有代为清偿债务能力的法人、其他组织或者公民，可以作为保证人。不得作为保证人的情形包括：

（1）国家机关不得为保证人，但是经国务院批准为使用外国政府或者国际经济组织贷款进行转贷的除外。

（2）学校、幼儿园、医院等以公益为目的的事业单位、社会团体不得为保证人。

（3）企业法人的分支机构、职能部门不得为保证人，企业法人的分支机构有法人书面授权的，可以在授权范围内提供保证。

2. 保证方式

保证方式有两种，即一般保证和连带责任保证。

（1）一般保证。指当事人在保证合同中约定，债务人不能履行债务时，由保证人承担责任的保证方式。

在一般保证的情况下，保证责任的承担是以债务人在先履行债务为前提的。具体地讲，在主合同纠纷未经审判或者仲裁，并就债务人财产依法强制执行仍不能履行债务以前，保证人不承担保证责任，对债权人请求履行保证责任的，保证人有权拒绝，但是在下列情况保证人不得拒绝债权人的履行请求：

①债务人住所变更，致使债权人要求其履行债务发生重大困难的。
②人民法院受理债务人破产案件，中止执行程序的。

③保证人以书面形式放弃承担补充性质的保证责任的权利的。

（2）连带责任保证。指当事人在保证合同中约定保证人与债务人对债务承担连带责任的保证方式。连带责任保证使保证人的保证责任加重，更有利于债权的实现。在连带责任保证的情况下，若债务在主合同规定的债务履行期届满没有履行债务的，债权人可以要求债务人履行债务，也可以要求保证人在其保证范围内承担保证责任。

同一债务有两个以上保证人的，保证人应当按照保证合同约定的保证份额，承担保证责任。没有约定保证份额的，保证人承担连带责任，债权人可以要求任何一个保证人承担全部保证责任，保证人都负有担保全部债权实现的义务。已经承担保证责任的保证人，有权向债务人追偿，或者要求承担连带责任的其他保证人清偿其应当承担的份额。

【小提示4-9】当事人对保证方式没有约定或者约定不明确的，按照连带责任保证承担保证责任。

3. 保证责任

保证责任指保证人在担保事项出现时应承担的法律责任。保证责任的范围包括主债权及利息、违约金、损害赔偿金和实现债权的费用。

（1）保证责任免除。有下列情形之一的，保证人不承担民事责任：

①主合同当事人双方串通，骗取保证人提供保证的。

②主合同债权人采取欺诈、胁迫等手段，使保证人在违背真实意思的情况下提供保证的。

③主合同债务人采取欺诈、胁迫等手段，使保证人在违背真实意思的情况下提供保证的，债权人知道或者应当知道欺诈、胁迫事实的。

（2）主债权转让对保证责任的影响：

①保证期间，债权人依法将主债权转让给第三人的，保证人在原保证担保的范围内继续承担保证责任。保证合同另有约定的，按照约定。

②保证期间，债权人许可债务人转让债务的，应当取得保证人书面同意，保证人对未经其同意转让的债务，不再承担保证责任。

（3）主债权变更对保证责任的影响。债权人与债务人协议变更主合同的，应当取得保证人书面同意，未经保证人书面同意的，保证人不再承担保证责任。保证合同另有约定的，按照约定。

（4）保证担保与物的担保并存的保证责任。同一债权既有保证担保又有物的担保的（包括抵押、质押、留置），保证人对物的担保以外的债权承担保证责任；若债权人放弃物的担保的，保证人在债权人放弃权利的范围内免除保证责任。

（5）保证人的追偿权。保证人承担保证责任后，有权向债务人追偿。保证人自行履行保证责任时，其实际清偿额大于主债权范围的，保证人只能在主债权范围内对债务人行使追偿权。

4. 保证期间

保证期间指保证人承担保证责任的时间范围。保证人在与债权人约定的保证期或法律规定的保证期间内承担保证责任。

保证合同约定了保证期间的，保证人只在保证期间内承担保证责任。未约定的，保证期为6个月。约定不明确的，如保证人承担保证责任直至主债务本息还清时为止等内容，法定保证期间为主债务履行期届满之日起2年。

（二）抵押

抵押是指债务人或者第三人的特定财产在不转移占有的前提下，将该财产作为债权的担保，当债务人不履行债务时，债权人有权依法以该财产折价或者以拍卖、变卖该财产的价款优先受偿。

【小提示4-10】有抵押法律关系中，提供财产的债务人或者第三人称为抵押人，债权人享有的当债务人不履行债务时以变卖抵押物优先受偿的权利称为抵押权，享有抵押权的债权人称为抵押权人，提供担保的财产为抵押物。

1. 抵押物的规定

（1）可以抵押的财产包括：

①抵押人所有的房屋和其他地上定着物。

②抵押人所有的机器、交通运输工具和其他财产。

③抵押人依法有权处分的国有的土地使用权、房屋和其他地上定着物。

④抵押人依法有权处分的国有的机器、交通运输工具和其他财产。

⑤抵押人依法承包并经发包方同意抵押的荒山、荒沟、荒丘、荒滩等荒地的土地使用权。

⑥依法可以抵押的其他财产。

抵押人可以将上述财产一并抵押。

（2）不得抵押的财产包括：

①土地所有权。

②耕地、宅基地、自留地、自留山等集体所有的土地使用权（法律另有规定的除外）。

③学校、幼儿园、医院等以公益为目的的事业单位、社会团体的教育设施、医疗卫生设施和其他社会公益设施。

④所有权、使用权不明或者有争议的财产。

⑤依法被查封、扣押、监管的财产。

⑥依法不得抵押的其他财产。

【小练习4-4】除法律另有规定外，下列财产中不得用于抵押的有（   ）。
A. 某村民的宅基地　　　　　B. 某企业占用的使用权有争议的门面房
C. 某学校校长的专用配车　　D. 某公司因诉讼被人民法院暂时监管的货物

2. 抵押的效力

抵押担保的范围包括主债权及利息、违约金、损害赔偿金和实现抵押权的费用。抵押合同另有约定的，按照约定。

（1）抵押物孳息。债务履行期届满，债务人不履行债务致使抵押物被人民法院依法扣押的，自扣押之日起抵押权人有权收取由抵押物分离的天然孳息以及抵押人就抵押物可以收取的法定孳息。抵押权人未将扣押抵押物的事实通知应当清偿法定孳息的义务人的,抵押权的效力不及于该孳息。

> 【小提示4-11】孳息是指由原物所产生的额外收益,分为天然孳息和法定孳息。天然孳息是指依物的本性而生产,不需要人力作用就能获得的收益,如天然牧草等;法定孳息,是指物因某种法律关系所产生的收益,如租金利息等。孳息应当先充抵收取孳息的费用。

（2）抵押物出租。抵押人将已出租的财产抵押的,应当书面告知承租人,原租赁合同继续有效。

（3）抵押物转让。抵押期间,抵押人转让已办理登记的抵押物的,应当通知抵押权人并告知受让人转让物已经抵押的情况;抵押人未通知抵押权人或者未告知受让人的,转让行为无效。

转让抵押物的价款明显低于其价值的,抵押权人可以要求抵押人提供相应的担保;抵押人不提供的,不得转让抵押物。

抵押人转让抵押物所得的价款,应当向抵押权人提前清偿所担保的债权或者向与抵押权人约定的第三人提存。超过债权数额的部分,归抵押人所有,不足部分由债务人清偿。

（三）质押

质押,是指债务人或第三人将其动产或者有价证券、知识产权等权利凭证移交债权人占有,将其作为债权的担保。当债务履行期间届满,债务人不履行债务时,债权人有权按照法律规定对质押的财产折价、拍卖、变卖或者行使证券权利和知识产权,以取得的价款或者财产优先受偿。质押分为动产质押和权利质押。

1. 动产质押

动产质押是指债务人或者第三人将其动产移交债权人占有,将该动产作为债权的担保。债务人不履行债务时,债权人有权以该动产折价或者以拍卖、变卖该动产的价款优先受偿。设定动产质押,出质人和质权人应当以书面形式订立质押合同。

> 【小提示4-12】动产质押行为中债务人或第三人为出质人,债权人为质权人,移交的动产为质物。法律行政法规禁止转让的动产不得出质。

（1）动产质押的效力。动产质押的效力主要包括如下内容:

①债务人或者第三人未按质押合同约定的时间移交质物,由此给质权人造成损失的,出质人应当根据其过错承担赔偿责任。

②出质人代质权人占有质物的,质押合同不生效。

③出质人以间接占有的财产出质的,书面通知送达占有人时视为移交。占有人收到出质通知后,仍接受出质人的指示处分出质财产的,该行为无效。

④质押合同中对质押的财产约定不明,或者约定的出质财产与实际移交的财产不一致的,以实际交付占有的财产为准。

⑤质物有隐蔽瑕疵造成质权人其他财产损害的,应由出质人承担赔偿责任。但是,质权人在质物移交时明知质物有瑕疵而予以接受的除外。

⑥债务人以自己的财产出质,质权人放弃该质权的,其他担保人在质权丧失优先受偿权益的范围内免除担保责任,但其他担保人承诺仍然提供担保的除外。

(2) 质权人的权利:

①留置质物的权力。质权人在债务人未清偿债务之前有权留置质物,并有收取质物所生的孳息的权利。

②请求担保权。质物有损坏或者价值明显减少的可能,足以危害质权人权利的,质权人可以要求出质人提供相应的担保。出质人不提供的,质权人可以拍卖或者变卖质物,并与出质人协议将拍卖或者变卖所得的价款用于提前清偿所担保的债权或者向与出质人约定的第三人提存。

③优先受偿权。债务履行期届满质权人未受清偿的,可以与出质人协议以质物折价,也可以依法拍卖、变卖质物。质物折价或者拍卖、变卖后,其价款超过债权数额的部分归出质人所有,不足部分由债务人清偿。

(3) 质权人的责任:

①妥善保管质物。因保管不善致使质物灭失或者毁损的,质权人应当承担民事赔偿责任。质权人在质权存续期间,未经出质人同意,擅自使用、处分质押财产,给出质人造成损害的,应承担赔偿责任。

②返还质物。债务履行期届满债务人履行债务的,或者出质人提前清偿所担保的债权的,质权人应当返还质物。

【小思考4-5】 小明问小李,抵押与质押有什么区别?小李回答说:抵押与质押最大的区别就是抵押不转移抵押物,而质押必须转移占有质押物。还有一个大的区别就是,质押无法质押不动产(如房产),因为不动产的转移不是占有,而是登记。请问小李的回答正确吗?

2. 权利质押

权利质押是指债务人或者第三人以其财产权利交付债权人作为债权的担保。债务人不履行债务时,债权人有权依据法律规定,以该财产权利折价或者以拍卖、变卖该财产权利的价款优先受偿。

(1) 可以出质的权利包括:

①汇票、支票、本票、债券、存款单、仓单、提单。
②依法可以转让的股份、股票。
③依法可以转让的商标专用权,专利权、著作权中的财产权。
④依法可以质押的其他权利。

(2) 不同类权利出质的法律规定:

①以汇票、支票、本票、债券、存款单、仓单、提单出质的,应当在合同约定的期限内将权利凭证交付质权人。质押合同自权利凭证交付之日起生效。

以载明兑现或者提货日期的汇票、支票、本票、债券、存款单、仓单、提单出质的,汇票、支票、本票、债券、存款单、仓单、提单兑现或者提货日期先于债务履行期的,质权人可以在债务履行期届满前兑现或者提货,并与出质人协议将兑现的价款或者提取的货物用于提前清偿所担保的债权或者向与出质人约定的第三人提存。

②以依法可以转让的股票出质的，出质人与质权人应当订立书面合同，并向证券登记机构办理出质登记。质押合同自登记之日起生效。股票出质后，不得转让，但经出质人与质权人协商同意的可以转让。出质人转让股票所得的价款应当向质权人提前清偿所担保的债权或者向与质权人约定的第三人提存。

③以依法可以转让的商标专用权、专利权、著作权中的财产权出质的，出质人与质权人应当订立书面合同，并向其管理部门办理出质登记。质押合同自登记之日起生效。权利出质后，出质人不得转让或者许可他人使用，但经出质人与质权人协商同意的可以转让或者许可他人使用。出质人所得的转让费、许可费应当向质权人提前清偿所担保的债权或者向与质权人约定的第三人提存。

【小练习4-5】甲公司向乙银行借款，并以其所持有的某上市公司的股权用于抵押，该质权设立的时间是（　　）。
　　A. 借款合同签订之日
　　B. 质押合同签订之日
　　C. 在工商行政管理部门办理出质登记之日
　　D. 在证券登记结算机构办理出质登记之日

（四）留置
留置是指债权人按照合同约定占有债务人的动产，债务人不按照合同约定的期限履行债务的，债权人有权留置该财产，以该财产折价或者以拍卖、变卖该财产的价款优先受偿。

【小提示4-13】上述概念中，债权人为留置权人，占有的动产为留置财产。留置必须是债权人合法占有的动产，不动产或非法占有的，都不能产生留置权。

1. 留置担保的范围
留置担保的范围包括主债权及利息、违约金、损害赔偿金、留置物保管费用和实现留置权的费用。因保管合同、运输合同、加工承揽合同发生的债权，债务人不履行债务的，债权人有留置权。当事人可以在合同中约定不得留置的物。留置的财产为可分物的，留置物的价值应当相当于债务的金额。

【小思考4-6】甲企业向乙企业购买了一批总价款100万元的建筑材料。甲企业支付了60万元，约定其余的40万元在3个月内付清。后甲企业将一台价值30万元的施工设备交由乙企业代为保管。3个月后，几经催告，甲企业仍未支付乙企业40万元货款。请思考：甲企业要求提取该设备时，乙企业是否可以将设备留置以担保货款债权的实现？

2. 约定履行债务的期限
债权人与债务人应当在合同中约定，债权人留置财产后，债务人应当在不少于两个月的期限内履行债务。债权人与债务人在合同中未约定的,债权人留置债务人财产后,应当确定两个月以上的期限,通知债务人在该期限内履行债务。

3. 留置财产的处理

债务人逾期未履行债务,或留置权人在债务履行期后不行使留置权的,留置财产均可进行处理,具体规定为:

(1) 债务人逾期仍不履行的,债权人可以与债务人协议以留置物折价,也可以依法拍卖、变卖留置物。

(2) 留置物折价或者拍卖、变卖后,其价款超过债权数额的部分归债务人所有,不足部分由债务人清偿。

(3) 留置权人在债权未受全部清偿前,留置物为不可分物的,留置权人可以就其留置物的全部行使留置权。留置的财产为可分物的,留置物的价值应相当于债务的金额。

【小提示4-14】留置权人负有妥善保管留置物的义务。因保管不善致使留置物灭失或者毁损的,留置权人应当承担民事责任。

(五) 定金

定金是指合同当事人一方为保证合同的履行,在合同成立后,履行前预先向对方当事人交付一定数额的货币。

当事人可以约定一方向对方给付定金作为债权的担保。债务人履行债务后,定金应当抵作价款或者收回。给付定金的一方不履行约定的债务的,无权要求返还定金;收受定金的一方不履行约定的债务的,应当双倍返还定金。

定金应当以书面形式约定。当事人在定金合同中应当约定交付定金的期限。定金合同从实际交付定金之日起生效。

定金的数额由当事人约定,但不得超过主合同标的额的20%。

【小提示4-15】预付款和定金的区别:定金具有合同的担保性质。在合同履行后,定金可以折抵价款或者收回。若给付定金的一方不履行约定的债务,则无权要求返还定金,收受一方不履行债务,应当双倍返还定金。可见定金具有一定的惩罚性。而预付款是合同一方当事人在合同成立后、履行前在合同规定的价款内向另一方当事人支付一定数额的货币,具有提前预付的性质,合同履行后可以抵付价款,但不具有惩罚性。

【小练习4-6】甲公司向乙公司购买100万元的建材,甲公司按合同约定的定金数额支付了30万元,后乙公司违约,法院判决违约方双倍返还定金,乙公司应当向甲公司支付的金额为(   )。
A. 60万元   B. 50万元   C. 40万元   D. 30万元

七、违约责任

违约责任也称为违反合同的民事责任,是指合同当事人因不履行合同义务或者履行合同义务不符合约定，而向对方承担的民事责任。依法订立的有效合同对当事人双方来说，都具有法律的约束力。如果不履行或者履行义务不符合约定，就要承担违约责任。

我国《合同法》共规定了五大类违约责任形式：

（1）继续履行。又称强制履行，指在违约方不履行合同时，由法院强制违约方继续履行合同债务的违约责任方式。其构成要件如下：①存在违约行为；②必须有守约方请求违约方继续履行合同债务的行为；③必须是违约方能够继续履行合同。

（2）采取补救措施，是指矫正合同不适当履行，使履行缺陷得以消除的具体措施。这种赔偿损失具有互补性。《合同法》第1条规定："质量不符合责任方式与继续履行约定的，应当按照当事人的约定承相违约责任。对违约责任没有约定或者约定不明确，依照本法第61条的规定仍不能确定的，受损害方根据标的的性质以及损失的大小，可以合理选择要求对方承担修理更换、重作、退货、减少价款或者报酬等违约责任。"

（3）赔偿损失。指违约方因不履行合同义务或者履行合同义务不符合约定而给对方造成损失，依法或者根据合同规定所应承担的损害赔偿责任。它是违约责任中最常见的责任形式。

（4）定金。当事人可以依照担保法约定一方向对方给付定金作为债权的担保。债务人履行债务后，定金应当抵作价款或者收回。给付定金的一方不履行约定的债务的，无权要求返还定金；收受定金的一方不履行约定的债务的，应当双倍返还定金。

（5）违约金。又称违约罚款，是指当事人一方违反合同时向对方支付的一定数额的金钱或财物。约定的违约金低于造成的损失的，当事人可以请求人民法院或者仲裁机构予以增加，约定的违约金过分高于造成的损失的，当事人可以请求人民法院或者仲裁机构予以适当减少。

同步练习

一、单项选择题

1. 下列不属于合同书面形式的是（　　）。
   A. 合同书　　　　　　　　B. 信件
   C. 数据电文　　　　　　　D. 双方口头协议

2. 《中华人民共和国合同法》由中华人民共和国第九届全国人民代表大会第二次会议于1999年3月15日通过，自（　　）起施行。
   A. 1999年10月1日　　　　B. 1999年3月15日
   C. 1999年5月1日　　　　 D. 2000年1月1日

3. 无名合同，又称非典型合同，是指法律尚未确立一定的名称和具体规则，由（　　）自由创立的合同。
   A. 劳动行政部门　　　　　B. 当事人
   C. 甲方　　　　　　　　　D. 保证人

4. （　　）指当事人互负债务，有先后履行顺序，先履行一方未履行的，后履行一方有权拒绝其履行要求。先履行一方履行债务不符合约定的,后履行一方有权拒绝其相应的履行要求。

  A. 同时履行抗辩权   B. 先履行抗辩权
  C. 后履行抗辩权   D. 无效抗辩权

  5. 债权人与债务人应当在合同中约定,债权人留置财产后,债务人应当在不少于( )的期限内履行债务。
  A. 1个月   B. 3个月
  C. 2个月   D. 6个月

  6. 要约指希望和他人订立合同的意思表示。发出要约的当事人称为( )。
  A. 要约人   B. 承诺人
  C. 甲方   D. 保证人

  7. 下列不属于诺成合同的是( )。
  A. 买卖合同   B. 承揽合同
  C. 委托合同   D. 保管合同

  8. 甲和乙合伙开办了非法人的三味蛋糕店,丙到该店向正在营业中的甲订购了一份生日蛋糕,并付清了款项。该合同关系的主体是( )。
  A. 甲和丙   B. 甲、乙和丙
  C. 三味蛋糕店和丙   D. 以上都不是

  9. 根据《合同法》及司法解释的规定,一般认定违约金"过分高于造成的损失"是指当事人约定的违约金超过造成损失的( )。
  A. 5%   B. 15%
  C. 25%   D. 30%

  10. 保证合同约定了保证期间的,保证人只在保证期间内承担保证责任。未约定的,保证期为( )。
  A. 6个月   B. 2年
  C. 3个月   D. 12个月

二、多项选择题

  1. 我国合同担保制度由( )和定金五种担保方式组成。其中保证属于人的担保,定金属于金钱担保,其余为物的担保。
  A. 保证   B. 抵押
  C. 质押   D. 留置

  2. 下列属于实践合同的有( )。
  A. 买卖合同   B. 租赁合同
  C. 个人间借贷合同   D. 保管合同

  3. 根据《合同法》规定,有下列情形( )之一的,合同无效。
  A. 一方以欺诈、胁迫的手段订立合同,损害国家利益
  B. 恶意串通,损害国家、集体或者第三人利益
  C. 以合法形式掩盖非法目的

D. 损害社会公共利益或违反法律、行政法规的强制性规定

4. 在下列哪些情况下（　　），要约不得撤销。

A. 要约人确定了承诺期限

B. 受要约人有理由认为要约是不可撤销的，并且已经为履行合同作了准备工作

C. 要约中明示要约不可撤销

D. 要约已经到达受要约人

5. 留置担保的范围包括（　　）。

A. 主债权及利息　　　　　　　　B. 违约金

C. 损害赔偿金　　　　　　　　　D. 留置物保管费用和实现留置权的费用

三、判断题

1. 保管合同只能是有偿合同。　　　　　　　　　　　　　　　　　　　　（　　）
2. 违约金，又称定金，是指当事人一方违反合同时向对方支付的一定数额的金钱或财物。（　　）
3. 所谓合同变更，是指当事人通过成立合同，使他们之间原有的民事权利义务关系发生变化，形成新的民事权利义务关系。（　　）
4. 定金应当以书面形式约定。当事人在定金合同中应当约定交付定金的期限。定金合同从签订合同之日起生效。（　　）
5. 留置，是指债权人按照合同约定占有债务人的动产，债务人不按照合同约定的期限履行债务的，债权人有权留置该财产，以该财产折价或者以拍卖、变卖该财产的价款优先受偿。（　　）
6. 质物有隐蔽瑕疵造成质权人其他财产损害的，应由出质人承担赔偿责任。（　　）
7. 当事人对合同的效力可以约定附期限。附生效期限的合同，自期限届至三日后生效。附终止期限的合同，自期限届满三日失效。（　　）
8. 如果保证人与债务人没有另外的约定，共同保证人相互之间是按份担保关系。（　　）
9. 约定违约金一经确定不得更改。（　　）
10. 以依法可以转让的股票出质的，出质人与质权人订立书面质押合同即生效。（　　）

四、案例分析

案例 1：2015 年 8 月，家住长沙县某镇的黄某因急需筹集学费，找到邻村的蒋某借到 6000 元钱，约定借款期限为 1 年。到了 2016 年 8 月，蒋某要求黄某归还借款。蒋某在出示借据时却发现，还款日期当时竟写成了 20016 年 8 月，形成了要等 18000 年之后才到债务清偿期的债务。黄某见此，竟然也以没到还款期限和没钱还款为由拒绝还款。蒋某无奈，只好将黄某告到法院。

你认为法院应该怎么判决？

案例 2：南宫琴是某中学学生，15 岁。一天在放学回家的路上，南宫琴看到商场正在进行有奖销售，每消费 20 元可领取奖券一张，最高奖金额为 5000 元，便买了一瓶价值为 20 元的洗发水，领到一张奖券。几天后，抽奖结果公布，南宫琴所持奖券中了最高奖，南宫琴非常高兴，将中奖的消息告诉了母亲萧雨，母女二人马上去商场兑了奖，萧雨把这 5000 元

钱放到家里的柜子中。

第二天，南宫琴与萧雨发生争执，南宫琴一气之下，便偷偷将柜子中的5000元钱拿出，到商场中购物消气，其见到商场中正在促销钻戒，便花了4800元买了一只钻戒。几天后，萧雨要购买股票，想用柜中的钱，却发现柜中的钱已不见，于是质问南宫琴，南宫琴在质问之下说出真相。但南宫琴认为钱是自己中奖所得，自己有权决定想买什么就买什么。萧雨则认为南宫琴还小，钱应当由自己和南宫琴的父亲支配。于是马上拉着南宫琴到商场，说南宫琴购买钻戒未征得父母同意，要求退货。售货员辩称钻戒售出无法退货。

根据案情回答以下问题：
(1) 南宫琴购买洗发水的行为的法律效力如何？奖金究竟属谁所有？为什么？
(2) 南宫琴购买钻戒的行为的法律效力如何？萧雨能否要求退货？为什么？
(3) 假设南宫琴没有告诉萧雨，直接到商场领奖，商场能否以南宫琴是未成年人拒绝兑奖？

案例3：甲公司与乙公司于2015年5月2日签署了设备买卖合同，甲为买方，乙为卖方。双方约定：
(1) 由乙公司于10月30日前分两批向甲公司提供设备10套，价款总计为150万元。
(2) 甲公司向乙公司给付定金25万元。
(3) 如一方延迟履行，应向另一方支付违约金20万元。
(4) 由丙公司作为乙公司的保证人，在乙公司不能履行债务时，丙公司承担一般保证责任。

合同依法生效后，甲公司因故未向乙公司给付定金。7月1日乙公司向甲公司交付了3套设备，甲公司支付了45万元的货款，9月该种设备价格大幅度上涨，乙公司向甲公司提出变更合同，要求将剩余的7套设备价格提高到每套20万元，甲公司不同意，随后乙公司通知甲公司解除合同。11月甲公司仍未收到剩余的7套设备，严重影响了正常的生产，并因此遭受了50万元的经济损失。于是甲公司诉至法院，要求乙公司增加违约金数额并继续履行合同，同时要求丙公司，履行一般保证责任。

根据上述情况和合同法等法律制度的有关规定回答下列问题：
(1) 合同规定甲公司向乙公司支付25万元定金是否合法？说明理由。
(2) 乙公司通知甲公司解除合同是否合法？说明理由。
(3) 甲公司要求增加违约金数额依法能否成立？说明理由。

专题五
劳动合同与社会保险法律制度

专题五　知识结构图

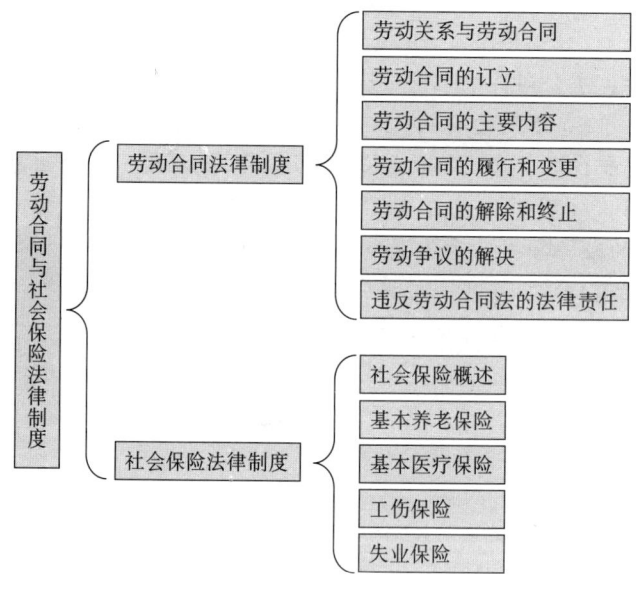

专题五 劳动合同与社会保险法律制度

【学习目标】
- ☐ 了解劳动关系与劳动合同的概念与特征
- ☐ 了解劳动合同的订立及劳动合同的主要内容
- ☐ 了解劳动合同的履行、变更、解除与终止
- ☐ 了解劳务争议的解决和违反劳动合同法的法律责任
- ☐ 了解基本养老保险和基本医疗保险
- ☐ 了解工伤保险和失业保险

【案例导入】
李丽2017年7月从职高会计专业毕业,到外求职,后通过网上资料审核,长沙某家财务公司同意聘其当会计员,公司通知8月初上班报到,李丽非常开心,并把这好消息告知其父母与好友,家人和好友都为李丽能在长沙找到理想的工作感到高兴。8月初,李丽迫不及待来到公司,但公司告诉她已找到了更适合的人选。李丽非常生气,朋友出主意要她向劳动仲裁委提起仲裁,要求公司履行合同,生活中你遇到过或听说过与李丽类似的事情吗?你认为李丽的要求能否得到支持?

一、劳动合同法律制度

(一) 劳动关系与劳动合同

1. 劳动关系和劳动合同的概念

(1) 劳动关系是指劳动者与用人单位依法签订劳动合同而在劳动者与用人单位之间产生的法律关系。劳动者接受用人单位的管理,从事用人单位安排的工作,成为用人单位的成员,从用人单位领取劳动报酬和受劳动保护。

(2) 劳动合同是劳动者和用人单位之间依法确立劳动关系,明确双方权利义务的书面协议。

2. 劳动关系的特征

(1) 劳动关系的主体具有特定性。劳动关系主体的一方是劳动者,另一方是用人单位。

(2) 劳动关系的内容具有较强的法定性。劳动合同涉及财产和人身关系,劳动者在签订劳动合同后,就会隶属于用人单位,受到用人单位的管理。为了保护处于弱势的劳动者的权益,法律规定了较多的强制性规范,当事人签订劳动合同不得违反强制性规定,否则无效。

(3) 劳动者在签订和履行劳动合同时的地位不同。劳动者与用人单位在签订劳动合同时,遵循平等、自愿、协商一致的原则,双方法律地位是平等的;一旦双方签订了劳动合同,在履行劳动合同的过程中,用人单位和劳动者就具有了支配与被支配、管理与服从的从属关系。

3. 劳动合同法的适用范围

(1) 中华人民共和国境内的企业、个体经济组织、民办非企业单位(以下称用人单位)。

(2) 国家机关、事业单位、社会团体和与其建立劳动关系的劳动者。国家机关录用和聘任公务员，适用公务员法，不适用劳动合同法。

【小提示5-1】事业单位分为三种：（1）具有管理公共事务职能的组织，录用工作人员参照公务员法，不适用劳动合同法；（2）实行企业化管理的事业单位，与职工签订的是劳动合同，适用劳动合同法；（3）诸如医院、学校、科研机构等的事业单位，如果签订的是劳动合同，依劳动合同法执行，如果签订的是聘用合同，聘用合同也属于一种劳动合同，法律、行政法规或者国务院另有规定的，依照其规定；未作规定的，依照劳动合同法有关规定执行。

（二）劳动合同的订立

1. 劳动合同订立原则

劳动合同的订立是指劳动者和用人单位经过相互选择与平等协商，就劳动合同的各项条款达成一致意见，并以书面形式明确规定双方权利、义务的内容，从而确立劳动关系的法律行为。

订立劳动合同，应当遵循合法、公平、平等自愿、协商一致、诚实信用的原则。

2. 劳动合同订立的主体

（1）劳动合同订立主体的资格要求：

①对劳动者的要求。须年满16周岁（文艺、体育和特种工艺单位录用人员可以例外），有劳动权利能力和行为能力。

【小提示5-2】劳动者就业，不因民族、种族、性别、宗教信仰不同而受歧视。妇女享有与男子平等的就业权利。在录用职工时，除国家规定的不适合妇女的工种或者岗位外，不得以性别为由拒绝录用妇女或者提高对妇女的录用标准。残疾人、少数民族人员、退出现役的军人的就业，法律、法规有特别规定的，从其规定。

②对用人单位的要求。有用人权利能力和用人行为能力。用人单位设立的分支机构，依法取得营业执照或者登记证书的，可以作为用人单位与劳动者订立劳动合同；未依法取得营业执照或者登记证书的，受用人单位委托可以与劳动者订立劳动合同。

（2）劳动合同订立主体的义务：

①用人单位的义务。用人单位招用劳动者时，应当如实告知劳动者工作内容、工作条件、工作地点、职业危害、安全生产状况、劳动报酬，以及劳动者要求了解的其他情况。

用人单位招用劳动者时，不得扣押劳动者的居民身份证和其他证件，不得要求劳动者提供担保或者以其他名义向劳动者收取财物。

②用人单位违反规定的责任。用人单位违反劳动合同法规定，扣押劳动者居民身份证等证件的，由劳动行政部门责令限期退还劳动者本人，并依照有关法律规定给予处罚。用人单位以担保或者其他名义向劳动者收取财物的，由劳动行政部门责令限期退还劳动者本人，并以每人500元以上2000元以下的标准处以罚款；给劳动者造成损害的，应当承担赔偿责任。

③劳动者的义务。用人单位有权了解劳动者与劳动合同直接相关的基本情况，劳动者应当如实说明。

【小思考 5-1】 含星公司招 8 名销售人员,为提供统一的公司制服,向每人收取 800 元押金。有销售人员对该公司这种行为表示不满,提请劳动行政部门予以纠正。分析含星公司这种行为的法律后果。

3. 劳动关系建立的时间
(1) 用人单位自用工之日起即与劳动者建立劳动关系。
(2) 用人单位与劳动者在用工前订立劳动合同的,劳动关系自用工之日起建立。

【小练习 5-1】 2018 年 5 月 5 日,甲公司与王小小签订劳动合同,约定合同期限 1 年,试用期 1 个月,每月 15 日发放工资。王小小 5 月 9 日上岗工作。甲公司与王小小建立劳动关系的起始时间是( )。
  A. 5 月 5 日　　B. 5 月 9 日　　C. 5 月 15 日　　D. 6 月 5 日

4. 劳动合同订立的形式
(1) 书面形式。建立劳动关系,应当订立书面劳动合同。已建立劳动关系,未同时订立书面劳动合同的,应当自用工之日起 1 个月内订立书面劳动合同。
①自用工之日起 1 个月内,经用人单位书面通知后,劳动者不与用人单位订立书面劳动合同的,用人单位应当书面通知劳动者终止劳动关系,无需向劳动者支付经济补偿,但是应当依法向劳动者支付其实际工作时间的劳动报酬。
②用人单位自用工之日起超过 1 个月不满 1 年未与劳动者订立书面劳动合同的,应向劳动者每月支付 2 倍的工资,并与劳动者补订书面劳动合同;劳动者不与用人单位订立书面劳动合同的,用人单位应书面通知劳动者终止劳动关系,并支付经济补偿。
③用人单位自用工之日起满 1 年未与劳动者订立书面劳动合同的,自用工之日起满 1 个月的次日至满 1 年的前 1 日应当向劳动者每月支付 2 倍的工资,并视为自用工之日起满 1 年的当日已经与劳动者订立无固定期限劳动合同,应当立即与劳动者补订书面劳动合同。用人单位违反劳动合同法规定不与劳动者订立无固定期限劳动合同的,自应当订立无固定期限劳动合同之日起向劳动者每月支付 2 倍的工资。

【小练习 5-2】 张小天 2017 年 8 月进入含星公司工作,公司按月支付工资。至年底公司尚未与张小天签订劳动合同。下列表述中正确的有( )。
  A. 公司与张小天之间可视为不存在劳动关系
  B. 公司与张小天之间可视为已订立无固定期限劳动合同
  C. 公司应与张小天补订书面劳动合同,并支付工资补偿
  D. 张小天可与公司终止劳动关系,公司应支付经济补偿

(2) 口头形式。非全日制用工双方当事人可以订立口头协议。

【小提示 5-3】 非全日制用工，是指以小时计酬为主，劳动者在同一用人单位一般平均每日工作时间不超过 4 小时，每周工作时间累计不超过 24 小时的用工形式。

从事非全日制用工的劳动者可以与一个或者一个以上用人单位订立劳动合同；但是，后订立的劳动合同不得影响先订立的劳动合同的履行。非全日制用工双方当事人不得约定试用期。非全日制用工双方当事人任何一方都可以随时通知对方终止用工。终止用工，用人单位不向劳动者支付经济补偿。

非全日制用工小时计酬标准不得低于用人单位所在地人民政府规定的最低小时工资标准。用人单位可以按小时、日或周为单位结算工资，但非全日制用工劳动报酬结算支付周期最长不得超过 15 日。

【小练习 5-3】 根据劳动合同法律制度的规定，下列情形中，用人单位与劳动者可以不签订书面劳动合同的是（　　）。

A. 试用期用工　　B. 非全日制用工　　C. 固定期用工　　D. 无固定期限用工

5. 劳动合同的效力

（1）劳动合同的生效。劳动合同由用人单位与劳动者协商一致，并经用人单位与劳动者在劳动合同文本上签字或者盖章生效。劳动合同文本由用人单位和劳动者各执一份。

【小提示 5-4】 注意劳动合同的生效不等同于劳动关系的建立。劳动关系的建立以实际用工为标志；劳动合同生效，若没有发生实际用工，则劳动关系并没有建立。

【小思考 5-2】 为什么规定劳动合同生效？规定劳动合同生效对用人单位和劳动者分别有什么作用？

（2）无效劳动合同。下列劳动合同无效或者部分无效：

①以欺诈、胁迫的手段或者乘人之危，使对方在违背真实意思的情况下订立或者变更劳动合同的。

②用人单位免除自己的法定责任、排除劳动者权利的。

③违反法律、行政法规强制性规定的。

对劳动合同的无效或者部分无效有争议的，由劳动争议仲裁机构或者人民法院确认。

（3）无效劳动合同的法律后果：

①无效劳动合同，从订立时起就没有法律约束力。劳动合同部分无效，不影响其他部分效力的，其他部分仍然有效。

②劳动合同被确认无效，劳动者已付出劳动的，用人单位应当向劳动者支付劳动报酬。劳动报酬的数额，参照本单位相同或者相近岗位劳动者的劳动报酬确定。

③劳动合同被确认无效，给对方造成损害的，有过错的一方应当承担赔偿责任。

【小思考5-3】李芊大学毕业后,为找一个好工作,伪造了名牌大学毕业证书及相关资料,顺利应聘进入某上市公司,与公司签订了3年期的劳动合同。半年后,公司发现李芊造假的事实,提出劳动合同无效,李芊应退还公司所发工资,并支付经济赔偿。李芊认为公司违反劳动合同法规定,擅自解除劳动合同,应承担违约责任。双方各持己见,你认为应如何处理?

(三)劳动合同的主要内容

1. 劳动合同必备条款

劳动合同必备条款是指劳动合同必须具备的内容。具体包括:

(1) 用人单位的名称、住所和法定代表人或者主要负责人。

【小提示5-5】用人单位有两个以上办事机构的,以主要办事机构所在地为住所。具有法人资格的用人单位,要注明单位的法定代表人;不具有法人资格的用人单位,必须在劳动合同中写明该单位的主要负责人。

(2) 劳动者的姓名、住址和居民身份证或者其他有效身份证件号码。

(3) 劳动合同期限。劳动合同分为三种:固定期限劳动合同、无固定期限劳动合同和以完成一定工作任务为期限的劳动合同。

①固定期限劳动合同。是指用人单位与劳动者明确约定合同终止时间的劳动合同。劳动合同期限届满,劳动关系即告终止。如果双方协商一致,还可以续订劳动合同。

②以完成一定工作任务为期限的劳动合同。是指用人单位与劳动者约定以某项工作的完成为合同期限的劳动合同。

③无固定期限劳动合同。是指用人单位与劳动者约定无确定终止时间的劳动合同。

有下列情形之一劳动者提出或者同意续订、订立劳动合同的,除劳动者提出订立固定期限劳动合同外,应当订立无固定期限劳动合同:

a. 劳动者在该用人单位连续工作满10年的。

b. 用人单位初次实行劳动合同制度或者国有企业改制重新订立劳动合同时,劳动者在该用人单位连续工作满10年且距法定退休年龄不足10年的。

c. 连续订立2次固定期限劳动合同,续订劳动合同的。

d. 用人单位自用工之日起满1年不与劳动者订立书面劳动合同的,视为用人单位自用工之日起满1年的当日已经与劳动者订立无固定期限劳动合同。

【小提示5-6】连续订立2次固定期限劳动合同,续订劳动合同的,劳动者应没有如下情形:严重违反用人单位规章制度;严重失职,营私舞弊,给用人单位造成重大损害;劳动者同时与其他用人单位建立劳动关系,对完成本单位的工作任务造成严重影响,或者经用人单位提出,拒不改正;劳动者以欺诈、胁迫手段或乘人之危,使用人单位在违背真实意思情况下订立或变更劳动合同,致使劳动合同无效;被依法追究刑事责任;劳动者患病或非因工负伤，在规定医疗期满后不能从事原工作，也不能从事由用人单位另行安排的工作；劳动者不能胜任工作，经过培训或调整工作岗位，仍不能胜任工作。

（4）工作时间。目前我国实行的工时制度主要有标准工时制、不定时工作制和综合计算工时制三种类型。

正常工作时间：劳动者每日工作8小时、每周工作40小时的标准工时制度。

延长（加班）：一般每日不得超过1小时；因特殊原因需要延长工作时间的，在保障劳动者身体健康的条件下延长工作时间，每日不得超过3小时，每月不得超过36小时。

（5）休息、休假。

①休息：工作日内的间歇时间、工作日之间的休息时间和公休假日（即周休息日，是职工工作满一个工作周以后的休息时间）。

②休假：指劳动者无须履行劳动义务且一般有工资保障的法定休息时间，包括法定假日、年休假。

【小思考5-4】我国目前规定的法定假日有哪些？

职工累计工作已满1年不满10年的，年休假为5天；已满10年不满20年的，年休假10天；已满20年的，年休假15天。国家法定休假日、休息日不计入年休假的假期。职工在年休假期间享受与正常工作期间相同的工资收入。年休假在1个年度内可以集中安排，也可以分段安排，一般不跨年度安排。

【小提示5-7】职工有下列情形之一时，不享受当年的年休假：职工依法享受寒暑假，其休假天数多于年休假天数的；职工请事假累计20天以上且单位按照规定不扣工资的；累计工作满1年不满10年的职工，请病假累计2个月以上的；累计工作满10年不满20年的职工，请病假累计3个月以上的；累计工作满20年以上的职工，请病假累计4个月以上的。

职工新进用人单位且符合享受带薪年休假条件的，当年度年休假天数按照在本单位剩余日历天数折算确定，折算后不足一整天的部分不享受年休假。

【小练习5-4】张楚楚工作满15年，2017年7月1日，调到新的公司上班，并提出休年休假的申请，问张楚楚可以享受的休息是（　　）天。
A. 0　　B. 5　　C. 10　　D. 15

（6）劳动报酬。劳动报酬是指用人单位根据劳动者劳动的数量和质量，以货币形式支付给劳动者的工资。它是劳动者为用人单位提供劳动获得的直接回报，是劳动者提供劳动的直接目的，是劳动者的生活来源。

国家对劳动报酬的支付规定如下：

①工资应当以法定货币支付，不得以实物及有价证券替代货币支付。

②工资至少每月支付一次，实行周、日、小时工资制的可按周、日、小时支付工资。对完成一次性临时劳动或某项具体工作的劳动者，用人单位应按有关协议或合同规定在其完成劳动任务后即支付工资。

③用人单位依法安排劳动者在日标准工作时间以外延长工作时间的，按照不低于劳动合同规定的劳动者本人小时工资标准150%支付劳动者工资；安排劳动者在休息日工作，又不安排补休的，按不低于劳动合同规定的劳动者本人日或小时工资标准的200%支付劳动者工资；安排劳动者在法定休假日工作的，按照不低于劳动合同规定的劳动者本人日或小时工资标准的300%支付劳动者工资。

④用人单位安排加班不支付加班费的，由劳动行政部门责令限期支付加班费；逾期不支付的，责令用人单位按应付金额50%以上100%以下的标准向劳动者加付赔偿金。

【小练习5-5】张楚楚的工作为标准工时制，日工资为200元，由于工作需要，单位安排她于2017年国庆节期间加班3天，其中占用法定国庆假期1天，占用周末休息日2天，未安排补休。计算楚楚国庆可以得多少加班工资？
  A. 1400元 B. 1000元 C. 600元 D. 1600元

⑤最低工资制度。最低工资标准是指劳动者在法定工作时间或依法签订的劳动合同约定的工作时间内提供了正常劳动的前提下，用人单位依法应支付的最低劳动报酬。最低工资不包括延长工作时间的工资报酬，以货币形式支付的住房补贴和用人单位支付的伙食补贴，特殊工作环境和劳动条件下的津贴，国家法律、法规、规章规定的社会保险福利待遇。

国家实行最低工资保障制度，最低工资标准一般采取月最低工资标准和小时最低工资标准的形式。月最低工资标准适用于全日制就业劳动者，小时最低工资标准适用于非全日制就业劳动者。

因劳动者本人原因给用人单位造成经济损失的，用人单位可按照劳动合同的约定要求其赔偿经济损失。经济损失的赔偿，可从劳动者本人的工资中扣除。但每月扣除的部分不得超过劳动者当月工资的20%。若扣除后的剩余工资部分低于当地月最低工资标准，则按最低工资标准支付。用人单位低于当地最低工资标准支付劳动者工资的，由劳动行政部门责令限期支付其差额部分；逾期不支付的，责令用人单位按应付金额50%以上100%以下的标准向劳动者加付赔偿金。

【小练习5-6】刘丽月工资3000元，当地最低工资1800元，因工作疏忽导致公司财产损失8000元，则每月最多从刘丽工资中扣除（　　）元，以逐月赔偿损失。
  A. 500 B. 1800 C. 300 D. 600

（7）社会保险。社会保险包括基本养老保险、基本医疗保险、失业保险、工伤保险等。参加社会保险、缴纳社会保险费是用人单位与劳动者的法定义务，双方都必须履行。

（8）劳动保护、劳动条件和职业危害防护。劳动保护是指用人单位保护劳动者在工作过程中不受伤害的具体措施。劳动条件是指用人单位为劳动者提供正常工作所必需的条件，包括劳动场所和劳动工具。职业危害防护是用人单位对工作过程中可能产生的影响劳动者身体健康的危害的防护措施。劳动保护、劳动条件和职业危害防护，是劳动合同中保护劳动者身体健康和安全的重要条款。

（9）法律、法规规定应当纳入劳动合同的其他事项。

2. 劳动合同约定条款

除劳动合同必备条款外，用人单位与劳动者还可以在劳动合同中约定条款，包括：

（1）试用期。试用期是指用人单位和劳动者双方为了相互了解、确定对方是否符合自己的招聘条件或求职意愿而约定的考察期间。试用期属于劳动合同的约定条款，双方可以约定，也可以不约定试用期。

①试用期的期限。以完成一定工作任务为期限的劳动合同或者劳动合同期限不满3个月的，不得约定试用期；劳动合同期限3个月以上不满1年的，试用期不得超过1个月；劳动合同期限1年以上不满3年的，试用期不得超过2个月；3年以上固定期限和无固定期限的劳动合同，试用期不得超过6个月。

【小提示5-8】1年以上包括1年，3年以下不包括3年，3年以上包括3年。试用期包含在劳动合同期限内。劳动合同仅约定试用期的，试用期不成立，该期限为劳动合同期限。

同一用人单位与同一劳动者只能约定一次试用期。在试用期内解除劳动合同，不管是用人单位解除还是劳动者解除，用人单位再次招用该劳动者时，不得再约定试用期；试用期结束后，不管是在劳动合同期限内，还是劳动合同续订，用人单位不得与该劳动者再约定试用期；劳动合同终止后一段时间又招用该劳动者的，对该劳动者用人单位不得再约定试用期。

②试用期工资。劳动者在试用期的工资不得低于本单位相同岗位最低档工资或者劳动合同约定工资的80%，并不得低于用人单位所在地的最低工资标准。

【小思考5-5】某食品加工厂与李聪签订劳动合同，约定合同有效期1年，月工资为2000元，试用期3个月，试用期工资为月工资的70%，当地最低工资标准为1600元/月。请思考该劳动合同是否有效？为什么？

（2）服务期。服务期是指劳动者因享受用人单位给予的特殊待遇而做出的关于劳动履行期限的承诺。劳动合同法规定，用人单位为劳动者提供专项培训费用，对其进行专业技术培训的，可以与该劳动者订立协议，约定服务期。

【小提示5-9】用人单位与劳动者约定服务期的，不影响按照正常的工资调整机制提高劳动者在服务期期间的劳动报酬。

劳动合同期满，但是用人单位与劳动者约定的服务期尚未到期的，劳动合同应当续延至服务期满；双方另有约定的，从其约定。劳动者违反服务期约定的，应当按照约定向用人单位支付违约金。违约金的数额不得超过用人单位提供的培训费用。用人单位要求劳动者支付的违约金不得超过服务期尚未履行部分所应分摊的培训费用。

【小思考 5-6】含星公司送会计小云参加培训，培训费 8000 元，约定服务 5 年，4 年后，小云与公司的劳动合同期满，小云以合同期满为由，不肯与公司续签合同。请问，公司是否有权要求小云支付违约金？支付多少违约金？

（3）保守商业秘密和竞业限制：

①商业秘密，是指不为公众所知悉、能为权利人带来经济利益，具有实用性并经权利人采取保密措施的技术信息和经营信息，包括非专利技术和经营信息两部分。

②竞业限制又称竞业禁止，是对与权利人有特定关系的义务人的特定竞争行为的禁止，在用人单位和劳动者之间的劳动关系解除和终止后，限制劳动者一定时期的择业权，对因此约定给劳动者造成的损害，用人单位给予劳动者相应的经济补偿。

对负有保密义务的劳动者，用人单位可以在劳动合同或者保密协议中与劳动者约定竞业限制条款，并约定在解除或者终止劳动合同后，在竞业限制期限内按月给予劳动者经济补偿。劳动者违反竞业限制约定的，应当按照约定向用人单位支付违约金。

（四）劳动合同的履行和变更

1. 劳动合同的履行

劳动合同的履行是指劳动合同生效后，当事人双方按照劳动合同的约定，完成各自承担的义务和实现各自享受的权利，使当事人双方订立合同的目的得以实现的法律行为。

（1）用人单位与劳动者应当按照劳动合同的约定，全面履行各自的义务。

①用人单位应当按照劳动合同约定和国家规定，向劳动者及时足额支付劳动报酬。用人单位拖欠或者未足额支付劳动报酬的，劳动者可以依法向当地人民法院申请支付令，人民法院应当依法发出支付令。

②用人单位应当严格执行劳动定额标准，不得强迫或者变相强迫劳动者加班。

③劳动者拒绝用人单位管理人员违章指挥、强令冒险作业的，不视为违反劳动合同。劳动者对危害生命安全和身体健康的劳动条件，有权对用人单位提出批评、检举和控告。

④用人单位变更名称、法定代表人、主要负责人或者投资人等事项，不影响劳动合同的履行。

⑤用人单位发生合并或者分立等情况，原劳动合同继续有效，劳动合同由承继其权利和义务的用人单位继续履行。

（2）用人单位应当依法建立和完善劳动规章制度，保障劳动者享有劳动权利、履行劳动义务。

合法有效的劳动规章制度是劳动合同的组成部分，对用人单位和劳动者均具有法律约束力。如果用人单位的规章制度未经公示或者未对劳动者告知，该规章制度对劳动者不生效。公示或告知可以采用张贴通告、员工手册送达、会议精神传达等方式。

2. 劳动合同的变更

劳动合同的变更是指劳动合同依法订立后，在合同尚未履行或者尚未履行完毕之前，经用人单位和劳动者双方当事人协商同意，对劳动合同内容作部分修改、补充或者删减的法律行为。用人单位与劳动者协商一致,可以变更劳动合同约定的内容。变更劳动合同,应当采用书面形式。

> 【小提示5-10】变更劳动合同未采用书面形式,但已经实际履行了口头变更的劳动合同超过1个月,且变更后的劳动合同内容不违反法律、行政法规、国家政策以及公序良俗,当事人以未采用书面形式为由主张劳动合同变更无效的,人民法院不予支持。

(五) 劳动合同的解除和终止

1. 劳动合同的解除

劳动合同解除是指在劳动合同订立后,劳动合同期限届满之前,因双方协商提前结束劳动关系,或因出现法定的情形,一方单方通知对方结束劳动关系的法律行为。分为协商解除和法定解除两种情况。

(1) 协商解除。协商解除,又称合意解除、意定解除。用人单位与劳动者协商一致,可以解除劳动合同。由用人单位提出解除劳动合同而与劳动者协商一致的,必须依法向劳动者支付经济补偿;由劳动者主动辞职而与用人单位协商一致解除劳动合同的,用人单位无需向劳动者支付经济补偿。

(2) 法定解除。法定解除是指在出现国家法律、法规或劳动合同规定的可以解除劳动合同的情形时,不需当事人协商一致,一方当事人即可决定解除劳动合同,劳动合同效力可以自然终止或由单方提前终止。法定解除又可分为劳动者的单方解除和用人单位的单方解除。

①劳动者提前通知解除劳动合同的情形:劳动者提前30日以书面形式通知用人单位解除劳动合同;劳动者在试用期内提前3日通知用人单位解除劳动合同。在这两种情形下,劳动者不能获得经济补偿。如果劳动者没有履行通知程序,则属于违法解除,因此对用人单位造成损失的,劳动者应对用人单位的损失承担赔偿责任。

②劳动者可随时通知解除劳动合同的情形:用人单位未按照劳动合同约定提供劳动保护或者劳动条件的;用人单位未及时足额支付劳动报酬的;用人单位未依法为劳动者缴纳社会保险费的;用人单位的规章制度违反法律、法规的规定,损害劳动者权益的;用人单位以欺诈、胁迫的手段或者乘人之危,使劳动者在违背真实意思的情况下订立或者变更劳动合同的;用人单位在劳动合同中免除自己的法定责任、排除劳动者权利的;用人单位违反法律、行政法规强制性规定的;法律、行政法规规定劳动者可以解除劳动合同的其他情形。

用人单位有上述情形的,劳动者可随时通知用人单位解除劳动合同,无须提前通知用人单位。用人单位需向劳动者支付经济补偿。

③劳动者不需事先告知用人单位即可立即解除劳动合同的情形:用人单位以暴力、威胁或者非法限制人身自由的手段强迫劳动者劳动的;用人单位违章指挥、强令冒险作业危及劳动者人身安全的。用人单位有这两种情形的,劳动者可以立即解除劳动合同,不需事先告知用人单位,用人单位需向劳动者支付经济补偿。

【小练习 5-7】下列情形中，劳动者可以单方面随时通知与用人单位解除劳动合同的有（   ）。
A. 用人单位未及时足额支付劳动报酬的
B. 用人单位未依法为劳动者缴纳社会保险费的
C. 用人单位以暴力、威胁或者非法限制人身自由的手段强迫劳动者劳动的
D. 用人单位违章指挥、强令冒险作业危及劳动者人身安全的

【小思考 5-7】丽丽 2016 年 1 月与天红公司签订了为期 5 年的劳动合同，试用期为 3 个月。2016 年 5 月，丽丽在查询社保记录时，发现公司未为其交纳 2016 年 1—3 月的社保费，遂要求公司为其补交社保费，公司以在试用期为由予以拒绝。于是丽丽提出解除劳动合同，并要求公司支付经济补偿及补交社保费。分析丽丽的做法能否得到法律支持。

④用人单位随时通知解除劳动合同的情形：劳动者在试用期间被证明不符合录用条件的；劳动者严重违反用人单位的规章制度的；劳动者严重失职，营私舞弊，给用人单位造成重大损害的；劳动者同时与其他用人单位建立劳动关系，对完成本单位的工作任务造成严重影响，或者经用人单位提出，拒不改正的；劳动者以欺诈、胁迫的手段或者乘人之危，使用人单位在违背真实意思的情况下订立或者变更劳动合同的；劳动者被依法追究刑事责任的。

在上述情形下，用人单位可随时通知劳动者解除劳动关系，不需向劳动者支付经济补偿。

⑤用人单位提前 30 日书面形式通知劳动者本人或者额外支付劳动者 1 个月工资后可解除劳动合同的情形：劳动者患病或者非因工负伤，在规定的医疗期满后不能从事原工作，也不能从事由用人单位另行安排的工作的；劳动者不能胜任工作，经过培训或者调整工作岗位，仍不能胜任工作的；劳动合同订立时所依据的客观情况发生重大变化，致使劳动合同无法履行，经用人单位与劳动者协商，未能就变更劳动合同内容达成协议的。

用人单位选择额外支付劳动者 1 个月工资解除劳动合同的，其额外支付的工资应当按照该劳动者上 1 个月的工资标准确定。用人单位还应当向劳动者支付经济补偿。

⑥经济性裁员的情形：依照企业破产法规定进行重整的；生产经营发生严重困难的；企业转产、重大技术革新或者经营方式调整，经变更劳动合同后，仍需裁减人员的；其他因劳动合同订立时所依据的客观经济情况发生重大变化，致使劳动合同无法履行的。

在上述情形下解除劳动合同，用人单位应当向劳动者支付经济补偿。

【小思考 5-8】刘青职高毕业后在一保险公司做业务员，签订有 1 年期劳动合同。公司对业务员每月订有业务量指标，规定 3 个月完不成指标属于不能胜任工作。刘青已连续 3 个月没有完成指标。保险公司以不胜任为由通知解除与刘青的劳动合同关系，请分析保险公司这种做法对吗？为什么？

2. 劳动合同的终止

劳动合同终止是指用人单位与劳动者之间的劳动关系因某种法律事实的出现而自动归于消灭，或导致劳动关系的继续履行成为不可能而不得不消灭的情形。劳动合同终止的情形有：

（1）劳动合同期满的。
（2）劳动者开始依法享受基本养老保险待遇的。
（3）劳动者达到法定退休年龄的。
（4）劳动者死亡，或者被人民法院宣告死亡或者宣告失踪的。
（5）用人单位被依法宣告破产的。
（6）用人单位被吊销营业执照、责令关闭、撤销或者用人单位决定提前解散的。
（7）法律、行政法规规定的其他情形。

用人单位与劳动者不得约定上述情形之外的其他劳动合同终止条件。

> 【小练习5-8】根据劳动合同法律制度的规定，下列各项中，可导致劳动合同终止的情形有（　　）。
> A. 劳动合同期满　　　　　　B. 女职工在哺乳期
> C. 用人单位依法宣告破产　　D. 劳动者达到法定退休年龄

3. 对劳动合同解除和终止的限制性规定

根据劳动合同法的规定，劳动者有下列情形之一的，用人单位既不得解除劳动合同，也不得终止劳动合同，劳动合同应当续延至相应的情形消失时终止：

（1）从事接触职业病危害作业的劳动者未进行离岗前职业健康检查，或者疑似职业病病人在诊断或者医学观察期间的。
（2）在本单位患职业病或者因工负伤并被确认丧失或者部分丧失劳动能力的。
（3）患病或者非因工负伤，在规定的医疗期内的。
（4）女职工在孕期、产期、哺乳期的。
（5）在本单位连续工作满15年，且距法定退休年龄不足5年的。
（6）法律、行政法规规定的其他情形。

4. 劳动合同解除和终止的经济补偿

劳动合同法中的经济补偿是指按照劳动合同法的规定，在劳动者无过错的情况下，用人单位与劳动者解除或者终止劳动合同时，应给予劳动者的经济上的补助，也称经济补偿金。

> 【小提示5-11】经济补偿金与违约金、赔偿金的不同：经济补偿金是法定的，是针对劳动关系的解除和终止，且劳动者无过错时，由用人单位支付给劳动者的补偿。违约金是约定的，是针对劳动者违反了服务期和竞业限制的约定，由劳动者向用人单位支付的违约补偿。赔偿金可以是法定的，也可以是约定的，是针对用人单位和劳动者由于自己的过错给对方造成损害时应承担的不利的法律后果。可见经济补偿金的支付主体只能是用人单位，违约金的支付主体只能是劳动者，赔偿金的支付主体可能是用人单位，也可能是劳动者。

（1）用人单位应当向劳动者支付经济补偿的情形：

①劳动者符合随时通知解除和不需事先通知即可解除劳动合同规定情形而解除劳动合同的。

②由用人单位提出解除劳动合同并与劳动者协商一致而解除劳动合同的。

③用人单位符合提前 30 日以书面形式通知劳动者本人或者额外支付劳动者 1 个月工资后，可以解除劳动合同规定情形而解除劳动合同的。

④用人单位符合可裁减人员规定而解除劳动合同的。

⑤除用人单位维持或者提高劳动合同约定条件续订劳动合同，劳动者不同意续订的情形外，劳动合同期满终止固定期限劳动合同的。

⑥用人单位被依法宣告破产或者用人单位被吊销营业执照、责令关闭、撤销或者用人单位决定提前解散而终止劳动合同的。

⑦以完成一定工作任务为期限的劳动合同因任务完成而终止的。

⑧法律、行政法规规定的其他情形。

（2）经济补偿的支付。经济补偿，根据劳动者在用人单位的工作年限和工资标准来计算具体金额，并以货币形式支付给劳动者。其计算公式为：

经济补偿金 = 劳动合同解除或终止前劳动者在本单位的工作年限 × 每工作 1 年应得的经济补偿

简写为：经济补偿金 = 工作年限 × 月工资

经济补偿按劳动者在本单位工作的年限，每满 1 年支付 1 个月工资的标准向劳动者支付。6 个月以上不满 1 年的，按 1 年计算；不满 6 个月的，向劳动者支付半个月工资的经济补偿。

月工资是指劳动者在劳动合同解除或者终止前 12 个月的平均工资。劳动者在劳动合同解除或者终止前 12 个月的平均工资低于当地最低工资标准的，按照当地最低工资标准计算。劳动者月工资高于用人单位所在直辖市、设区的市级人民政府公布的本地区上年度职工月平均工资 3 倍的，向其支付经济补偿的标准按职工月平均工资 3 倍的数额支付，向其支付经济补偿的年限最高不超过 12 年。

【小思考 5-9】张柳柳于 2013 年 1 月 1 日到天红公司工作。2017 年 8 月 1 日，公司与其协商解除劳动合同。张柳柳劳动合同解除前 12 个月的月平均工资为 3500 元。请思考：公司应支付多少经济补偿？

5. 劳动合同解除和终止的法律后果和双方义务

劳动合同解除和终止后，用人单位和劳动者双方不再履行劳动合同，劳动关系消灭。用人单位对已经解除或者终止的劳动合同的文本，至少保存 2 年备查。

劳动者应当按照双方约定，办理工作交接。

（六）劳动争议的解决

劳动争议是指劳动关系当事人之间因实现劳动权利、履行劳动义务发生分歧而引起的争议，也称劳动纠纷、劳资争议。

1. 劳动争议的范围

（1）因确认劳动关系发生的争议。

（2）因订立、履行、变更、解除和终止劳动合同发生的争议。

（3）因除名、辞退和辞职、离职发生的争议。

（4）因工作时间、休息休假、社会保险、福利、培训以及劳动保护发生的争议。

（5）因劳动报酬、工伤医疗费、经济补偿或者赔偿金等发生的争议。

（6）法律、法规规定的其他劳动争议。

2. 劳动争议的解决原则

解决劳动争议，应当根据事实，遵循合法、公正、及时、着重调解的原则，依法保护当事人的合法权益。

3. 劳动争议的解决方法

劳动争议解决的方法有协商、调解、仲裁和诉讼。发生劳动争议，劳动者可以与用人单位协商，也可以请工会或者第三方共同与用人单位协商，达成和解协议；当事人不愿协商、协商不成或者达成和解协议后不履行的，可以向调解组织申请调解；不愿调解、调解不成或者达成调解协议后不履行的，可以向劳动争议仲裁机构申请仲裁；对仲裁裁决不服的，除《调解仲裁法》另有规定的以外，可以向人民法院提起诉讼。

【小练习5-9】根据劳动合同法律制度的规定，下列各项中，劳动者可以向劳动争议仲裁部门申请劳动仲裁的有（　　）。

A. 确认劳动关系　　　　B. 社会保险争议

C. 劳动保护条件争议　　D. 工伤医疗费争议

4. 劳动调解

劳动争议调解组织有：企业劳动争议调解委员会，依法设立的基层人民调解组织，在乡镇、街道设立的具有劳动争议调解职能的组织。

【小提示5-12】企业劳动争议调解委员会由职工代表和企业代表组成。职工代表由工会成员担任或者由全体职工推举产生，企业代表由企业负责人指定。企业劳动争议调解委员会主任由工会成员或者双方推举的人员担任。

劳动调解程序如下：

（1）当事人申请劳动争议调解可以书面申请，也可以口头申请。

（2）调解劳动争议，应当充分听取双方当事人对事实和理由的陈述，耐心疏导，帮助其达成协议。

（3）经调解达成协议的，应当制作调解协议书。调解协议书由双方当事人签名或者盖章，经调解员签名并加盖调解组织印章后生效，对双方当事人具有约束力，当事人应当履行。

5. 劳动仲裁

劳动仲裁的参加人包括当事人、当事人代表、第三人及代理人。

劳动仲裁机构是劳动人事争议仲裁委员会（简称仲裁委员会）。仲裁委员会按照统筹规划、合理布局和适应实际需要的原则设立，不按行政区划层层设立。仲裁委员会下设实体化的办事机构，称为劳动人事争议仲裁院（简称仲裁院）。

劳动争议仲裁不收费。仲裁委员会的经费由财政予以保障。

仲裁委员会负责管辖本区域内发生的劳动争议。劳动争议由劳动合同履行地或者用人单位所在地的劳动争议仲裁委员会管辖。双方当事人分别向劳动合同履行地和用人单位所在地的仲裁委员会申请仲裁的，由劳动合同履行地的仲裁委员会管辖。劳动合同履行地不明确的，由用人单位所在地的仲裁委员会管辖。

（1）仲裁申请。申请人申请仲裁应当提交书面仲裁申请，并按照被申请人人数提交副本。书写仲裁申请确有困难的，可以口头申请，由仲裁委员会记入笔录，经申请人签名、盖章或者捺印确认。

【小提示5-13】仲裁申请书应当载明下列事项：劳动者的姓名、性别、出生日期、身份证号码、住所、通讯地址和联系电话，用人单位的名称、住所、通讯地址、联系电话和法定代表人或者主要负责人的姓名、职务；仲裁请求和所根据的事实、理由；证据和证据来源、证人姓名和住所。

（2）仲裁受理。仲裁委员会收到仲裁申请之日起5日内，认为符合受理条件的，应当受理，并向申请人出具受理通知书；认为不符合受理条件的，向申请人出具不予受理通知书。对仲裁委员会逾期未作出决定或决定不予受理的，申请人可以就该争议事项向人民法院提起诉讼。

仲裁委员会受理仲裁申请后，应当在5日内将仲裁申请书副本送达被申请人。被申请人收到仲裁申请书副本后，应当在10日内向仲裁委员会提交答辩书。仲裁委员会收到答辩书后，应当在5日内将答辩书副本送达申请人。被申请人未提交答辩书的，不影响仲裁程序的进行。

（3）开庭和裁决。仲裁的基本制度包括：仲裁公开原则及例外、仲裁庭制和回避制度。

①仲裁公开原则及例外。劳动争议仲裁公开进行，但当事人协议不公开进行或者涉及商业秘密和个人隐私的，经相关当事人书面申请，仲裁委员会应当不公开审理。

②仲裁庭制。仲裁委员会裁决劳动争议案件实行仲裁庭制。仲裁庭由3名仲裁员组成，设首席仲裁员。简单劳动争议案件可以由1名仲裁员独任仲裁。

③回避制度。仲裁员有下列情形之一的，应当回避，当事人也有权以口头或者书面方式提出回避申请：是本案当事人或者当事人、代理人的近亲属的；与本案有利害关系的；与本案当事人、代理人有其他关系，可能影响公正裁决的；私自会见当事人、代理人，或者接受当事人、代理人请客送礼的。

仲裁庭裁决劳动争议案件，应当自仲裁委员会受理仲裁申请之日起45日内结束。下列劳动争议，除法律另有规定的外，仲裁裁决为终局裁决，裁决书自作出之日起发生法律效力：追索劳动报酬、工伤医疗费、经济补偿或者赔偿金，不超过当地月最低工资标准12个月金额的争议；因执行国家的劳动标准在工作时间、休息休假、社会保险等方面发生的争议。

6. 劳动诉讼。对仲裁委员会不予受理或者逾期未作出决定的，申请人可以就该劳动争议事项向人民法院提起诉讼；劳动者对劳动争议的终局裁决不服的，可以自收到仲裁裁决书之日起 15 日内向人民法院提起诉讼；当事人对终局裁决情形之外的其他劳动争议案件的仲裁裁决不服的，可以自收到仲裁裁决书之日起 15 日内提起诉讼；终局裁决被人民法院裁定撤销的，当事人可以自收到裁定书之日起 15 日内就该劳动争议事项向人民法院提起诉讼。劳动诉讼依照《民事诉讼法》的规定执行。

（七）违反《劳动合同法》的法律责任

1. 用人单位违反《劳动合同法》的法律责任

（1）在订立劳动合同中，用人单位违反劳动合同的法律责任主要有：

①用人单位自用工之日起超过 1 个月不满 1 年未与劳动者订立书面劳动合同的，应当向劳动者每月支付 2 倍的工资。

②用人单位违反《劳动合同法》规定不与劳动者订立无固定期限劳动合同的，自应当订立无固定期限劳动合同之日起向劳动者每月支付 2 倍的工资。

（2）在履行劳动合同中，用人单位违反劳动合同的法律责任主要有：用人单位有下列情形之一的，由劳动行政部门责令限期支付劳动报酬、加班费；劳动报酬低于当地最低工资标准的，应当支付其差额部分；逾期不支付的，责令用人单位按应付金额 50% 以上 100% 以下的标准向劳动者加付赔偿金：

①未按照劳动合同的约定或者国家规定及时足额支付劳动者劳动报酬的。

②低于当地最低工资标准支付劳动者工资的。

③安排加班不支付加班费的。

④解除或者终止劳动合同，未依照《劳动合同法》规定向劳动者支付经济补偿的。

（3）违法解除和终止劳动合同中，用人单位的法律责任主要有：

①用人单位违反《劳动合同法》规定解除或者终止劳动合同的，应当依照《劳动合同法》规定的经济补偿标准的 2 倍向劳动者支付赔偿金。

②用人单位违反《劳动合同法》规定未向劳动者出具解除或者终止劳动合同的书面证明，由劳动行政部门责令改正；给劳动者造成损害的，应当承担赔偿责任。

③劳动者依法解除或者终止劳动合同，用人单位扣押劳动者档案或者其他物品的，由劳动行政部门责令限期退还劳动者本人，并以每人 500 元以上 2000 元以下的标准处以罚款；给劳动者造成损害的，应当承担赔偿责任。

（4）其他法律责任。用人单位招用与其他用人单位尚未解除或者终止劳动合同的劳动者，给其他用人单位造成损失的，应当承担连带赔偿责任。

2. 劳动者违反《劳动合同法》的法律责任

（1）劳动合同被确认无效，给用人单位造成损失的，有过错的劳动者应当承担赔偿责任。

（2）劳动者违反《劳动合同法》规定解除劳动合同，给用人单位造成损失的，应当承担赔偿责任。

（3）劳动者违反劳动合同中约定的保密义务或者竞业限制，劳动者应当按照劳动合同的约定，向用人单位支付违约金。给用人单位造成损失的，应当承担赔偿责任。

（4）劳动者违反培训协议，未满服务期解除或者终止劳动合同的，或者因劳动者严重违纪，用人单位与劳动者解除约定服务期的劳动合同的，劳动者应当按照劳动合同的约定，向用人单位支付违约金。

二、社会保险法律制度

（一）社会保险概述

社会保险，是指国家依法建立的，由国家、用人单位和个人共同筹集资金、建立基金，使个人在年老（退休）、患病、工伤（因工伤残或者患职业病）、失业、生育等情况下获得物质帮助和补偿的一种社会保障制度。目前，我国社会保险的项目主要有基本养老保险、基本医疗保险、工伤保险、失业保险和生育保险。

（二）基本养老保险

基本养老保险制度，是指缴费达到法定期限并且个人达到法定退休年龄后，国家和社会提供物质帮助以保证因年老而退出劳动领域者获得稳定、可靠的生活来源的社会保险制度。它是社会保险体系中最重要、实施最广泛的一项制度。

1. 基本养老保险的覆盖范围

基本养老保险制度由三个部分组成：职工基本养老保险制度、新型农村社会养老保险制度（简称新农保）、城镇居民社会养老保险制度（简称城居保）。国务院于2014年决定将新农保和城居保两项制度合并实施，在全国范围内建立统一的城乡居民基本养老保险制度。年满16周岁（不含在校学生），非国家机关和事业单位工作人员及不属于职工基本养老保险制度覆盖范围的城乡居民，可以在户籍地参加城乡居民养老保险。本章基本养老保险均指职工基本养老保险。

2. 职工基本养老保险基金的组成和来源

职工基本养老保险费的征收范围有：国有企业、城镇集体企业、外商投资企业、城镇私营企业和其他城镇企业及其职工，实行企业化管理的事业单位及其职工。

基本养老保险基金由用人单位和个人缴费以及政府补贴等组成。基本养老保险实行社会统筹与个人账户相结合。基本养老金由统筹养老金和个人账户养老金组成。

社会统筹是指统收养老保险缴费和统支养老金，确保收支平衡。用人单位应当按照国家规定的本单位职工工资总额的比例缴纳基本养老保险费，记入基本养老保险统筹基金。职工按照国家规定的本人工资的比例缴纳基本养老保险费，记入个人账户。基本养老保险基金出现支付不足时，政府给予补贴。

【小提示5-14】个人账户不得提前支取，记账利率不得低于银行定期存款利率，免征利息税。参加职工基本养老保险的个人死亡后，其个人账户中的余额可以全部依法继承。

3. 职工基本养老保险费的缴纳与计算

（1）单位缴费。职工基本养老保险单位缴费比例通常为本单位职工工资总额的20%，具体比例由省、自治区、直辖市政府确定。

（2）个人缴费。职工个人按照本人月缴费工资的8%缴费，记入个人账户。

4. 职工基本养老保险享受条件

（1）年龄条件：达到法定退休年龄。

(2) 缴费条件：累计缴费满 15 年。

5. 职工基本养老保险待遇

（1）职工基本养老金。对符合基本养老保险享受条件的人员，国家按月支付基本养老金。

（2）丧葬补助金和遗属抚恤金。投保人因病或者非因工死亡的，其遗属可以领取丧葬补助金和抚恤金，所需资金从基本养老保险基金中支付。但如果个人死亡同时符合领取基本养老保险丧葬补助金、工伤保险丧葬补助金和失业保险丧葬补助金条件的，其遗属只能选择领取其中的一项。

（3）病残津贴。参加基本养老保险的个人，在未达到法定退休年龄时因病或者非因工致残完全丧失劳动能力的，可以领取病残津贴。所需资金从基本养老保险基金中支付。

【小练习 5-10】下列说法正确的是（　　）。
　　A. 职工基本养老保险实行社会统筹与个人账户相结合
　　B. 参保职工未达到法定退休年龄时因病致残完全丧失劳动能力，可以领取病残津贴
　　C. 参保职工死亡后，其个人账户中的余额可以全部依法继承
　　D. 职工基本养老保险个人账户不得提前支取

（三）基本医疗保险

基本医疗保险制度，是指按照国家规定缴纳一定比例的医疗保险费，在参保人因患病和意外伤害而就医诊疗时，由医疗保险基金支付其一定医疗费用的社会保险制度。

1. 基本医疗保险的覆盖范围

（1）职工基本医疗保险。征缴范围包括国有企业、城镇集体企业、外商投资企业、城镇私营企业和其他城镇企业及其职工，国家机关及其工作人员，事业单位及其职工，民办非企业单位及其职工，社会团体及其专职人员。

（2）城乡居民基本医疗保险。覆盖除职工基本医疗保险应参保人员以外的其他所有城乡居民。

2. 职工基本医疗保险费的缴纳

基本医疗保险也像基本养老保险一样采用"统账结合"模式，即分别设立社会统筹基金和个人账户基金，基本医疗保险基金由统筹基金和个人账户构成。

（1）单位缴费。单位缴费率一般为职工工资总额的 6% 左右。用人单位缴纳的基本医疗保险费分为两部分，一部分用于建立统筹基金，另一部分划入个人账户。用人单位缴费部分划入个人账户的比例一般为 30% 左右。

（2）个人缴费。个人缴费率一般为本人工资收入的 2%。

【小练习 5-11】职工刘园园的月工资为 5000 元。已知当地规定的基本医疗保险单位缴费率为 6%，个人缴费率为 2%，单位缴费划入个人医疗保险账户的比例为 30%。则刘园园个人医疗保险账户每月的储存额应为（　　）。
　　A. 400 元　　B. 190 元　　C. 300 元　　D. 150 元

专题五 劳动合同与社会保险法律制度

3. 职工基本医疗费用的结算

参保人员在协议医疗机构发生的医疗费用，符合基本医疗保险药品目录、诊疗项目、医疗服务设施标准的，按照国家规定从基本医疗保险基金中支付。

4. 基本医疗保险基金不支付的医疗费用

下列医疗费用不纳入基本医疗保险基金支付范围：应当从工伤保险基金中支付的；应当由第三人负担的；应当由公共卫生负担的；在境外就医的。

【小提示 5-15】医疗费用应当由第三人负担，而第三人不支付或者无法确定第三人的，由基本医疗保险基金先行支付。基本医疗保险基金先行支付后，有权向第三人追偿。

（四）工伤保险

工伤保险，是指劳动者在职业工作中或规定的特殊情况下遭遇意外伤害或职业病，导致暂时或永久丧失劳动能力以及死亡时，劳动者或其遗属能够从国家和社会获得物质帮助的社会保险制度。

【小思考 5-10】想想为什么要设立工伤保险制度？

1. 工伤保险费的缴纳

职工应当参加工伤保险，由用人单位缴纳工伤保险费，职工不缴纳工伤保险费。

2. 工伤保险基金

工伤保险基金由用人单位缴纳的工伤保险费、工伤保险基金的利息和依法纳入工伤保险基金的其他资金构成。工伤保险基金存入社会保障基金财政专户，用于《工伤保险条例》规定的工伤保险待遇，劳动能力鉴定，工伤预防的宣传、培训等费用，以及法律、法规规定的用于工伤保险的其他费用的支付。

3. 工伤认定

（1）职工有下列情形之一的，应当认定为工伤：

①在工作时间和工作场所内，因工作原因受到事故伤害的。

②工作时间前后在工作场所内，从事与工作有关的预备性或收尾性工作受到事故伤害的。

③在工作时间和工作场所内，因履行工作职责受到暴力等意外伤害的。

④患职业病的。

⑤因工外出期间，由于工作原因受到伤害或者发生事故下落不明的。

⑥在上下班途中，受到非本人主要责任的交通事故或者城市轨道交通、客运轮渡、火车事故伤害的。

⑦法律、行政法规规定应当认定为工伤的其他情形。

（2）职工有下列情形之一的，视同工伤：

①在工作时间和工作岗位，突发疾病死亡或者在 48 小时内经抢救无效死亡。

②在抢险救灾等维护国家利益、公共利益活动中受到伤害的。

③原在军队服役，因战、因公负伤致残，已取得革命伤残军人证，到用人单位后旧伤复

发的。

（3）职工因下列情形之一导致本人在工作中伤亡的，不认定为工伤：

①故意犯罪。

②醉酒或者吸毒。

③自残或者自杀。

④法律、行政法规规定的其他情形。

【小提示5-16】所受伤害与工作有直接因果关系的，应当认定为工伤；所受伤害与工作仅有间接关系的，视同工伤；所受伤害纯属自找的，不认定为工伤。

4. 劳动能力鉴定

职工发生工伤，经治疗伤情相对稳定后存在残疾、影响劳动能力的，应当进行劳动能力鉴定。劳动能力鉴定是指劳动功能障碍程度和生活自理障碍程度的等级鉴定。劳动功能障碍分为十个伤残等级，最重的为一级，最轻的为十级。生活自理障碍分为三个等级：生活完全不能自理、生活大部分不能自理和生活部分不能自理。

5. 工伤保险待遇

（1）工伤医疗待遇。职工因工作原因遭受事故伤害或者患职业病，且经工伤认定的，享受工伤医疗待遇。包括治疗工伤的医疗费用（诊疗费、药费、住院费）、住院伙食补助费、交通住宿费、康复性治疗费、停工留薪期工资福利待遇及停工留薪期等。

（2）伤残待遇。经劳动能力鉴定委员会鉴定，评定伤残等级的工伤职工，享受伤残待遇。包括生活护理费、一次性伤残补助金、伤残津贴、一次性工伤医疗补助金和一次性伤残就业补助金。

（3）工亡待遇。职工因工死亡，或者伤残职工在停工留薪期内因工伤导致死亡的，其近亲属按照规定从工伤保险基金领取丧葬补助金、供养亲属抚恤金和一次性工亡补助金。

①丧葬补助金，为6个月的统筹地区上年度职工月平均工资。

②供养亲属抚恤金，按照职工本人工资的一定比例发给由因工死亡职工生前提供主要生活来源、无劳动能力的亲属。

③一次性工亡补助金，标准为上一年度全国城镇居民人均可支配收入的20倍。

一至四级伤残职工在停工留薪期满后死亡的，其近亲属可以享受丧葬补助金、供养亲属抚恤金待遇，不享受一次性工亡补助金待遇。

（五）失业保险

失业是指处于法定劳动年龄阶段的劳动者，有劳动能力和劳动愿望，但却没有劳动岗位的一种状态。失业保险是指国家通过立法强制实行的，由社会集中建立基金，保障因失业而暂时中断生活来源的劳动者的基本生活，并通过职业培训、职业介绍等措施促进其再就业的社会保险制度。

1. 失业保险费的缴纳

职工应当参加失业保险，由用人单位和职工按国家规定共同缴纳失业保险费。失业保险总费率通常为工资总额的1%~1.5%，其中个人费率不超过0.5%，具体方案由各省（自治区、直辖市）确定。

2. 失业保险待遇

（1）失业保险待遇的享受条件。失业人员符合下列条件的，可以申请领取失业保险金并享受其他失业保险待遇：

①失业前用人单位和本人已经缴纳失业保险费满1年的。

②非因本人意愿中断就业的，包括：劳动合同终止；用人单位解除劳动合同；被用人单位开除、除名和辞退；因用人单位过错由劳动者解除劳动合同；法律、法规、规章规定的其他情形。

③已经进行失业登记，并有求职要求的。

（2）失业保险金的领取期限。用人单位应当及时为失业人员出具终止或者解除劳动关系的证明，并将失业人员的名单自终止或者解除劳动关系之日起15日内告知社会保险经办机构。失业保险金领取期限自办理失业登记之日起计算。

失业人员失业前用人单位和本人累计缴费满1年不足5年的，领取失业保险金的期限最长为12个月；累计缴费满5年不足10年的，领取失业保险金的期限最长为18个月；累计缴费10年以上的，领取失业保险金的期限最长为24个月。

（3）失业保险金的发放标准。失业保险金的标准，不得低于城市居民最低生活保障标准。一般也不高于当地最低工资标准，具体数额由省、自治区、直辖市人民政府确定。

（4）失业保险待遇：

①领取失业保险金。

②领取失业保险金期间享受基本医疗保险待遇。失业人员在领取失业保险金期间，参加职工基本医疗保险，享受基本医疗保险待遇。失业人员应当缴纳的基本医疗保险费从失业保险基金中支付，个人不缴纳基本医疗保险费。

③领取失业保险金期间的死亡补助。失业人员在领取失业保险金期间死亡的，参照当地对在职职工死亡的规定，向其遗属发给一次性丧葬补助金和抚恤金，所需资金从失业保险基金中支付。

④职业介绍与职业培训补贴。

⑤国务院规定或者批准的与失业保险有关的其他费用。

（5）停止领取失业保险金及其他失业保险待遇的情形。失业人员在领取失业保险金期间有下列情形之一的，停止领取失业保险金，并同时停止享受其他失业保险待遇：重新就业的；应征服兵役的；移居境外的；享受基本养老保险待遇的；无正当理由，拒不接受当地人民政府指定部门或者机构介绍的适当工作或者提供的培训的。

【小练习5-12】林林大学毕业后到南阳公司工作。公司与其签订了2015年7月1日至2018年6月30日的3年期合同，并为其办理了失业保险。因林林严重违反单位规章制度，公司于2017年12月31日解除了劳动合同。此后林林一直未能找到工作，遂于2018年4月1日办理了失业登记。林林领取失业保险金的期限为（　　）。

A. 2017年12月31日至2018年12月31日

B. 2018年4月1日至2019年3月31日

C. 2017年12月31日至2019年6月30日

D. 2018年4月1日至2019年9月30日

同步练习

一、单项选择题

1. 下列情形中，订立劳动合同的当事人具备主体合法性的是（　　）。
   A. 未满16周岁的张三与保安公司签订的劳动合同
   B. 未满16周岁的李四与快递公司签订的劳动合同
   C. 未满16周岁的王五与餐饮公司签订的劳动合同
   D. 未满16周岁的赵六与杂技团签订的劳动合同

2. 根据《劳动合同法》规定，用人单位与劳动者建立劳动关系的起算日期是（　　）。
   A. 用工之日起
   B. 劳动合同订立之日起
   C. 试用期满之日起
   D. 自用工之日起1个月后

3. 下列不属于劳动合同必备条款的是（　　）。
   A. 社会保险
   B. 劳动报酬
   C. 劳动合同期限
   D. 试用期

4. 晓星与含星公司签订了3年期的劳动合同，合同中约定月工资1800元，含星公司所在地的最低月工资标准为1500元，根据《劳动合同法》规定，晓星在试用期的月工资不得低于（　　）元。
   A. 1440
   B. 1500
   C. 1800
   D. 1650

5. 下列不属于劳动合同终止的情形有（　　）。
   A. 劳动者不能胜任工作的
   B. 劳动者达到法定退休年龄的
   C. 劳动者开始依法享受基本养老保险待遇的
   D. 劳动合同期满的

6. 下列不属于社会保险基金来源的是（　　）。
   A. 用人单位缴纳
   B. 个人缴纳
   C. 国家财政补助
   D. 社会捐赠

7. 我国现行基本养老保险规定的个人缴费比例是（　　）。
   A. 20%
   B. 8%
   C. 11%
   D. 具体比例由各省、自治区、直辖市政府确定

8. 根据社会保险法律制度的规定，下列情况应认定为工伤的是（　　）。
   A. 故意犯罪
   B. 醉酒或者吸毒
   C. 患职业病
   D. 自残或者自杀

9. 劳动者违反竞业限制约定的，应当按照约定向用人单位支付（　　）。
   A. 违约金
   B. 赔偿金
   C. 损失费
   D. 补偿金

10. 在保障劳动者身体健康的条件下，用人单位安排劳动者每月的加班时间不得超过（　　）。
   A. 10 小时
   B. 24 小时
   C. 36 小时
   D. 48 小时

二、多项选择题

1. 下列情形不享受当年年休假的是（　　）。
   A. 职工依法享受寒暑假，其休假天数多于年休假天数的
   B. 职工请事假累计 20 天以上且单位按照规定不扣工资的
   C. 累计工作满 1 年不满 10 年的职工，请病假累计 1 个月以上的
   D. 累计工作满 10 年不满 20 年的职工，请病假累计 2 个月以上的

2. 下列说法正确的是（　　）。
   A. 用人单位变更名称、法定代表人、主要负责人或者投资人等事项，将影响劳动合同的履行
   B. 劳动者对危害生命安全和身体健康的劳动条件，有权对用人单位提出批评、检举和控告
   C. 劳动者拒绝用人单位管理人员违章指挥、强令冒险作业的，不视为违反劳动合同
   D. 用人单位拖欠或者未足额支付劳动报酬的，劳动者可以依法向当地人民法院申请支付令，人民法院应当依法发出支付令

3. 下列属于劳动者可随时通知解除劳动合同情形的是（　　）。
   A. 用人单位以暴力、威胁或者非法限制人身自由的手段强迫劳动者劳动的
   B. 用人单位的规章制度违反法律、法规的规定，损害劳动者权益的
   C. 用人单位未依法为劳动者缴纳社会保险费的
   D. 用人单位未及时足额支付劳动报酬的

4. 下列各项中，劳动者可以向人民法院提起诉讼的有（　　）。
   A. 仲裁委员会不予受理的
   B. 对劳动争议的终局裁决不服的
   C. 仲裁委员会逾期未作出决定的
   D. 终局裁决被人民法院裁定撤销的

5. 失业人员在领取失业保险金期间有下列情形之一的，应停止领取失业保险金，并同时停止享受其他失业保险待遇的有（　　）。
   A. 重新就业
   B. 应征服兵役
   C. 吸毒
   D. 移居境外

三、判断题

1. 非全日制用工，双方当事人可以订立口头协议。　　　　　　　　　　（　　）
2. 小王从学校毕业后与当地某公司订立了劳动合同，约定试用期 1 个月，试用期内小王主动提出解除了劳动合同，1 年后该公司再次录用小王，双方协商确定劳动合同期限为 3 年，试用期 2 个月，该约定符合《劳动合同法》的有关规定。　　　（　　）

3. 用人单位对已经解除或者终止的劳动合同的文本，至少保存1年备查。（   ）
4. 根据劳动合同法律制度的规定，用人单位与劳动者发生劳动争议，解决的方法有协商、调解、仲裁和诉讼。（   ）
5. 职工基本养老保险享受条件是职工达到法定退休年龄。（   ）
6. 用人单位设立的分支机构不得作为用人单位与劳动者订立劳动合同。（   ）
7. 用人单位自用工之日起满1年未与劳动者订立书面劳动合同的，视为自用工之日起满1年的当日已经与劳动者订立固定期限劳动合同。（   ）
8. 为了防止劳动者违约，用人单位招用劳动者，可以要求劳动者提供一定的财产担保。（   ）
9. 劳动合同在订立和履行的过程中，双方的地位都是平等的。（   ）
10. 劳动合同被确认无效，劳动者已付出劳动的，用人单位应当向劳动者支付劳动报酬。（   ）

四、案例分析题

案例1：雷强2016年7月从职业高中毕业，应聘到星沙饮料厂工作，并与公司签订了为期5年的劳动合同，2018年3月，饮料厂更换了厂长，厂长以雷强不适合工作为由，要求解除劳动合同，雷强不同意，于是工厂增加雷强劳动任务，并减少其奖金。雷强不堪忍受，提出如果工厂提出解除劳动合同，他可以签字同意，但厂长坚持要雷强自己写辞职报告，再由公司批准。雷强不同意这样做，厂长答应如果照办，可以给予雷强解除劳动合同的经济补偿。于是雷强于2018年7月向递交了辞职报告，工厂批准后却未给予经济补偿，并拿出雷强的辞职报告说，根据劳动合同法的规定，经济补偿在用人单位提出解除劳动合同时才支付，雷强是主动辞职，不享受此待遇。

你能帮帮雷强吗？

案例2：2017年9月30日，某公司老总召开全体中层以上干部会议，正式任命刘云为公司常务副总经理，并约定月工资25000元，试用期为3个月，国庆长假后刘云正式开始工作。同年11月6日，公司认为刘云在试用期内不符合录用条件，双方解除劳动合同关系，并支付刘云1个月的工资。在公司员工离职交接表上记载刘云的入职时间是2017年9月30日，离职时间是2017年11月6日，总计工作时间为1个月零7天。同年11月8日，刘云向当地劳动仲裁委员会申请仲裁，要求支付工资余额、未签订劳动合同双倍工资差额、解除劳动合同补偿金，并要求补缴社会养老保险金。

请分析刘云的申请符合《劳动合同法》规定吗？

案例3：小赵和小钱大学毕业后，到某企业应聘工作，并于2017年1月与企业签订了为期5年的劳动合同，合同试用期为6个月。2017年5月，小赵因身体不适向企业提出调换工作岗位的申请，并提供了医院证明。小钱因喝酒在岗期间与同事打架，并将同事打伤。2017年6月企业以小赵不能胜任工作、小钱不符合录用条件，解除了与小赵和小钱的劳动合同。

请分析：该企业解除与小赵、小钱的劳动合同是否合理？为什么？

专题六
工业产权法律制度

专题六 知识结构图

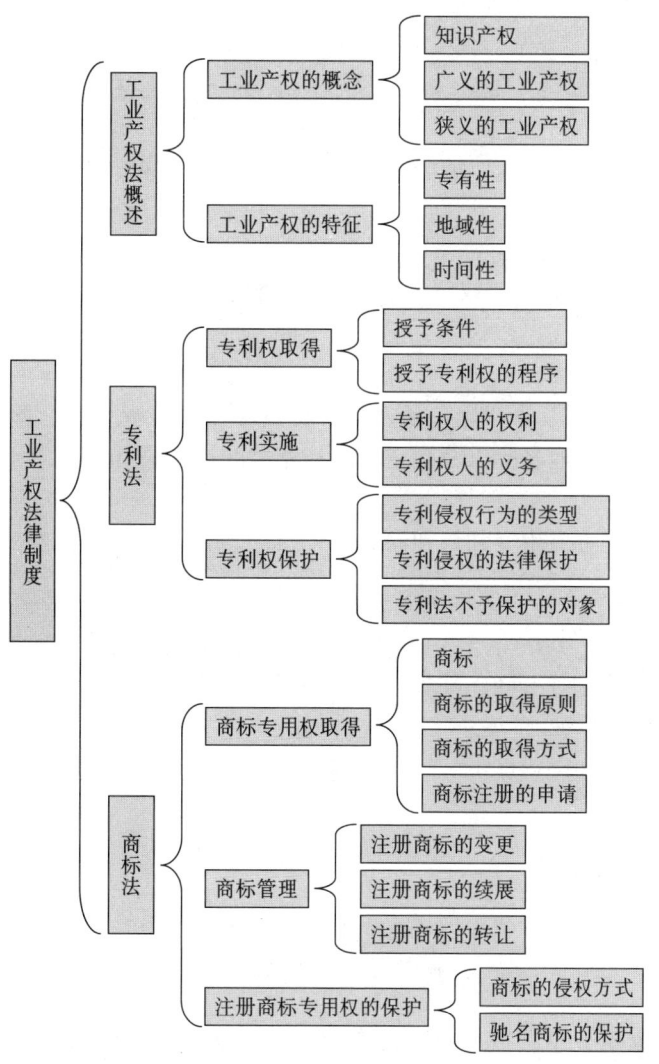

【学习目标】
- 了解工业产权法
- 理解专利法和商标法
- 理解专利权和商标权的取得
- 掌握专利权和商标权的保护

【案例导入】
2001年8月,北京市民朱占新提出了名为"可旋显示屏移动电话"的发明专利申请。2004年11月,国家专利局授予其发明专利申请书。2005年初,朱占新将摩托罗拉(中国)电子有限公司告上法庭,要求该公司停止制造、销售涉嫌侵犯其专利权的V80手机,并赔偿34万元。随后,摩托罗拉公司很快提起专利无效案,民事侵权案被迫中止。

一、工业产权法概述

(一) 工业产权的概念

工业产权是智力成果创造人所依法享有的权利和生产经营活动中标记所有人依法所享有的权利的总称。

1. 知识产权

知识产权包括版权、工业产权(商标权、专利权等)、发现权、发明权和其他智力成果权。

2. 广义的工业产权

《巴黎公约》规定:"工业产权包括发明、实用新型、外观设计、商标、服务标记、厂商名称、货源标记、原产地名称以及制止不正当竞争的权利。"

3. 狭义的工业产权

在我国,工业产权主要指专利权和商标权。

【小提示6-1】工业产权目前在国内的立法包括:《民法通则》第五章第三节规定,《中华人民共和国商标法》1982年8月全国人大常委会通过,1993年和2001年分别修正。《中华人民共和国专利法》1984年3月全国人大常委会通过,1991年和2000年分别修正。国际主要公约与条约:《保护工业产权巴黎公约》,1985年3月对我国生效。《商标注册马德里协定》,我国于1989年10月加入。

(二) 工业产权的特征

工业产权与版权,统称为知识产权。工业产权属于无形财产权,与有形财产权相比具有以下特征:

1. 专有性

工业产权是国家赋予专利权人和商标专用权人,在有效期内对其专利和商标享有的独占、使用、收益和处分的权利。未经权利人许可，任何第三人皆不得使用，否则，即构成侵权。

2. 地域性

所谓工业产权的地域性是指工业产权的地域限制，即一个国家法律所确认和保护的工业产权，只在该国范围内有效，对其他国家不发生效力，即不具有域外效力。如想获得该国的保护，必须依照该国的法律取得相应的知识产权或根据共同签订的国际条约取得保护。

3. 时间性

所谓工业产权的时间性是指工业产权的时间限制，即工业产权的保护是有一定期限的，这也就是工业产权的有效期。法律规定的期限届满，工业产权的专有权即告终止，权利人即丧失其专有权，这些智力成果即成为社会财富。

二、专利法

（一）专利权取得

1. 授予条件

发明创造要取得专利权，必须满足实质条件和形式条件。实质条件是指申请专利的发明创造自身必须具备的属性要求，形式条件则是指申请专利的发明创造在申请文件和手续等程序方面的要求。此处所讲的授予专利权的条件，仅指授予专利权的实质条件。

（1）新颖性。新颖性是指在申请日以前没有同样的发明或者实用新型在国内外出版物上公开发表过、在国内公开使用过或者以其他方式为公众所知。也没有同样的发明或者实用新型由他人向专利局提出过申请并且记载在申请日以后公布的专利申请文件中。申请专利的发明或者实用新型满足新颖性的标准，必须不同于现有技术，同时还不得出现抵触申请。

【小思考6-1】张某为其一项发明申请了专利，并已公开，但由于种种原因，张某决定撤回此项专利申请，该发明创造就此失去新颖性，李某就此发明再次提出的专利申请，是否被驳回？

（2）创造性。创造性是指同申请日以前已有的技术相比，该发明有突出的实质性特点和显著的进步，该实用新型有实质性特点和进步。申请专利的发明或实用新型，必须与申请日前已有的技术相比，在技术方案的构成上有实质性的差别，必须是通过创造性思维活动的结果，不能是现有技术通过简单的分析、归纳、推理就能够自然获得的结果。发明的创造性比实用新型的创造性要求更高。创造性的判断以所属领域普通技术人员的知识和判断能力为准。

（3）实用性。实用性是指该发明或者实用新型能够制造或者使用，并且能够产生积极效果。它有两层含义：第一，该技术能够在产业中制造或者使用。产业包括了工业、农业、林业、水产业、畜牧业、交通运输业以及服务业等行业。产业中的制造和利用是指具有可实施性及再现性。第二，必须能够产生积极的效果，即同现有的技术相比，申请专利的发明或实用新型能够产生更好的经济效益或社会效益，如能提高产品数量、改善产品质量、增加产品功能、节约能源或资源、防治环境污染等。

(4) 其他条件。比如说明书需要对申请专利的技术公开充分等。具体需参阅最新的《专利法》和《实施细则》。

【小练习6-1】甲于2017年8月1日向国家知识产权局提出一个关于吸尘器的专利申请。在甲申请专利之前发生的下列事实中，不会影响甲专利申请新颖性的有（　　）。

A. 2017年3月15日，甲在中国政府主办的一个国际展览会上首次展示了这种吸尘器

B. 2017年4月10日，应当承担保密义务的工作人员乙，未经甲同意擅自在一个学术会议上公布了该发明

C. 2017年5月12日，甲在国家商务部组织召开的一个技术会议上首次发表了介绍该发明的演讲

D. 2017年6月18日，甲在某国际性学术刊物上首次刊登了介绍该发明的学术论文

---

2. 授予专利权的程序

（1）专利权的申请：

①专利申请文件。申请发明或者实用新型专利的，应当提交请求书、说明书及其摘要和权利要求书等文件。请求书应当写明发明或者实用新型的名称，发明人或者设计人的姓名，申请人姓名或者名称、地址，以及其他事项。说明书应当对发明或者实用新型作出清楚、完整的说明，以所属技术领域的技术人员能够实现为准；必要的时候，应当有附图。摘要应当简要说明发明或者实用新型的技术要点。权利要求书应当以说明书为依据，说明要求专利保护的范围。申请外观设计专利的，应当提交请求书以及该外观设计的图片或者照片等文件，并且应当写明使用该外观设计的产品及其所属的类别。

②专利申请日。专利局收到专利申请文件之日为申请日。如果申请文件是邮寄的，以寄出的邮戳日为申请日。申请人享有优先权的，优先权日视为申请日。专利法第29条规定了国际优先权和国内优先权，国际优先权是指申请人自发明或者实用新型在外国第一次提出专利申请之日起12个月内，或者自外观设计在外国第一次提出专利申请之日起6个月内，又在中国就相同主题提出专利申请的，依照该外国同中国签订的协议或者共同参加的国际条约，或者依照相互承认优先权的原则，可以享有优先权。国内优先权是指申请人自发明或者实用新型在中国第一次提出专利申请之日起12个月内，又向专利局就相同主题提出专利申请可以享有优先权。

（2）专利的审批和复审：

①发明专利的审批初步审查。专利局收到发明申请后，经初步审查认为符合要求的，自申请日起满18个月，即行公布。专利局可以根据申请人的请求早日公布其申请实质审查。发明专利申请自申请日起3年内，专利局可以根据申请人随时提出的请求，对其申请进行实质审查；申请人无正当理由逾期不请求实质审查的，该申请即被视为撤回。专利局认为必要的时候，可以自行对发明专利申请进行实质审查。授权登记公告。发明专利申请经实质审查没有发现驳回理由的，由专利局作出授予发明专利权的决定，发给发明专利证书，同时予以登记和公告。发明专利权自公告之日起生效。

②实用新型和外观设计专利的审批。实用新型和外观设计专利申请经初步审查没有发现驳回理由的,由专利局作出授予实用新型专利权或者外观设计专利权的决定,发给相应的专利证书,同时予以登记和公告。实用新型专利权和外观设计专利权自公告之日起生效。

③复审。国家知识产权局设立专利复审委员会。专利申请人对专利局驳回申请的决定不服的,可以自收到通知之日起3个月内,向专利复审委员会请求复审。专利复审委员会复审后,作出决定,并通知专利申请人。专利申请人对专利复审委员会的复审决定不服的,可以自收到通知之日起3个月内向人民法院起诉。

(二) 专利实施

1. 专利权人的权利

(1) 独占实施权。发明和实用新型专利权被授予后,除专利法另有规定的以外,任何单位或者个人未经专利权人许可,都不得实施其专利,即不得为生产经营目的制造、使用、许诺销售、销售、进口其专利产品,或者使用其专利方法以及使用、许诺销售、销售、进口依照该专利方法直接获得的产品。

(2) 实施许可权。它是指专利权人可以许可他人实施其专利技术并收取专利使用费。许可他人实施专利的,当事人应当订立书面合同。

(3) 转让权。专利权可以转让。转让专利权的,当事人应当订立书面合同,并向国务院专利行政部门登记,由国务院专利行政部门予以公告,专利权的转让自登记之日起生效。中国单位或者个人向外国人转让专利权的,必须经国务院有关主管部门批准。

(4) 标示权。它是指专利权人享有在其专利产品或者该产品的包装上标明专利标记和专利号的权利。

2. 专利权人的义务

(1) 专利权人的义务主要是缴纳专利年费。《专利法》第43条规定:专利权人应当自被授予专利权的当年开始缴纳年费。未按规定交纳年费的,可能导致专利权终止。

(2) 职务发明创造专利的单位,在授予专利权后,应当按照规定对发明人或设计人进行奖励;专利实施后,根据其推广应用所取得的经济效益,应按规定对发明人或者设计人发给合理的报酬。

> 【小提示6-2】我国目前对职务发明的相关规定:(1) 对于职务发明创造,申请专利权,属于该单位,申请被批准后,该单位为专利权人。(2) 对于非职务发明创造,申请专利的权利属于发明人或者设计人,申请被批准后,该发明人或者设计人为专利权人。(3) 两个以上单位或者个人合作完成的发明创造,一个单位或者个人接受其他单位或者个人委托完成的发明创造,除另有协议外,申请专利的权利属于完成或者共同完成的单位或者个人,申请被批准后,申请的单位或者个人为专利权人。

(三) 专利权保护

专利权的保护主要针对的是专利侵权行为。我国在《中华人民共和国专利法》以及《中华人民共和国专利法实施细则》中对于专利权的保护都有专门而且详细的规定。

1. 专利侵权行为的类型

根据相关法律的规定，专利侵权行为大概可分为以下几类：

（1）直接侵权行为。主要是指未经专利权人许可，以生产经营为目的，制造、使用、销售、许诺销售、进口发明、实用新型专利产品或利用专利方法获得的专利产品，以及制造、销售、许诺销售、进口外观设计专利产品。

> 【小练习6-2】甲公司在纸手帕等纸制产品上注册了"茉莉花"文字及图形商标。根据《商标法》的规定，下列未经许可的行为中，构成侵权的是（　　）。
> A. 乙公司在其制造的纸手帕包装上突出使用"茉莉花"图形
> B. 丙商场将假冒"茉莉花"牌纸手帕作为赠品进行促销活动
> C. 丁公司长期制造茉莉花香型的纸手帕，并在包装上标注"茉莉花香型"
> D. 戊公司购买甲公司的"茉莉花"纸手帕后，将"茉莉花"改为"山茶花"重新包装后销售

（2）间接侵犯专利权的行为。所谓间接侵犯专利权是指行为人本身的行为并不直接构成对专利权的侵害，但实施了诱导、怂恿、教唆、帮助他人侵害专利权的行为。即行为人明知别人准备实施侵犯专利权的行为，仍为其提供侵权条件的。

（3）冒充专利的行为。冒充专利的行为是指以非专利产品冒充专利产品、以非专利方法冒充专利方法的行为，包括以下几种：

①制造或者销售标有专利标记的非专利产品。
②专利权被宣告无效后，继续在制造或者销售的产品上标注专利标记。
③在广告或者其他宣传材料中将非专利技术称为专利技术。
④在合同中将非专利技术称为专利技术。
⑤伪造或者变造专利证书、专利文件或者专利申请文件。

2. 专利侵权的法律保护

（1）专利侵权的诉讼时效。根据《专利法》的规定，侵犯专利权的诉讼时效为二年，自专利权人或者利害关系人得知或者应当得知侵权行为之日起计算。

发明专利申请公布后至专利权授予前使用该发明未支付适当使用费的，专利权人要求支付使用费的诉讼时效为二年，自专利权人得知或者应当得知他人使用其发明之日起计算，但是，专利权人于专利权授予之日前即已得知或者应当得知的，自专利权授予之日起计算。

（2）专利侵权的法律后果。根据《专利法》及《专利法实施细则》的规定，侵犯专利权的行为人应当承担的法律后果包括行政责任、民事责任、刑事责任等。

在这里需要注意的是有关于调解的内容。根据相关法规的规定，管理专利工作的部门应当事人的要求，可以进行调解工作。调解的内容包括两点：

①可以就侵犯专利权的赔偿数额进行调解。
②可以就一些专利纠纷进行调解，具体有：专利申请权和专利权归属纠纷；发明人、设计人资格纠纷；职务发明创造的发明人、设计人的奖励和报酬纠纷；在发明专利申请公布后专利权授予前使用发明而未支付适当费用的纠纷；其他专利纠纷。对于上项所列的纠纷，当事人请求管理专利工作的部门调解的，应当在专利权被授予之后提出。

3. 专利法不予保护的对象

（1）违反法律、社会公德或妨害公共利益的发明创造。
（2）科学发现。它是指对自然界中客观存在的现象、变化过程及其特性和规律的揭示。
（3）智力活动的规则和方法。
（4）疾病的诊断和治疗方法。
（5）动物和植物品种。但是对于动物和植物品种的生产方法，可以依照授予专利权。
（6）用原子核变换方法获得的物质。

三、商标法

（一）商标专用权取得

1. 商标

商标是商品的生产者、经营者在其生产、制造、加工、拣选或者经销的商品上或者服务的提供者在其提供的服务上采用的，用于区别商品或服务来源的，由文字、图形、字母、数字、三维标志、声音、颜色组合，或上述要素的组合，具有显著特征的标志，是现代经济的产物。

【小提示6-3】《商标法》第10条规定下列标志不得作为商标使用：（1）同中华人民共和国的国家名称、国旗、国徽、军旗、勋章相同或者近似的，以及同中央国家机关所在地特定地点的名称或者标志性建筑物的名称、图形相同的；（2）同外国的国家名称、国旗、国徽、军旗相同或者近似的，但该国政府同意的除外；（3）同政府间国际组织的名称、旗帜、徽记相同或近似的，但经该组织同意或者不易误导公众的除外；（4）与表明实施控制、予以保护的官方标志、检验印记相同或者近似的，但经授权的除外；（5）同"红十字"、"红新月"的名称、标志相同或者近似的；（6）带有民族歧视性的；（7）夸大宣传并带有欺骗性的；（8）有害于社会主义道德风尚或者其他不良影响的。

2. 商标的取得原则

（1）使用原则。使用原则，即使用取得商标权原则，是指商标权因商标的使用而自然产生，商标权根据商标使用事实而得以成立。

（2）注册原则。注册原则，即注册取得商标权原则，是指商标权因注册事实而成立，只有注册商标才能取得商标权。

（3）混合原则。混合原则，即折衷原则，是指在确定商标权的成立时，兼顾使用与注册两种事实，商标权既可因注册而产生，也可因使用而成立。

3. 商标的取得方式

（1）原始取得与继受取得。商标权的原始取得，也称为商标权的直接取得，是指商标权由创设而来，其产生并非基于他人既存之商标权，也不以他的意志为根据。

（2）商标权的继受取得，也称为商标权的传来取得，是指以他人既存的商标权及他人意志为基础而取得商标权。

4. 商标注册的申请

（1）商标注册申请的原则：

①申请在先原则。申请在先原则又称注册在先原则，是指两个或者两个以上的商标注册申请人，在同一种商品或者类似商品上，以相同或者近似的商标申请注册的，申请在先的商

标,其申请人可获得商标专用权,在后的商标注册申请予以驳回。如果是同一天申请,初步审定并公告使用在先的商标,驳回其他人的申请,不予公告;同日使用或均未使用的,申请人之间可以协商解决,协商不成的,由各申请人抽签决定。

②使用在先原则。在使用申请在先原则无法判定的情况下采用使用在先原则根据《商标法》第29条:"两个或者两个以上的商标注册申请人,在同一种商品或者类似商品上,以相同或者近似的商标申请注册的,初步审定并公告申请在先的商标;同一天申请的,初步审定并公告使用在先的商标,驳回其他人的申请,不予公告。"

(2) 商标注册的审查:

①商标形式审查(3~4个月),确立申请日十分重要,由于我国商标注册采用申请在先原则,一旦发生申请日的先后成为确定商标权的法律依据,商标注册的申请日以商标局收到申请书件的日期为准,商标局受到商标申请书对于符合形式要件的申请书发放受理通知书。

②商标实质审查(12个月),商标实质审查是商标注册主管机关对商标注册申请是否合乎商标法的规定所进行的检查、资料检索、分析对比、调查研究并决定给予初步审定或驳回申请等一系列活动。在此期间,在该商标未获准注册以前,请不要在使用中标注注册标记(如注册商标),可以标记"TM"。另外,在未核准注册以前,带有该商标的商品及包装物,或商标标识不宜一次制作过多,以防因注册受阻而造成不必要的损失。

(二) 商标管理

1. 注册商标的变更

注册商标的变更是指注册商标所有人依法变更注册商标事项的行为。

(1) 变更商标注册人名义、地址或者其他注册事项的,应当向商标局提交变更申请书。

(2) 变更商标注册人名义的,还应当提交有关登记机关出具的变更证明文件。

(3) 变更商标注册人名义或者地址的,商标注册人应当将其全部注册商标一并变更;未一变更的,视为放弃变更申请,商标局应当书面通知申请人。

【小练习6-3】商标获得注册后,下列事项发生变化时,当事人应当提出变更申请的有(   )。

A. 商标图形   B. 商标文字   C. 注册人名义   D. 注册人地址

2. 注册商标的续展

续展权是指商标权人在其注册商标有效期届满前,依法享有申请续展注册,从而延长其注册商标保护期的权利。

(1) 注册商标的有效期为10年,自核准注册之日起计算。

(2) 注册商标有效期满,需要继续使用的,应当在期满前12个月内申请续展注册;在此期间未能提出申请的,可以给予6个月的宽展期。

(3) 每次续展注册的有效期为10年,自该商标上一届有效期满次日起计算。宽展期满仍未提出申请的,注销其注册商标。

【小练习6-4】甲公司于2003年12月10日申请注册A商标，2005年3月20日该商标被核准注册。根据商标法规定，甲公司申请商标续展注册的最迟日期为（　　）。
　　A. 2013年12月10日
　　B. 2014年6月10日
　　C. 2015年3月20日
　　D. 2015年9月20日

3. 注册商标的转让
商标转让是商标注册人在注册商标的有效期内，依法定程序，将商标专用权转让给另一方的行为。
（1）将注册商标转让给他人的，应当到商标局办理注册商标的转让手续。
（2）因企业合并、兼并或改制而发生商标专用权移转的，应当到商标局办理注册商标的移转手续。
（3）依法院判决发生商标专用权移转的，也应当办理移转手续。
（4）转让商标时需一并转让手头上的近似商标。

（三）注册商标专用权的保护

1. 商标的侵权方式
（1）未经注册商标所有人的许可，在同种商品或者类似商品上使用与其注册商标相近或者近似的商标的。
（2）销售明知是假冒注册商标的商品的。
（3）伪造、擅自制造他人注册商标标识或者销售伪造、擅自制造的注册商标标识的。
（4）故意为侵犯注册商标专用权的行为提供便利条件的。
（5）给他人注册商标专用权造成其他损害的。

2. 驰名商标的保护
驰名商标，是中国国家工商行政管理局商标局，根据企业的申请，官方认定的一种商标类型，在中国国内为公众广为知晓并享有较高声誉。
（1）当事人认为他人使用的商标属于《商标法》规定的侵害其驰名商标情形，请求保护其驰名商标的，可以向案件发生地的市（地、州）以上工商行政管理部门提出禁止使用的书面请求，并提交证明其商标驰名的有关材料。同时，抄报其所在地省级工商行政管理部门。
（2）工商行政管理部门进行审查。对认为属于法定情形的案件，报送所在省（自治区、直辖市）工商行政管理部门；省（自治区、直辖市）工商行政管理部门应当自受理当事人请求之日起15个工作日内，将全部案件材料报送商标局。
（3）商标局自收到有关案件之日起6个月内做出认定，并将认定结果通知案件发出省（自治区、直辖市）工商行政管理部门，抄送当事人所在地的省（自治区、直辖市）工商行政管理部门。

【小思考6-2】 甲公司模仿另一家产品完全不相关的乙公司的商标欲进行注册,乙公司已在中国注册了驰名商标,甲公司此种行为可能会误导公众消费,致使该驰名商标注册人利益受到损害,商标主管部门是否应当不予注册并禁止使用?

【小练习6-5】 恶意注册他人驰名商标且已获得核准的,驰名商标注册人可以请求商标评审委员会撤销该注册商标,但是必须在该恶意注册人的商标获得注册之日起5年内提出( )。

同步练习

一、单选题

1. 中国学者王某在法国完成一项产品发明。2008年5月5日,王某以这项成果在法国提出专利申请。2008年6月16日,出席过研讨会的某研究所工程师张某,就该发明在中国提出专利申请。2009年4月28日,王某又以该发明在中国提出专利申请,同时提出要求优先权的书面声明,并按时提交了有关文件。下列说法正确的是( )。

A. 张某申请在先,按照先申请原则,享有专利申请权

B. 王某享有外国优先权,故专利申请应属王某

C. 王某是中国人,不应享有外国优先权

D. 张某不是真正的发明人,所以专利申请权应属王某

2. 经法定程序,国家专利行政部门强制许可甲企业实施乙公司某项发明。对此,下列表述正确的是( )。

A. 甲企业可以不经乙公司同意实施该发明

B. 甲企业可以不向乙公司支付任何费用

C. 甲企业不得许可他人实施该发明

D. 甲企业在一定区域内享有该发明独占实施权

3. 甲公司2009年5月14日获得一项外观设计专利,乙公司未经许可,以生产经营目的所为的下列行为中,不构成侵权行为的是( )。

A. 使用乙公司制造的该专利产品

B. 销售乙公司制造的该专利产品

C. 进口乙公司制造的该专利产品

D. 许诺销售乙公司制造的该专利产品

4. 某公司发明的一种产品被授予专利,下列情形构成侵犯其专利权的是( )。

A. 甲企业购进并使用了该公司制造的该种产品

B. 乙研究所未经该公司同意，为进行科学实验制造该产品
C. 丙残疾人福利厂未经该公司同意，制造并出售该产品
D. 丁公司在该专利申请日前已经制造相同产品，并在原有范围内继续制造该产品
5. 根据商标法律规定，下列关于商标注册申请的表述中，正确的是（　　）。
A. 商标局对受理的商标注册申请，在初步审定公告前，不进行实质审查
B. 如果商标局驳回了商标注册人的申请，商标注册申请人有权直接向人民法院提起诉讼
C. 申请注册的商标在商标局初步审定并公告后，即取得该注册商标专用权，但他人有权提出异议
D. 商标注册的申请日期，以商标局收到申请文件的日期为准
6. 甲公司在 2003 年 10 月 18 日注册申请了"婴宝"商标。2004 年 5 月 10 日该商标被核准注册。根据商标法规定，该公司第一次申请商标续展的最后截止期限是（　　）。
A. 2013 年 10 月 18 日　　　　B. 2014 年 4 月 18 日
C. 2014 年 5 月 10 日　　　　D. 2014 年 11 月 10 日

二、多选题

1. 甲在空调上使用"兰花"注册商标。根据商标的分类，甲的"兰花"商标能够被归入的商标类型有（　　）。
A. 文字商标　　　　　　　B. 商品商标
C. 图形商标　　　　　　　D. 服务商标
2. 根据《商标法》的规定，下列选项中，不得作为商标注册的有（　　）。
A. 三维标志　　　　　　　B. 气味标志
C. 植物名称　　　　　　　D. 与"红十字"标志近似的标志
3. 商标局接受了一批商标注册申请，经审查，应当驳回的有（　　）。
A. 美利坚合众国牌果汁　　　B. 奥林匹克牌运动衣
C. 英雄牌钢笔　　　　　　D. 红十字牌健身器
4. 专利权的保护对象是（　　）。
A. 发明　　　　　　　　　B. 实用新型
C. 外观设计　　　　　　　D. 集成电路布图设计
5. 我国专利法规定的"先用权"的适用条件有（　　）。
A. 在专利申请日前已经制造相同产品，使用相同方法
B. 在专利申请日前已经制造相同产品、使用相同方法的准备
C. 在原有的范围内继续制造使用
D. 向专利局申请授予其先用权

三、判断题

1. 某公司发明的一种产品外包装被授予专利，A 公司为经该公司同意，制造并使用了该产品外包装，其后出售，不构成侵权。　　　　　　　　　　　　　　　　（　　）
2. 恶意注册他人驰名商标且已获得核准的，驰名商标注册人 q 请求商标评审委员会撤

销该注册商标,但是必须在该恶意注册人的商标获得注册之日起5年的时间限制。（　）

3. 甲擅自制造乙的注册商标标识,并将其卖给第三人丁,不构成侵权注册商标专用权。
（　）

4. 甲公司拥有的"飞天"注册商标使用在其生产的乐器产品上。甲公司与乙公司签订了商标使用许可合同,许可乙公司在其生产的乐器上使用"飞天"商标。根据《商标法》规定,乙公司应当保证使用"飞天"商标乐器质量。（　）

四、案例分析题

案例1： 张某与李某两人就相同主题的发明分别于2015年4月5日和2016年2月1日向中国专利局申请专利。

试分析李某能够获得该发明专利权的法律依据和条件。

案例2： 湖南某食品厂是"乐华"注册商标的商标权人,该商标使用在罐头商品上,湖北某厂在罐头上使用未注册商标"月华"牌,且包装是用于"乐华"商标相似装潢。湖北某仓储公司帮助湖北某厂运输、存储"月华"牌罐头并在湖北某商场销售。请回答问题：

1. "月华"与"乐华"是否构成商标近似？为什么？
2. 湖北某厂的商标是否侵犯了"乐华"商标权？为什么？
3. 湖北某仓储公司是否应当承担责任？

专题七 会计法律制度

专题七 知识结构图

- 会计法律制度
  - 会计法概述
    - 会计法律制度
    - 会计法律制度的构成
      - 会计法律
      - 会计行政法规
      - 国家统一的会计制度
  - 会计核算
    - 总体要求
      - 会计核算依据
      - 对会计资料的基本要求
    - 会计凭证
      - 会计凭证的分类
      - 会计凭证的填制要求和审核
    - 会计账簿
    - 财务会计报告
      - 财务会计报告的组成
      - 财务会计报告的编制要求
    - 会计档案
      - 会计档案的归档和移交
      - 会计档案的保管期限
      - 会计档案的销毁
    - 其他
  - 会计监督
    - 单位内部会计监督
    - 会计工作的政府监督
    - 会计工作的社会监督
  - 会计机构和会计人员
    - 会计机构的设置
    - 代理记账
    - 会计专业职务与会计专业技术资格
    - 会计工作岗位设置
    - 会计人员的工作交接
  - 会计职业道德
    - 会计职业道德的概念
    - 会计职业道德的主要内容

【学习目标】
- 了解会计核算的总体要求
- 理解会计核算依据、基本内容、会计年度、记账本位币
- 理解会计监督的基本要求
- 掌握会计凭证填制与审核、会计账簿登记、会计报表编制的相关规定
- 掌握我国会计监督体系
- 掌握会计人员回避制度、会计人员交接工作

【案例导入】
小王是某公司会计，公司老板李总平时对其会计工作总是提出很多要求，2015年财务报表为亏损状态，为了保持公司盈利的良好形象，李总要求小王将报表修改成盈利30万元的状态，小王不知道该不该修改财务报表，但是为了保住工作，还是按照李总的要求将财务报表修改成了盈利状态。你对小王的做法有什么评价？

一、会计法概述

（一）会计法律制度

会计法律制度是指国家权力机关以及行政机关制定颁发的各种有关会计工作的规范性文件的总称，是调整会计关系的法律规范。

会计是一项严谨的工作，从业人员必须遵循其工作的基本"规矩"。《会计法》及其他会计法律制度就是将会计工作所涉及的"规矩"——基本内容、要求、方法、程序及法律责任等进行统一的规范，以使会计工作有章可循，从而可以顺利开展经济管理活动。

【小提示7-1】《会计法》第一条规定："为了规范会计行为，保证会计资料真实、完整，加强经济管理和财务管理，提高经济效益，维护社会主义市场经济秩序，制定本法。"这也是《会计法》的立法宗旨。

（二）会计法律制度的构成

1. 会计法律

会计法律是指由全国人民代表大会及其常委会经过一定立法程序制定的有关会计工作的法律。

会计法律是会计法律制度体系的最好层次，是制定其他会计法规的依据，也是指导会计工作的最好准则，是会计机构、会计人员的根本大法。我国目前有两部会计法律，分别是《会计法》和《中华人民共和国注册会计师法》（以下简称《注册会计师法》）。

2. 会计行政法规

会计行政法规是由国务院制定发布或者国务院有关部门拟定、经国务院批准发布，调整经济生活中某些方面会计关系的法律规范。

会计行政法规制定的依据是《会计法》，是会计法律的补充和具体化，如国务院发布

《总会计师条例》、《企业财务会计报告条例》等。

3. 国家统一的会计制度

国家统一的会计制度，是指国务院财政部门根据《会计法》制定的关于会计核算、会计监督、会计机构和会计人员以及会计工作管理的制度，包括会计部门规章和会计规范性文件。

会计部门规章，如《财政部门实施会计监督办法》、《企业会计准则——基本准则》等。

会计规范性文件，如《企业会计准则第一号——存货》等38项具体准则及应用指南、《企业会计制度》、《会计基础工作规范》、《会计从业资格管理办法》和《会计档案管理办法》等。

【小提示7-2】我国目前施行的《会计法》是1999年10月31日第九届全国人大常委会第十二次会议修订通过的，于2000年7月1日正式生效。

《注册会计师法》于1993年10月31日由第八届全国人大常委会第四次会议审议通过，于1994年1月1日开始实施。

【小思考7-1】甲公司会计小张认为《会计法》与《企业会计准则》都是用来约束会计事务关系的，他们之前没什么区别，但是出纳小李却认为他们二者之间是存在层级区别的，那么到底谁说的是正确的呢？

【小练习7-1】会计法律制度中层次最高的法律规范是（　　）。
A.《中华人民共和国宪法》　　B.《会计法》
C.《企业会计准则》　　D.《会计基础工作规范》

【小练习7-2】财政部颁发的《会计基础工作规范》属于（　　）。
A. 会计行政法规　　B. 会计规范性文件　　C. 会计法律　　D. 会计条例

【小练习7-3】我国的会计法律制度包括会计法律、会计行政法规、国家统一的会计制度和地方性会计法规，其中由国务院制定的是（　　）。
A. 会计法律　　B. 会计行政法规　　C. 会计规章　　D. 会计法

二、会计核算

（一）总体要求

1. 会计核算依据

会计核算是确认、计量、记录、报告等方式，将各单位能以货币计量的经济活动内容转换成对决策者有用的会计信息。

会计的基本职能是核算和监督。

《会计法》第9条规定："各单位必须根据实际发生的经济业务事项进行会计核算，填制会计凭证，登记会计账簿，编制财务会计报告。任何单位不得以虚假的经济业务事项或者资料进行会计核算。"即会计核算必须以实际发生的经济业务事项为依据。

以虚假的经济业务事项或资料进行会计核算，是一种严重的违法行为。

2. 对会计资料的基本要求

会计资料是在会计核算过程中形成的、记录和反映实际发生的经济业务事项的资料，包括会计凭证、会计账簿、财务会计报告和其他会计资料。

《会计法》和《会计基础工作规范》规定，会计凭证、会计账簿、财务会计报告和其他会计资料，必须符合国家统一的会计制度的规定；任何单位和个人不得伪造、变造会计凭证、会计账簿和其他会计资料；不得提供虚假的财务会计报告。会计资料的生成和提供必须符合国家统一的会计制度的规定。会计资料最基本的质量要求：真实性和完整性。

【小提示7-3】根据《会计法》规定，对下列经济业务事项，应当及时办理会计手续，进行会计核算：款项和有价证券的收付；财务的收发、增减和使用；债权债务的发生和结算；资本、基金的增减；收入、支出、成本的计算；财务成果的计算和处理；其他需要办理会计手续、进行会计核算的事项。

【小思考7-2】某企业财务人员小张与小王针对企业是否以实际发生的经济业务事项为依据进行会计核算发生了争论，小张认为所有的会计核算都必须有相应的经济事务对应，而小王认为并不是必须对所有实际发生的经济事务都进行核算，那么他们二人到底谁的观点正确呢？

【小练习7-4】下列各项中，属于我国会计法律制度对会计核算统一规定的内容有（　　）。
A. 文本档案管理　　　　　　　B. 会计信息质量要求
C. 会计资料的基本要求　　　　D. 编制财务报表

（二）会计凭证

1. 会计凭证的分类

会计凭证是指具有一定格式、用以记录经济业务事项发生和完成情况的书面证明，也是登记账簿的依据。

会计凭证按其填制程序和用途，分为原始凭证和记账凭证两大类。

（1）原始凭证。原始凭证是在经济业务发生或完成时由业务经办人员直接取得或者填制、用来记载和证明经济业务已经发生或完成情况、明确经济责任、作为记账原始依据的会计凭证。

在会计核算中，凡能够证明某项经济业务已经发生或完成的书面单据都可以作为原始凭证，如发票、银行结算凭证等。而那些不能证明该项经济业务已经发生或完成的单据，就不能作为原始凭证，如购销合同等。

（2）记账凭证。记账凭证是会计人员根据审核无误的原始凭证编制的、用来确定会计分录，并据以登记会计账簿的凭证（见图7-1）

记账凭证是将原始凭证记载的内容向会计账簿传递的重要中间环节，具有分类归纳原始凭证和满足登记账簿需要的作用。

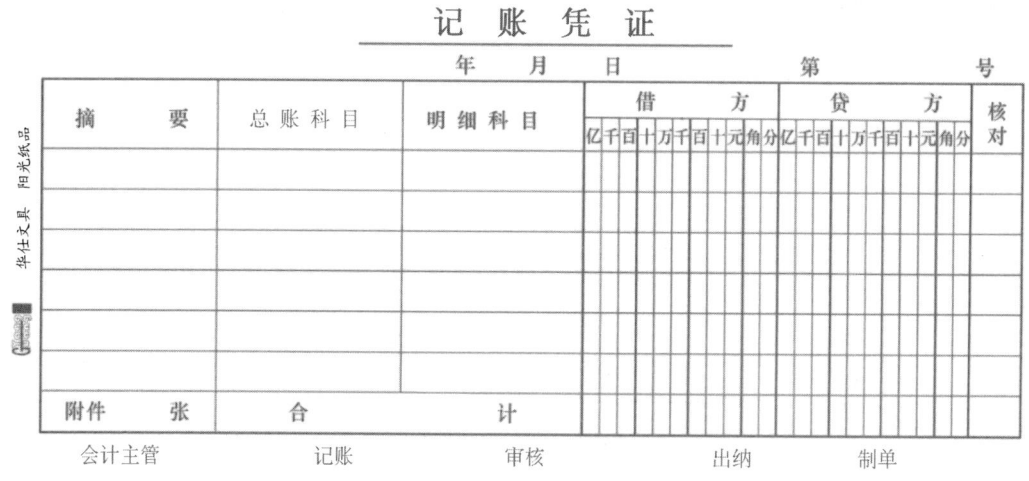

图7-1 记账凭证

2. 会计凭证的填制要求和审核

（1）原始凭证的填制要求和审核。及时填制或取得原始凭证，是会计核算工作得以正常进行的前提条件。原始凭证的填制必须做到内容真实、项目完整、填制及时、书写清楚。

原始凭证的审核主要包括合法性、合理性、完整性、正确性，如图7-2所示。

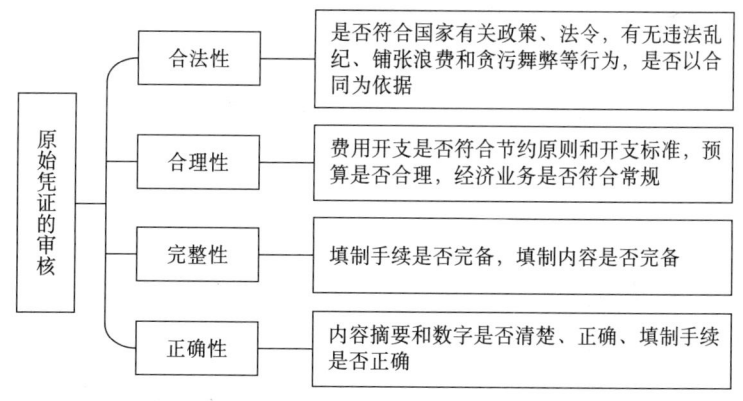

图7-2 原始凭证的审核

会计人员对不真实、不合法的原始凭证有权不予受理，并向单位负责人报告，请求查明原因，追究有关当事人的责任；对记载不准确的原始凭证予以退回，并要求经办人员按照国家统一的会计制度的规定进行更正、补充。开具单位应依法开具准确无误的原始凭证；对填制有误的原始凭证，负有更正和重新开具的法律义务，不得拒绝。

（2）记账凭证的填制基本要求和审核。记账凭证应根据审核无误的原始凭证填制，其基本要求除了清楚、正确、完整等与原始凭证相同外，还应注意下列几点：①账户对应关系清晰；②会计科目名称应按照会计制度的规定，不能只用编号或简称来代替；③填制记账凭证时应进行连续编号；④记账凭证可以根据每一张原始凭证填制，或者根据若干张同类原始凭证汇总填制，也可以根据原始凭证汇总表填制；⑤除结账和更正错误的记账凭证可以不附原始凭证外，其他记账凭证必须附有原始凭证；⑥如果在填制记账凭证时发生错误，应当重新填制。

记账凭证审核的主要内容，如图7-3所示。

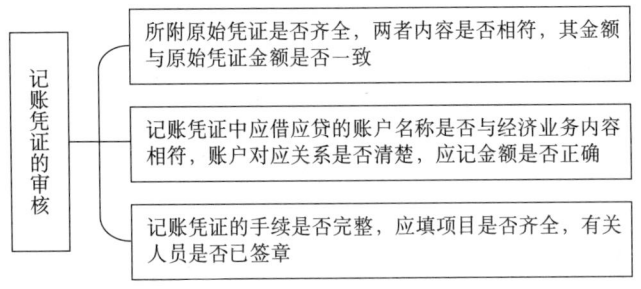

图7-3 记账凭证的审核

【小提示7-4】原始凭证不得外借，其他单位因特殊原因需要使用原始凭证时，经本单位会计机构负责人批准（会计主管人员），可以复制；从外单位取得原始凭证如有遗失，应当取得原开出单位盖有公章的证明，并注明原来凭证的号码、金额和内容等，由经办单位会计机构负责人、会计主管人员和单位领导人批准后，才能代表原始凭证。

【小思考7-3】在学习了原始凭证、记账凭证、账簿等相关概念后，同学甲认为既然已经有了原始凭证，还要多填写一个记账凭证，这样就多了一道程序，不是把会计工作弄得更复杂吗？所以他认为记账凭证是多余的。

【小练习7-5】下列关于记账凭证填制的表述中，正确的有（　　）。
A. 可以根据每一张原始凭证填制
B. 可以根据若干张同类原始凭证汇总填制
C. 可以将不同的内容和类别的原始凭证汇总填制在一张记账凭证上
D. 可以根据原始凭证汇总表填制

【小练习7-6】原始凭证不得外借，其他单位若因特殊原因需要使用原始凭证时，经本单位（　　）批准，可以复制或提供查阅。
A. 本单位负责人　　　　B. 会计机构负责人
C. 会计主管人员　　　　D. 本单位主管会计工作的负责人

3. 会计账簿

会计账簿是按照会计科目开设账户、账页，用以序时分类地记录经济业务的簿籍。

（1）登记会计账簿的依据：会计账簿必须以审核无误的会计凭证为依据进行登记，确保会计信息的准确无误。

会计账簿的示例，如图 7－4 所示。

总分类账

科目名称：________

年		凭证编号	摘要	借方											贷方											借或贷	余额										
月	日			亿	千	百	十	万	千	百	十	元	角	分	亿	千	百	十	万	千	百	十	元	角	分		亿	千	百	十	万	千	百	十	元	角	分

图 7－4 会计账簿

（2）会计账簿登记的基本要求。对于会计账簿的登记，《会计法》和《会计基础工作规范》进行了规定，主要有以下基本要求：

①会计账簿的设置和登记，应当符合有关法律、行政法规和国家统一会计制度规定。

②使用蓝黑墨水或碳素墨水书写。

③按连续编号的页码顺序登记，不得跳行、隔页。

④及时对账。

⑤禁止账外设账。

⑥更正错账。

⑦实行会计电算化的单位，其会计账簿的登记、更正，也应当符合国家统一的会计制度的规定。

【小提示 7－5】《会计法》规定，各单位依法设置的会计账簿包括总账、明细账、日记账和其他辅助性账簿。

【小练习7-7】会计账簿的登记，必须以（　　　　）为依据，并符合有关法律、行政法规和国家统一的会计制度的规定。

　　A. 会计凭证　　　　　　　　B. 记账凭证
　　C. 经过审核的会计凭证　　　D. 经过审核的记账凭证

4. 财务会计报告

（1）财务会计报告的组成。财务会计报告指单位对外提供的反映单位某一特定日期财务状况和某一会计期间经营成果、现金流量等会计信息的文件。

《企业会计准则——基本准则》规定，财务会计报告包括会计报表及其附注和其他应当在会计报告中披露的相关信息和资料。

财务会计报告是会计核算的最终产品，是对单位会计核算工作的全面总结。

（2）财务会计报告的编制要求：

①财务会计报告的编制必须根据经过审核的会计账簿记录和有关资料编制。

②各单位的财务会计报告应当根据规定的对象，向本单位、本单位的有关财务关系人（如投资者、债权人等）以及政府有关管理部门（如财政部门、税务部门等）提供。

③财务会计报告分为年度、半年度、季度和月度财务会计报告。企业会计准则规定，企业至少应当按年编制会计报表。

④财务会计报告须经注册会计师审计的，注册会计师以及所在的会计师事务所出具的审计报告应当随同会计财务报告一并提供。

⑤各单位应当按照法律、行政法规和全国统一的会计制度有关财务会计报告提供期限的规定，及时对外提供财务会计报告。对外提供的财务会计报告应当依次编定页码、加具封面、装订成册、加盖公章。封面上应当注明单位名称、单位统一代码、组织形式、地址、报表所属年度或季度或月份和报出日期，并由单位负责人和主管会计工作的负责人、会计机构负责人（会计主管人员）签名并盖章；设置总会计师的单位，还须由总会计师签名并盖章。

【小提示7-6】企业应当按照规定的结账日进行结账，不得提前或延迟。年度结账日为公历每年12月31日；半年度、季度、月度结账日分别为公历每半年、每季度、每月的最后一天。

【小思考7-4】甲公司因平时财务管理松散，导致部分记账凭证及账簿丢失，但是马上要开始编制财务报表，单位负责人张某要求财务负责人刘某直接编制，不考虑丢失的账簿，财务负责人刘某表示，在没有完整账簿情况下，无法编制财务报告。

【小练习7-8】根据《会计法》和《企业财务会计报告条例》的规定，下列各项中，属于财务会计报告组成部分的有（　　　　）。

　　A. 会计报表　　　　　　　　B. 会计报表附注
　　C. 财务情况说明书　　　　　D. 注册会计师出具的审计报告

5. 会计档案

（1）会计档案的归档和移交。会计档案是由单位在会计活动中形成的，并按照一定的规律保存备查的会计信息载体，是记录和反映经济业务事项的重要史料和证据。

会计档案的样例，如图7-5。

图7-5 会计档案

会计档案主要包括：会计凭证类、会计账簿类、财务报告类及其他类。

各单位每年形成的会计档案，应由单位会计部门按照归档要求负责整理立卷或装订。当年行程单的会计档案在会计年度终了后、可暂时由单位会计部门保管一年。保管期满之后，原则上应由会计部门编制清册，移交本单位的档案部门保管；未设立档案部门的，应当在会计部门内部指定专人保管。

（2）会计档案的保管期限。不同的会计档案发挥作用的时间是不一样的。因此，根据其特点，会计档案的保管期限分为永久、定期两类。定期保管期限一般分为10年与30年，会计档案的保管期限，从会计年终了后的第一天算起。

（3）会计档案的销毁：

①编造会计档案销毁清册。清册中要列明销毁档案的名称、卷号、册数、起止年度、档案编号、应保管期限、已保管期限、销毁日期等内容。

②单位负责人对复核后的待销毁的会计档案在销毁清册上签署销毁意见。

③专人负责监销。销毁会计档案应当由单位管理机构和会计机构共同派人监销。

【小提示7-7】保管期满但未结清债权债务的原始凭证及其他未了事项的原始凭证，不得销毁，应当单独抽出立卷，保管到未了事项完结时为止；正在项目建设期间的建设单位，其保管期满的会计档案不得销毁。

【小思考7-5】乙公司财务人员李某由于操作失误，于2015年将2007年1月份的

会计凭证销毁，李某认为这部分会计凭证不存在未结清的债权债务关系，也已经保管了这么长时间了，销毁是没有问题的，遂并未将此将事件上报。

【小练习7-9】下列各项中，保管期限不为10年的是（　　）。
　　A. 固定资产卡片　　　　B. 银行存款余额调节表
　　C. 银行对账单　　　　　D. 明细账

【小练习7-10】某公司2016年4月1日形成的会计档案，可暂由本单位财务部门保管到（　　），期满后，原则上移交档案保管部门保管。
　　A. 2016年5月1日　　　　B. 2016年12月31日
　　C. 2017年4月1日　　　　D. 2017年12月31日

6. 其他

（1）会计年度的规定。《会计法》规定：会计年度自公历1月1日起至12月31日止。每个会计年度还可以按照公历日期划分为半年度、季度和月度，以满足单位经营管理和投资者对会计资料的需要。

（2）记账本位币的规定。《会计法》规定，会计核算原则上应当以人民币为记账本位币。同时，《会计法》允许收支业务以人民币以外的货币为主的单位，可以选定人民币以外的货币（见图7-6）作为记账本位币，但是编制的财务会计报告应当折算为人民币，以便于财务会计报告使用者的阅读和使用，也便于税务、工商等部门通过财务会计报告计算应缴税款和进行工商年检。

图7-6　各国货币

（3）会计处理方法的规定。会计处理方法通常包括：会计确定方法、会计计量方法、会计记录方法和会计报告方法。《会计法》规定："各单位采用的会计处理方法，前后各期应当一致，不得随意变更；确有必要变更的，应当按照国家统一的会计制度的规定变更，并将变更的原因、情况及影响在财务报告中说明。"

【小提示7-8】一般来讲，每个会计年度还可以按照公历日期划分为半年度、季度和月度，以满足单位经营管理者和投资者对会计资料的需要。

【小思考 7-6】甲公司是一家外贸公司，专门从事货物进出口业务，部分业务是在国外进行，以美元进行结算，会计人员周某认为既然是以美元进行结算，又是在国外进行交易，遂在编制财务报告时直接以美元为记账本位币。

三、会计监督

（一）单位内部会计监督

1. 单位内部会计监督的主体和对象

会计监督是指通过由单位内部会计监督、国家会计监督和社会会计监督等，对各单位的经济活动和会计工作实行有效的会计监督。

单位内部会计监督，是指为了保护其资产的安全完整，保证其经营活动符合国家法律、法规和内部制度，提高经营管理水平和效率，而在单位内部采取的一系列相互制约、相互监督的制度和方法。

单位内部会计监督围绕本单位经营管理目标，根据单位类型和规模，建立健全内部会计监督制度和内部制约机制，对本单位经济活动进行控制。

（1）单位内部会计监督的主体。单位内部会计监督的主体是各单位的会计机构和会计人员。

（2）单位内部会计监督的对象。单位内部会计监督的对象是单位的经济活动，包括筹资、投资、采购、生产和销售等活动。

2. 单位内部会计监督制度主体的基本要求

（1）记账人员与经济业务事项或会计事项的审批人员、经办人员、财务保管人员的职责权限应当明确，并相互分离、相互制约。

（2）重大对外投资、资产处置、资金调度和其他重要经济业务事项的决策和执行的相互监督、相互制约的程序应当明确。

（3）财产清查的范围、期限和组织程序应当明确。

（4）对会计资料定期进行内部审计的办法和程序应当明确。

3. 会计机构和会计人员在单位内部会计监督中的职责

（1）依法开展会计核算和监督，对违反《会计法》和国家统一的会计制度的会计事项，有权拒绝办理或者按照职权予以纠正。

（2）对单位内部的会计资料和财产物资实施监督。

【小提示 7-9】2001 年 6 月 27 日，财政部以财会〔2001〕41 号文件发布了《内部会计控制规范——基本规范（试行）》和《内部会计控制规范——货币资金（试行）》。这两个规范作为《会计法》的配套措施，是解决当前一些单位内部管理松弛、控制弱化的重要举措。

【小思考 7-7】某小公司，由于属于刚创办的公司，人手不足，也为了节省成本，

公司会计及出纳岗位都由公司老板张某的弟媳吴某担当,有人指出会计跟出纳岗位应该相分离,由不同人员担任,张某表示,公司是自己的,自己有权决定人事任命。

【小练习7-11】会计机构、会计人员对下列会计事项有权自行处理的是(   )。
  A. 核对账目时发现坏账　　　　　　B 登记账目时发现遗漏
  C. 财产清查时发现大额货币资金短缺　D. 发现贪污、舞弊行为

【小练习7-12】下列各项中属于会计内部监督的是(   )。
  A. 财政机关的监督　　　　　　　　B. 税务机关的监督
  C. 单位稽核部门的监督　　　　　　D. 审计机关的监督

(二) 会计工作的政府监督

会计工作的政府监督是指国家有关职能部门对有关单位的会计资料实施的监督检查,以及对发现的违法会计行为实施的行政处罚,是一种外部监督。

会计工作的政府监督也叫国家监督,具有强制性和无偿性的特点。

1. 政府监督的实施主体

财政部门是《会计法》的执行主体,是会计工作的政府监督实施主体。

2. 政府监督的对象

财政部门实施会计监督的对象是各单位的会计行为,并对发现的有违法会计行为的单位和个人实施行政处罚。

(1) 对单位依法设置会计账簿的检查。
(2) 对单位会计资料真实性、完整性的检查。
(3) 对单位会计核算情况的检查。
(4) 对单位会计人员从业资格和任职资格的检查。
(5) 对会计师事务所出具审计报告的程序和内容的检查。

【小提示7-10】根据《会计法》规定,除财政部门外,审计、税务、银行监管、证券监管、保险监管等部门依照有关法律、行政法规规定的职责和权限,也可以对有关单位的会计资料实施监督检查。

【小练习7-13】各单位必须依法设置会计账簿的"法"包括(   )。
  A.《会计基础工作规范》　　　　　B.《会计法》
  C.《税收征收管理法》　　　　　　D.《公司法》

【小练习7-14】根据《会计法》的规定,会计工作的国家监督除财政部门外(   )等部门应依照有关法律、行政法规的规定,对有关单位的会计资料实施监督检查。
  A. 审计、税务　　B. 会计师事务所　　C. 人民银行　　D. 证券监管、保险监管

（三）会计工作的社会监督

会计工作的社会监督主要是指由注册会计师及其所在的会计师事务所依法对委托单位的经济活动的审核、鉴证的一种监督制度。

此外，单位和个人检举违反《会计法》和国家统一的会计制度规定的行为，也属于会计工作社会监督范畴。

1. 注册会计师审核与内部审计的关系

（1）注册会计师审核与内部审计的联系：

①内部审计是单位内部控制的重要组成部分；外部审计人员在对被审计单位进行审计时，要对内部控制进行测评，要了解其内部审计的设置和工作情况。

②内部审计和外部审计在工作上具有一致性。

③利用内部审计工作成果可提高工作效率，节约审计费用。

（2）注册会计师审计与内部审计的区别：

①审计目标不同。注册会计师审计是对被审计单位财务报表的合法性和公允性进行审计；而内部审计是对内部控制的有效性、财务信息的真实性和完整性以及经营活动的效率和效果开展评价。

②独立性不同。注册会计师审计是完全独立于被审计单位的；而内部审计受本部门、本单位直接领导，具有相对独特性。

③接受审计自愿程度不同。注册会计师审计是以独特的第三方对被审计单位进行的审计，委托人可自由选择会计师事务所；而内部审计代表总经理或董事会实施的组织内部监督，单位内部组织必须接受内审人员监督。

④遵循审计标准不同。注册会计师审计遵循的是注册会计师审计准则；而内部审计遵循的是内部审计准则。

⑤审计时间不同。注册会计师审计是定期审计，每年审计一次；而内部审计是定期或不定期审计，时间安排不灵活。

2. 会计师事务所业务范围

（1）依据《注册会计师法》承办的审计业务：

①审查企业会计报表，出具审计报告。

②验证企业资本，出具验资报告。

③办理企业合并、分立、清算事宜中的审计业务，出具有关报告。

④法律、行政法规规定的其他审计业务。

（2）会计咨询、会计服务业务：

①设计会计制度，担任会计顾问，提供会计、管理咨询。

②代理纳税申报，提供税务咨询。

③代理申请工商登记，拟订合同、章程和其他业务文件。

④办理高效评估、资产评估和项目可行性研究中的有关业务。

⑤培训会计、审计和财务管理人员。

⑥其他会计咨询、服务。

【小提示7-11】单位内部的会计监督和有关部门对单位实施的国家监督,以及由注册会计师承办的社会监督,构成了会计监督的整体,它们之间相辅相成,共同为社会经济服务。

【小思考7-8】王同学中专毕业以后,考取了初级会计师资格,但由于上班时间紧凑,并没有继续读取大专,为了增加就业竞争力,他打算报考注册会计师考试,认为已经取得了初级会计师资格,是能够报考的。

【小练习7-15】下列关于注册会计师审计与单位内部审计的关系表述中,正确的有(   )。
    A. 两者的审计职责及作用不尽相同   B. 注册会计师审计是一种受托审计
    C. 两者的审计方式完全相同   D. 注册会计师审计完全独立于被审计单位

【小练习7-16】下列各项中,不属于会计师事务所及其注册会计师依法承办的业务是(   )
    A. 审查企业是否依法设置会计账簿
    B. 审查企业财务会计报告出具审计报告
    C. 验证企业资本出具验资报告
    D. 办理企业合并、分立、清算事宜中的审计业务出具审计报告

四、会计机构和会计人员

(一) 会计机构的设置

1. 单位会计机构的设置

《会计法》规定:各单位应当根据会计业务的需求,设置会计机构,或者在有关机构中设置会计人员并指定会计主管人员;不具备设置条件的,应当委托经批准设立从事会计代理记账业务的中介机构代理记账。一个单位是否单独设置会计机构,往往取决于单位规模的大小、经济业务和财务收支的繁简和经营管理的要求。

2. 会计机构负责人(会计主管人员)的任职资格

会计机构负责人(会计主管人员)是指在一个单位内具体负责会计工作的中层管理人员。

新《会计法》规定:担任单位会计机构负责人(会计主管人员)的,应当具备会计师以上专业技术职务资格或者从事会计工作三年以上经历。

本法所称会计人员的范围由国务院财政部门规定。

3. 会计人员回避制度

回避制度是指为了保证执法或者执业的公正性,对可能影响其公正执法或者执业的人员实行职务回避和业务回避的一种制度。

回避制度已成为我国人事管理的一项重要制度。《会计基础工作规范》规定：国家机关、国有企业、事业单位任用会计人员应当实行回避制度；单位负责人的直系亲属不得担任本单位的会计机构负责人、会计主管人员；会计机构负责人、会计主管人员的直系亲属不得在本单位会计机构中担任出纳工作。

【小提示7-12】根据规定，会计人员回避制度中需要回避的直系亲属包括：夫妻关系、直系血亲关系、三代以内旁系血亲以及姻亲关系。

【小练习7-17】《会计法》规定，各单位应依据（　　）设置会计机构，或者在有关机构中设置会计人员并指定会计主管人员。
A. 单位营业收入　　B. 会计人员数量　　C. 会计业务需要　　D. 单位的规模

【小练习7-18】各单位是否设置会计机构，主要取决于（　　）。
A. 单位规模的大小　　　　B. 经济业务和财务收支的繁简
C. 经营管理的要求　　　　D. 上级部门的要求

（二）代理记账

1. 代理记账的业务范围

代理记账，是指从事代理记账业务的社会中介机构，如会计事务所，会计咨询服务机构等接受委托人的委托办理会计业务。委托人是指委托代理记账机构办理会计业务的单位。

代理记账机构是从事代理记账业务的中介机构（见图7-7）

注册号	370902300006761	登记状态	在营（开业）企业
法定代表	阴启鲁	注册资本	10.0
公司类型	普通合伙企业	登记机关	泰安市工商行政管理局泰山分局五马工商所
成立日期	2011/12/12	营业期限	2011/12/12-
注册地址	泰安市东湖路50号		
经营范围	审查企业会计报表、出具审计报告、验证企业资本、出具验资报告、办理企业合并、分立、清算事宜中的审计业务、出具有关报告；基本建设年度财务决算审计；代理记账、会计咨询、税务咨询、管理咨询、会计培训。（依法须经批准的项目，经相关部门批准后方可开展经营活动）		

图7-7 代理记账机构登记证书

代理记账机构可以接受委托，受托办理委托人的下列业务：

（1）根据委托人提供的原始凭证和其他资料，按照国家统一的会计制度的规定进行会计核算，包括审核原始凭证、填制记账凭证、登记会计账簿、编制财务会计报告等。

（2）对外提供财务会计报告，代理记账机构为委托人编制的财务会计报告，经代理记账机构负责人和委托人签名并盖章后，按照有关法律、行政法规和国家统一的会计制度的规定对外提供。

（3）向税务机关提供资料。

（4）委托人委托的其他会计业务。

2. 委托代理记账的委托人的义务

（1）对本单位发生的经济业务事项，应当填制或者取得符合国家统一的会计制度规定的原始凭证。

（2）应当配备专人负责日常货币资金的收支和保管。

（3）及时向代理记账机构提供真实、完整的原始凭证和其他相关资料。

（4）对于代理记账退回的要求按照国家统一的会计制度规定进行更正、补充的原始凭证，应当及时予以更正、补充。

3. 代理记账机构及其从业人员的义务

（1）按照委托合同办理代理记账，遵守会计法律制度的规定，依法履行职责。

（2）遵守会计职业道德，对在执行业务中知悉的商业秘密有保密义务。

（3）对委托人示意其作出不当的会计处理，提供不实的会计资料，以及其他不符合会计法律制度规定的要求，应当拒绝。

（4）对委托人提出的有关会计处理原则问题负有解释的责任。

4. 法律责任

根据《代理记账管理办法》的有关规定，代理记账机构应承担以下法律责任：

（1）代理记账机构对其专职从业人员和兼职人员的业务活动承担责任。

（2）代理记账机构违反本办法和国家有关规定造成委托人会计核算混乱、损害国家和委托人利益；委托人故意向代理记账机构隐瞒真实情况或者委托人会同代理记账机构共同提供不真实会计资料的，应当承担相应的法律责任。

（3）违反规定的，由县级以上人民政府财政部门责令其改正，并予以公告。

（4）县级以上人民政府财政部门及其工作人员在实施行政管理过程中，滥用职权、玩忽职守、徇私舞弊，依法给予行政处分；构成犯罪的，依法追究刑事责任。

【小练习7-19】依照规定，没有设置会计机构且未配置会计人员的单位，可以根据《代理记账管理暂行办法》委托代理记账的机构有（　　）。

　　A. 会计师事务所

　　B. 律师事务所

　　C. 持有代理记账许可证书的其他人

　　D. 持有代理记账许可证书的其他代理记账机构

（三）会计专业职务与会计专业技术资格

1. 会计专业职务

会计专业职务，是区别会计人员技能的技术等级。

根据《会计专业职务试行条例》的规定，会计专业职务分为高级会计师、会计师、助理会计师和会计员；其中，高级会计师为高级职务，会计师为中级职务，助理会计师和会计员为初级职务。

2. 会计专业技术资格

会计专业技术资格，是指担任会计专业职务的任职资格。

根据《会计专业资格考试暂行规定》，会计专业技术资格分为初、中、高三个级别。目前，初级、中级会计资格实行全国统一考试制度，高级会计师资格实行考试与评审相结合制度。

【小提示7-13】初级会计资格考试科目为《初级会计实务》和《经济法基础》，实行一年内一次通过全部科目考试的方法；中级会计资格考试科目为《中级会计实务》、《财务管理》和《经济法》，考试成绩以2年为一个周期，单科成绩采取滚动计算的方法；高级会计师资格考试科目是《高级会计实务》，考试合格者，由全国会计专业技术资格考试办公室核发高级会计师资格考试成绩合格证，该证在全国范围内3年有效，获得考试成绩合格证后，可在有效期内所在省、自治区、直辖市或中央单位会计专业高级职务评审委员会申请评审。

（四）会计工作岗位设置

1. 设置会计工作岗位的基本原则

会计工作岗位，是指一个单位会计机构内部根据业务分工而设置的职能岗位。

会计人员与会计工作岗位，通俗地说，就是"萝卜与坑"的关系。对于会计工作的设置，《会计基础工作规范》提出了如下要求：

（1）根据本单位会计业务的需要设置会计工作岗位。

（2）符合内部牵制制度的要求。《会计基础工作规范》第十二条规定："会计工作岗位，可以一人一岗、一人多岗或者一岗多人。但出纳人员不得兼管稽核、会计档案保管和收入、费用、债权债务账目的登记工作。"

（3）对会计人员的工作岗位要有计划地进行轮岗，以促进会计人员全面熟悉业务和不断提高业务素质。

（4）要建立岗位责任制。

2. 主要会计工作岗位

根据《会计基础工作规范》和有关制度的规定，会计工作岗位一般分为：会计机构负责人或者会计主管人员、出纳、财产物质核算、工资核算、成本费用核算、财务成果核算、资金核算、往来结算、总账、稽核、档案管理等。开展会计电算化和管理会计的单位，可以根据需要设置相应工作岗位，也可以与其他工作岗位相结合。

【小提示7-14】会计档案管理岗位在会计档案正式移交之前属于会计岗位，而在会计档案正式移交档案管理部门之后，其不再属于会计岗位。即档案管理部门的人员管理会计档案，不属于会计岗位。医院门诊收费员、住院处收费员、药房收费员、药品库房记账和商场收款（银）员所从事的工作，均不属于会计岗位。单位内部审计、社会审计和政府审计工作也不属于会计岗位。上述不属于会计岗位的从业人员，不必取得会计从业资格。

经济法律法规

【小思考7-9】某公司负责人认为公司业务并不多，同时设置出纳、会计、税务、审计等岗位。浪费了大量财力，完全可以只设一个岗位，让其兼任其他业务，因此公司改革，由一人兼任会计、出纳等职务。

【小练习7-20】下列不属于会计工作岗位的是（　　）。
　　A. 会计　　B. 出纳　　C. 会计机构负责人　　D. 单位内部的审计

【小练习7-21】下列关于会计工作岗位的说法中，不正确的是（　　）。
　　A. 根据单位会计业务的需要设置
　　B. 贯彻内部牵制的原则
　　C. 只能一人一岗
　　D. 由总会计师负责会计机构负责人的任免

【小练习7-22】某国有大型工业企业，按照《会计法》的要求设置了总会计师，并明确了总会计师的职责权限。该企业下列说法中，正确的是（　　）。
　　A. 负责会计人员考核，参与会计人员的任用和调配
　　B. 由总会计师领导企业的财务管理、成本管理、预算管理、会计核算和会计监督等方面的工作
　　C. 规定总会计师对财产物资核算
　　D. 负责领导公司的财务计划

（五）会计人员的工作交接

1. 交接的范围

会计人员工作交接，是指会计人员因故不能工作时与接替人员办理交接手续的一种工作程序。

《会计法》以及其他会计法规对会计工作交接制度做出了原则性规定，《会计基础工作规范》在此做出了具体规定。

会计人员调动工作、离职或者因病不能工作且需要接替或代理的，会计机构负责人、会计主管人员或单位负责人必须指定有关人员接替或者代理并办理交接手续。

2. 交接的程序

办理会计工作交接手续时，要由专人负责监交。一般会计人员办理交接手续，由单位的会计机构负责人、会计主管人员负责监交；会计机构负责人、会计主管人员办理交接手续，由单位负责人负责监交，必要时可由上级主管部门派人会同监交（见图7-8）。

专题七 会计法律制度

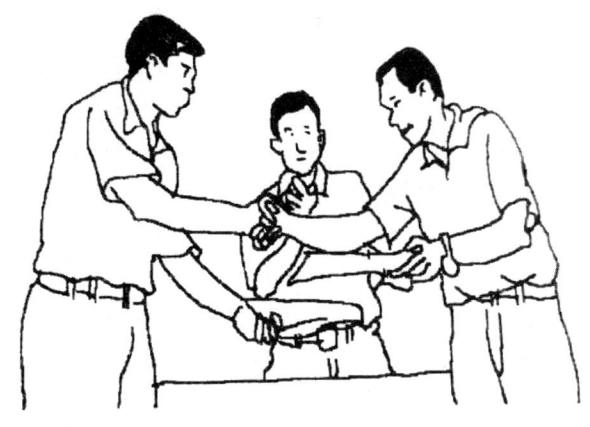

图7-8 会计人员工作交接

3. 交接人员的责任

交接人员的责任划分以办妥交接手续的时间为界,移交人员对移交前自己经办且已经移交的会计资料的真实性、完整性承担法律责任,即便接替人在交接时因疏忽没有发现所接会计资料存在问题,如事后发现,仍应由原移交人负责,原移交人不应以会计资料已经移交而推脱。

【小提示7-15】会计人员的工作交接要求:交接完毕,交接双方及监交人要在移交清册上签名盖章,并在移交清册上注明单位名称,交接日期,交接双方和监交人的职务、姓名,移交清册页数及需要说明的问题和意见等;接管人员应继续使用移交前的账簿,不得擅自另立账簿,以保证会计记录前后衔接、内容完整;移交清册填制一式三份,交接双方各持一份,存档一份。

【小练习7-23】会计机构负责人因调动工作或离职办理交接手续的,负责监交的人员是( )。
A. 单位负责人　　　　　　　B. 主管单位派出的人员
C. 人事部门负责人　　　　　D. 内部审计机构负责人

【小练习7-24】一般会计人员办理会计工作交接,由( )监交。
A. 一般会计人员　　　　　　B. 会计机构负责人
C. 注册会计师　　　　　　　D. 单位内部审计人员

五、会计职业道德

(一) 会计职业道德的概念

1. 会计职业道德的概念

会计职业道德,是指在会计职业活动中应当遵循的、体现会计职业特征、调整会计职业关系的职业行为准则和规范。

2. 会计法律与会计职业道德的联系与区别

（1）会计法律制度与会计职业道德的联系。会计职业道德与会计法律制度在内容上相互渗透、相互吸收；在作用上相互补充、相互协调。会计职业道德是对会计法律制度的重要补充，会计法律制度是对会计职业道德的最低要求。

（2）会计法律制度与会计职业道德的区别：

①性质不同。会计法律制度通过国家行政权力执行，具有很强的他律性；会计职业道德依靠会计从业人员的自觉性，具有很强的自律性。

②作用范围不同。会计法律制度侧重于调整会计人员的外在行为和结果的合法化，具有较强的客观性；会计职业道德不仅调整会计人员的外在行为，还调整会计人员内在的精神世界。

③表现形式不同。会计法律制度是通过一定的程序由国家立法部门或者行政管理部门制定、颁布的，其表现形式是具体的、明确的、正式形成文字的成文规定。而会计职业道德出自于会计人员的职业生活和职业实践，其表现形式既有成文的规范，也有不成文的规范。

④实施保障机制不同。会计法律制度依靠国家强制力保证其贯彻执行。会计职业道德主要依靠道德教育、社会舆论、传统习俗和道德评价来实现。

⑤评价标准不同。会计法律制度以法律规定为评价标准，会计职业道德以道德评价为准。

（二）会计职业道德的主要内容

会计职业道德主要包括爱岗敬业、诚实守信、廉洁自律、客观公正、坚持准则、提高技能、参与管理、强化服务八个方面的内容。

（1）爱岗敬业。要求会计人员正确认识会计职业，树立职业荣誉感；热爱会计工作，敬重会计职业；安心工作，任劳任怨；严肃认真，一丝不苟；忠于职守，尽职尽责。

（2）诚实守信。要求会计人员做老实人，说老实话，办事老实，不搞虚假；保密守信，不为利益所诱惑；执业谨慎，信誉至上。

（3）廉洁自律。要求会计人员树立正确的人生观和价值观；公私分明、不贪不占；遵纪守法，一身正气。廉洁就是不贪污钱财，不收受贿赂，保持清白。自律是指按照一定标准，自己约束自己、自己控制自己的言行和思想的过程。自律的核心是用道德观念自觉抵制自己的不良欲望。对于整天与钱财打交道的会计人员来说，经常会受到财、权的诱惑，如果职业道德观念不强、自律意志薄弱，很容易成为权、财的奴隶，走向犯罪的深渊。

（4）客观公正。要求会计人员端正态度，依法办事；实事求是，不偏不倚；如实反映，保持应有的独立性。

（5）坚持准则。要求会计人员熟悉国家法律、法规和国家统一的会计制度的要求进行会计核算，实施会计监督。会计人员在实际工作中，应当以准则作为自己的行动指南，在发生道德冲突时，应坚持准则，维护国家利益、社会公众利益和正常的经济秩序。

（6）提高技能。要求会计人员具有不断提高会计技能的意识和愿望；具有勤学苦练的精神和科学的学习方法，刻苦钻研，不断进取，提高业务水平。

（7）参与管理。要求会计人员在做好本职工作的同时，努力钻研业务，全面熟悉本单位经营活动和业务流程，主动提出合理化建议，积极参与管理，使管理活动更有针对性和实效性。

（8）强化服务。要求会计人员树立服务意识，提高服务质量，努力维护和提升会计职业的良好社会形象。

【小练习7-25】下列各项中属于职业道德内容规范的有（　　）。
A. 爱岗敬业　　B. 参与管理　　C. 提高技能　　D. 廉洁自律

同步练习

一、单选题

1. 我国现行《会计法》是由（　　）制定的。
A. 全国人民代表大会　　　　B. 全国人民代表大会常务委员会
C. 国务院　　　　　　　　　D. 财政部

2. 国务院制定的《企业财务会计报告条例》属于（　　）。
A. 会计基本法　　　　　　　B. 会计行政法规
C. 会计部门规章　　　　　　D. 地方性会计法规

3. 下列各项中，属于会计行政法规的是（　　）。
A. 《会计法》　　　　　　　B. 《企业财务会计报告条例》
C. 《湖南省会计管理条例》　D. 《会计从业资格管理办法》

4. 下列各项中不属于部门规章的是（　　）。
A. 《企业会计制度》　　　　B. 《湖南省会计管理条例》
C. 《会计从业资格管理办法》D. 《代理记账管理办法》

5. 根据《总会计师条例》的规定，总会计师是（　　）。
A. 单位行政领导成员　　　　B. 会计机构负责人
C. 会计主管人员　　　　　　D. 会计专业技术资格

6. 某外商投资企业，业务收支以美元为主，也有少量的人民币，根据《会计法》的规定，为方便会计核算，该单位应采用（　　）作为记账本位币。
A. 人民币　　　　　　　　　B. 人民币或美元
C. 欧元　　　　　　　　　　D. 美元

7. 原始凭证不得外借，其他单位如因特殊原因需要使用原始凭证，经本单位（　　）批准可以复制。
A. 单位负责人　　　　　　　B. 主管会计工作负责人
C. 经办人员　　　　　　　　D. 会计机构负责人、会计主管人员

8. 单位独立进行的会计核算属于单位内部的（　　）。
A. 投资活动　　　　　　　　B. 筹资活动
C. 管理活动　　　　　　　　D. 经营活动

9. 作为记录会计核算过程和结果的载体，反映单位财务状况、经营成果、现金流量、评价经营业绩，进行投资决策的重要依据是（　　）。
   A. 会计资料　　　　　　　　B. 会计管理资料
   C. 财务制度　　　　　　　　D. 会计监督

10. 下列各项中，（　　）属于内部会计监督。
    A. 财政机关的监督
    B. 税务机关的监督
    C. 会计人员对于违法收支不予受理
    D. 审计机关的监督

11. 财务会计报告的编制依据，是经过审核的（　　）记录和有关资料。
    A. 原始凭证　　　　　　　　B. 记账凭证
    C. 会计科目　　　　　　　　D. 会计账簿

12. 企业的原始凭证，记账凭证的保管期限为（　　）。
    A. 30年　　　　　　　　　　B. 25年
    C. 10年　　　　　　　　　　D. 永久保管

13. 下列各项中，不属于不相容职务的是（　　）。
    A. 出纳与记账　　　　　　　B. 出纳与现金保管
    C. 财务保管与记账　　　　　D. 业务经办与财务保管

二、多选题

1. 下列项目中，属于会计行政法规的有（　　）。
   A. 《企业财务会计报告条例》　B. 《企业会计制度》
   C. 《总会计师条例》　　　　　D. 《企业会计准则》

2. 国家统一的会计制度是指由国务院财政部门根据《会计法》制定的关于（　　）的制度。
   A. 会计核算　　　　　　　　B. 会计法律
   C. 地方性会计法规　　　　　D. 会计行政法规

3. 下列机关可以制定地方性会计法规的有（　　）。
   A. 广东省人民政府
   B. 广东省人民代表大会或常务委员会
   C. 深圳市人民代表大会及其常务委员会
   D. 广州市人民代表大会及其常务委员会

4. 下列关于《会计法》的表述中，正确的有（　　）。
   A. 《会计法》是由全国人民代表大会及其常务委员会制定的
   B. 《会计法》是制定其他法规的依据
   C. 《会计法》是我国会计工作的根本性法律
   D. 《会计法》是调整经济活动中各种关系的法律

5. 根据《会计法》的规定，会计核算内容主要包括（　　）。
   A. 款项和有价证券的收付　　B. 债权债务的发生和结算

C. 合同或者协议的签订　　　　　　D. 财务成果的计算和处理
6. 业务收支以人民币以外的货币为主的单位（　　）。
   A. 必须使用人民币为记账本位币
   B. 可以选定人民币以外的一种货币作为记账本位币
   C. 其财务报告应当折算为人民币
   D. 可以根据需要变动记账本位币
7. 下列各项中，会计法规制度有统一规定的有（　　）。
   A. 会计核算的原则　　　　　　　B. 会计核算的基本要求
   C. 会计档案的管理　　　　　　　D. 编制财务会计报告
8. 中国注册会计师协会的主要职责包括（　　）。
   A. 制定行业自律管理规范，对违法行业自律管理规范的行为予以惩戒
   B. 对注册会计师任职资格和执业情况进行年度检查
   C. 组织和推动会员培训工作
   D. 协调行业内外部关系，支持会员依法执业，维护会员合法权益
9. 财务会计报告向财务会计报告使用者提供与企业有关的会计信息，有助于财务会计报告使用者做出经济决策，财务会计报告使用者包括（　　）。
   A. 投资者　　　　　　　　　　　B. 债权人
   C. 社会公众　　　　　　　　　　D. 政府及其有关部门报表
10. 下列项目中，应当永久保管的企业会计档案有（　　）。
    A. 会计档案保管清册　　　　　　B. 会计档案销毁清册
    C. 年度财务会计报告　　　　　　D. 会计移交清册
11. 财政部门对单位的会计核算情况的检查，具体包括（　　）。
    A. 采用的会计处理方法是否符合法律、行政法规和国家统一会计制度的规定
    B. 会计档案的建立、保管和销毁是否符合有关规定
    C. 是否存在账外设账的违法行为
    D. 填制的会计凭证、登记的会计账簿、编制的财务会计报告是否与实际发生的经济业务事项相符
12. 《会计法》规定，出纳人员不得兼任（　　）工作。
    A. 债权债务账目的登记　　　　　B. 稽核
    C. 银行存款日记账登记　　　　　D. 会计档案的保管
13. 国有企业的单位负责人的（　　）不得担任本单位的会计机构负责人、会计主管人员。
    A. 妻子　　　　　　　　　　　　B. 儿女
    C. 兄弟　　　　　　　　　　　　D. 伯父
14. 《会计法》规定的法律责任形式有（　　）。
    A. 民事责任　　　　　　　　　　B. 行政责任
    C. 刑事责任　　　　　　　　　　D. 经济责任
15. 下列各项中，属于行政处罚形式的有（　　）。
    A. 罚款　　　　　　　　　　　　B. 记过

C. 没收违法所得　　　　　　　　D. 开除

三、判断题

1. 《会计法》和《注册会计师法》是我国最高层次的会计法律规范，在会计法律规范体系中权威性最高、法律效力最强、是会计工作的最高准绳和根本大法。（　　）

2. 会计部门规章是根据《立法法》规定的程序，由财政部制定，并由部门首长签署命令予以公布的有关会计工作的制度办法。（　　）

3. 《企业会计准则》由国务院制定并公布。（　　）

4. 国家统一的会计制度是指国务院财政部门根据我国《会计法》制定的有关会计核算和会计监督有特殊要求的行业实施国家统一的会计制度的具体办法或者补充规定，报国务院财政部门备案。（　　）

5. 只要是外商投资企业，均可以以人民币以外的货币为记账本位币，但其编制的财务会计报告应当折算为人民币。（　　）

6. 会计资料移交后，如发现原移交人员在其经办会计工作期间所发生的问题，应由接替人员对这些会计资料的合法性、真实性、承担法律责任。（　　）

7. 内部审计是本单位在会计机构内部设立审计机构，由审计人员对本单位的会计活动进行监督，内部审计机构及其工作人员是对本单位的行政领导人或者监督机构负责的。（　　）

8. 《会计法》规定，各单位必须设置会计机构。（　　）

9. 委托人委托代理记账机构代理记账应当配备专人负责日常货币资金的收支和保管。（　　）

10. 《企业会计准则》《小企业会计制度》和《事业单位会计制度》都是由财政部制定发布的，他们都是会计行政法规。（　　）

四、案例分析题

案例1： 甲公司2007年发生以下经济业务和事项：11月公司档案科会同会计科清理会计档案，编制了会计档案销毁清册，经公司总会计师批准，将保管期限的会计档案全部销毁。事后查明，在销毁的该批会计档案中，有若干张保管期满，但尚未结清债权债务的原始凭证。

公司销毁会计档案是否合法？

案例2： 2009年1月甲公司会计科原科长张某退休与新任会计科长李某办理了会计工作交接手续，公司办公室主任监交，2月，新任会计科长李某发现原会计科长张某2008年曾支付的一笔货款与发票金额不符，遂找张某询问。张某认为，自己已经办理了会计交接手续，会计上任何事情与本人再无联系。

要求：根据会计法律制度有关规定，回答下列问题：

（1）公司原会计科长张某与新会计科长李某办理会计交接是否符合规定？简要说明理由。

（2）公司原会计科长认为"自己已经办理了会计交接手续，会计上任何事情与本人再无联系"的观点是否正确，请简要说明理由。

专题八
消费者权益保护法律制度

专题八 知识结构图

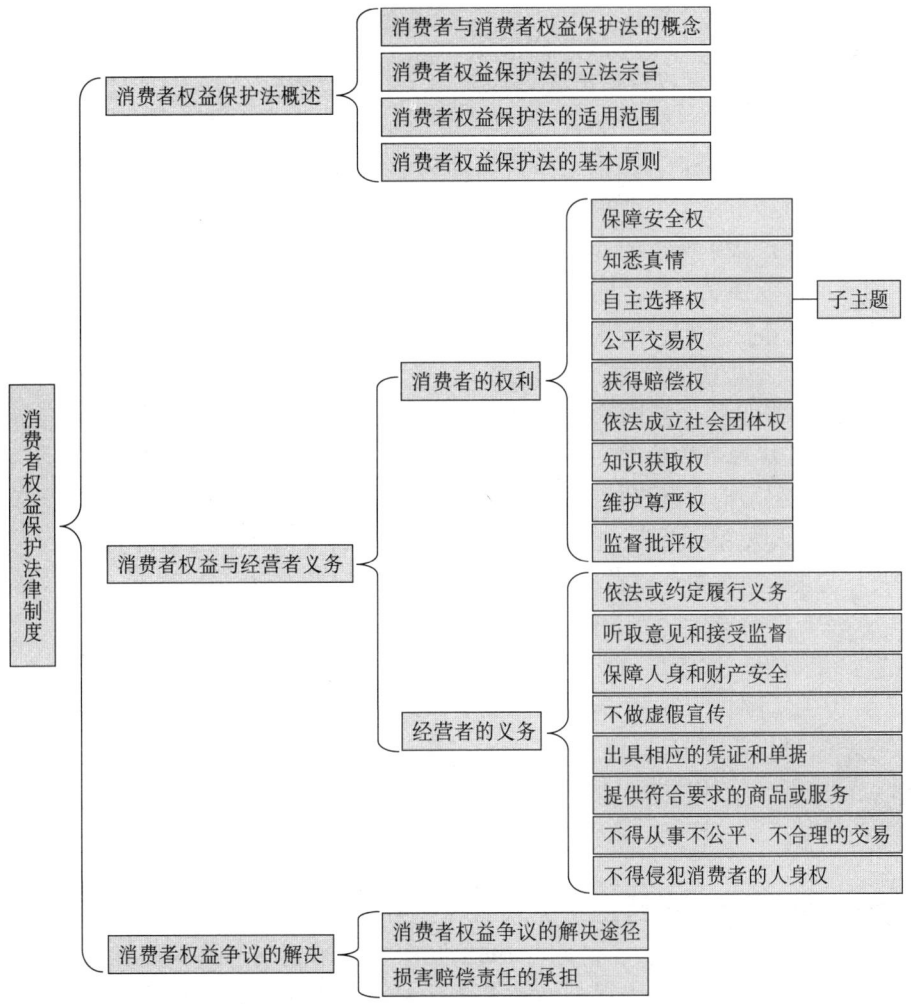

经济法律法规

【学习目标】
- ☐ 了解消费者权益保护法概念
- ☐ 了解消费者的权利
- ☐ 了解经营者的义务
- ☐ 了解消费者权益争议的解决

【案例导入】
小朵是常德市某职业学校会计专业的一名学生,休闲之余喜欢在网上购物。周末逛某购物网站,有个店铺进行优惠促销,正好有条心仪的裙子,于是小朵立马拍了下来。两天后货物到了,但小朵看到实物却发现并不像网站上图片那样靓丽,质量也不太好。小朵很是失望,决定退货。但她与网店联系时,店主却拒绝了她,店主称:"我们不是七日无条件退换货的店,在小店购物不退不换。"大家帮帮小朵,她该怎么办?

一、消费者权益保护法概述

(一) 消费者与消费者权益保护法的概念

1. 消费者的概念

本法中"消费者"是指为生活消费需要购买、使用经营者提供的商品或者接受经营者所提供的服务的市场主体,是消费者权益保护法中至为重要的主体。

消费者权益保护法中所指的"消费者"原则上仅限于自然人,不应当包括单位。单位因消费而购买商品或接受服务,应当受合同法调整,而不应当受消费者权益保护法的调整。

消费者权益受本法保护;本法未作规定的,受其他有关法律、法规保护。

2. 消费者权益保护法的概念

消费者权益保护法是调整国家、经营者和消费者三者之间在保护消费者权益的过程中发生的社会关系的法律规范的总称。

《中华人民共和国消费者权益保护法》(以下简称《消费者权益保护法》)于1993年10月31日八届全国人大常委会第4次会议通过,自1994年1月1日起施行。

《中华人民共和国消费者权益保护法》实施以来经过两次修订:

2009年8月27日第十一届全国人民代表大会常务委员会第10次会议《关于修改部分法律的规定》进行第一次修正。

2013年10月25日十二届全国人大常委会第5次会议《全国人民代表大会常务委员会关于修改〈消费者权益保护法〉的决定》第二次修正。2013年10月25日中华人民共和国主席令第七号公布,自2014年3月15日起施行。

【小知识 8-1】 国际消费者权益日(International Day for Protecting Consumers' Rights),定于每年的3月15日,因为在1962年的3月15日时任美国总统的约翰·肯尼迪在美国国会发表《关于保护消费者利益的总统特别咨文》一文,文中首次提出了著名的消费者四项权利。最早由国际消费者联盟组织于 1983 年确定，目的在于扩大消费者权益保护的宣传，使之在世界范围内得到重视，促进各国和地区消费者组织之间的合作与交往，在国际范围内更好地保护消费者权益。

> 【小练习 8-1】《中华人民共和国消费者权益保护法》于_____颁布。
> A. 1994 年 10 月 31 日　　　　　　B. 1996 年 10 月 31 日
> C. 1997 年 10 月 31 日　　　　　　D. 1993 年 10 月 31 日

（二）消费者权益保护法的立法宗旨

消费者权益保护法的第一条确定了其立法宗旨：通过制定保护消费者权益的专门法律来保护消费者的合法权益，维护社会经济秩序，促进社会主义市场经济的健康发展。

（三）消费者权益保护法的适用范围

消费者权益保护法的适用范围是：消费者为生活消费需要而购买、使用商品或者接受服务，其权益受该法保护；经营者为消费者提供其生产、销售的商品或者提供服务，其行为受该法规范。

（四）消费者权益保护法的基本原则

消费者权益保护法的基本原则也是国家保护消费者权益的指导思想和根本宗旨。我国消费者权益保护法的基本原则有：

1. 国家优先保护原则。在国家对消费者权益的保护方面，应遵循保护消费者的合法权益不受侵害原则、尊重和保障人权原则。这是《消费者权益保护法》体现的最核心原则。

2. 全社会保护原则。"保护消费者的合法权益是全社会的共同责任"。国家鼓励、支持一切组织和个人对损害消费者合法权益的行为进行社会监督。大众传播媒介应当做好维护消费者合法权益的宣传，对损害消费者合法权益的行为进行舆论监督。

3. 保护适度原则。法律保护与经济发展水平相适应原则。各国在不同时期，由于物质经济条件的局限，对消费者权益进行国家保护和社会保护的法律原则的贯彻并非是绝对的、无条件的，而是应与经济发展水平相协调。正如马克思所说的，任何权利都不能超过社会的经济结构和经济结构制约下的文化发展。过度的保护不仅不能促进经济的协调运行，反而会抑制、甚至侵害了与消费者相对应的经营者的合法权益。这就构成了消费者权益保护法的适度原则，即法律保护与经济发展水平相适应原则。

4. 自愿、平等、公平、诚实信用原则。在经营者与消费者进行交易方面，应遵循自愿、平等、公平、诚实信用原则。

> 【小练习 8-2】《消费者权益保护法》体现的最核心原则为（　　）。
> A. 经营者保护消费者的合法权益不受侵犯　　B. 国家保护消费者的合法权益不受侵犯
> C. 全社会保护消费者的合法权益不受侵犯　　D. 消费者保护自身的合法权益不受侵犯

二、消费者权利与经营者义务

(一) 消费者的权利

消费者依法享有广泛的权利,这些权利主要包括以下方面:

1. 保障安全权

保障安全权是指消费者购买、使用商品和接受服务时,依法享有人身、财产安全不受损害的权利。

2. 知悉真情权

知悉真情权,或称知情权、了解权,指消费者享有知悉其购买、使用的商品或者接受服务的真实情况的权利。消费者有权根据商品或者服务的不同情况,要求经营者提供商品的价格、产地、生产者、用途、性能、规格、等级、主要成分、生产日期、有效期限、检验合格证明、使用方法说明书、售后服务或者服务的内容、规格、费用等有关情况。

3. 自主选择权

自主选择权是指消费者所享有的自主选择商品或者服务的权利。依据法律规定。消费者有权自主选择提供商品或者服务的经营者,自主选择商品品种或者服务方式,自主决定购买或者不购买任何一种商品、接受或者不接受任何一项服务。消费者在自主选择商品或者服务时,有权进行比较、鉴别和挑选。

4. 公平交易权

消费者依法享有公平交易的权利。消费者在购买商品或接受服务时,有权获得质量保障、价格合理、计量正确等公平交易条件,有权拒绝经营者的强制交易行为。

5. 获得赔偿权

消费者因购买、使用商品或者接受服务受到人身、财产损害的,享有依法获得赔偿的权利。

6. 依法成立社会团体权

消费者享有依法成立维护自身合法权益的社会组织的权利。

7. 知识获取权

知识获取权是指消费者享有获得有关消费和消费者权益保护方面的知识的权利。此外,消费者也应当努力掌握所需商品或者服务的知识和使用技能,正确使用商品,提高自我保护意识。

8. 维护尊严权

消费者在购买、使用商品和接受服务时,享有其人格尊严、民族风俗习惯得到尊重的权利。

9. 监督批评权

监督批评权是指消费者对商品和服务以及保护消费者权益工作进行监督的权利。消费者有权检举、控告侵害消费者权益的行为和国家机关及其工作人员在保护消费者权益工作中的违法失职行为,有权对保护消费者权益工作提出批评、建议。

【小思考 8-1】某储户黄某在银行营业厅取款后被抢现金若干,黄某可以要求银行

承担责任吗？请说出你的理由。

【小练习8-3】小周在一家商店选购某电视机时觉得该电视机的款式、质量不合心意，打算离开时，被该产品的促销员拦住，称小周必须要买一台，否则不允许离开。促销员的行为侵犯了小周的（　　）。
　　A. 公平交易权　　B. 自主选择权　　C. 受尊重权　　D. 知情了解权

（二）经营者义务

为了保护消费者权益，经营者必须履行一系列义务，这主要包括以下方面：

1. 依法或约定履行义务

（1）经营者向消费者提供商品或者服务，应当依照产品质量法和其他有关法律、法规的规定履行义务。

（2）经营者和消费者有约定的，应当按照约定履行义务，但双方的约定不得违背法律、法规的规定。

（3）经营者提供商品或者服务，按照国家规定或者与消费者的约定，承担包修、包换、包退或者其他责任的，应当按照国家规定或者约定履行，不得故意拖延或者无理拒绝。

2. 听取意见和接受监督

为了保障消费者监督批评权的实现，法律规定，经营者应当听取消费者对其提供的商品或者服务的意见，接受消费者的监督。

3. 保障人身和财产安全

（1）经营者应当保证其提供的商品或者服务符合保障人身、财产安全的要求。对可能危及人身、财产安全的商品和服务，应当向消费者做出真实的说明和明确的警示，并说明和标明正确使用商品或者接受服务的方法以及防止危害发生的方法。

（2）经营者发现其提供的商品或者服务存在严重缺陷，即使正确使用或者接受服务仍然可能对人身、财产安全造成危害的，应当立即向有关行政部门报告和告知消费者，并采取防止危害发生的措施。

4. 不做虚假宣传

为了保障消费者的知悉真情权的实现，法律规定：

（1）经营者应当向消费者提供有关商品或者服务的真实信息，不得做引人误解的虚假宣传。

（2）经营者对消费者就其提供的商品或者服务的质量和使用方法等问题提出的询问，应当做出真实、明确的答复。

（3）商店提供的商品应当明码标价。

（4）经营者应当标明其真实名称和标记。

（5）租赁他人柜台或者场地的经营者，应当标明其真实名称和标记。

5. 出具相应的凭证和单据

为了保障消费者获得赔偿权等权利的实现，法律规定，经营者提供商品或者服务，应当按照国家有关规定或者商业惯例向消费者出具购货凭证或者服务单据；消费者索要购货凭证或者服务单据的，经营者必须出具。

6. 提供符合要求的商品或服务

为使消费者通过公平交易得到符合其要求的商品或服务，《消费者权益保护法》规定：

（1）经营者应当保证在正常使用商品或者接受服务的情况下其提供的商品或者服务应当具有的质量、性能、用途和有效期限，但消费者在购买该商品或者接受该服务前已经知道其存在瑕疵的除外。

（2）经营者以广告、产品说明、实物样品或者其他方式表明商品或者服务的质量状况的，应当保证其提供的商品或者服务的实际质量与表明的质量状况相符。

7. 不得从事不公平、不合理的交易

为了保障消费者的公平交易权等权利的实现，法律规定：

（1）经营者不得以格式合同、通知、声明、店堂告示等方式做出对消费者不公平、不合理的规定，或者减轻、免除其损害消费者合法权益应当承担的民事责任。

（2）格式合同、通知、声明、店堂告示等含有前款所列内容的，其内容无效。

【小思考8-2】一家文史书店规定除教师、研究生和书店会员外，一律不得入内购书，原因是专业盗书团伙猖獗。

问：书店的做法是否有法律依据？为什么？

8. 不得侵犯消费者的人身权

为了保障消费者维护尊严权等人身权，法律规定，经营者不得对消费者进行侮辱、诽谤，不得搜查消费者的身体及其携带的物品，不得侵犯消费者的人身自由。

【小思考8-3】某饭店"谢绝客人自带酒水或收取开瓶费"的告示是否有效？请说说你的看法。

三、消费者权益争议的解决

1. 消费者权益争议的解决途径

消费者和经营者发生消费者权益争议时可以通过下列途径解决：

（1）与经营者协商解决。

（2）请求消费者协会调解。对侵害众多消费者合法权益的行为，中国消费者协会以及在省、自治区、直辖市设立的消费者协会，可以向人民法院提起诉讼。

（3）向有关行政部门申诉。

消费者向有关行政部门投诉的，该部门应当自收到投诉之日起七个工作日内，予以处理并告知消费者。

（4）根据与经营者达成的仲裁协议提请仲裁机构仲裁。

（5）向人民法院提起诉讼。

【小思考 8-4】 消费者协会和其他消费者组织是依法成立的对商品和服务进行社会监督的保护消费者合法权益的社会组织。目前，我国县以上消费者协会已达 3000 多个。在我国消费者协会履行哪些职责？在消费者权益受到侵害时能维护消费者的权益吗？

2. 损害赔偿责任的承担

当消费者的合法权益受到损害时，消费者可以依法要求经营者承担损害赔偿的责任，具体言之，包括以下几种情形：

（1）消费者在购买、使用商品时，其合法权益受到损害的，可以向销售者要求赔偿。

（2）消费者或者其他受害人因商品缺陷造成人身、财产损害的，可以向销售者要求赔偿，也可以向生产者要求赔偿。

（3）消费者在接受服务时，若其合法权益受到损害，消费者可以向服务者要求赔偿。

（4）消费者在购买、使用商品或者接受服务时，其合法权益受到损害，因原企业分立、合并的，消费者可以向变更后承受其权利义务的企业要求赔偿。

（5）使用他人营业执照的违法经营者，若其提供的商品或服务损害了消费者的合法权益，则消费者可以直接向其要求赔偿，也可以向营业执照的持有人要求赔偿。

（6）消费者在展销会、租赁柜台购买商品或者接受服务，其合法权益受到损害的，可以向销售者或者服务者要求赔偿。展销会结束或者柜台租赁期满后，也可以向展销会的举办者、柜台的出租者要求赔偿。展销会的举办者、柜台的出租者赔偿后，有权向销售者或者服务者追偿。

（7）消费者因经营者利用虚假广告提供商品或者服务，其合法权益受到损害的，可以向经营者要求赔偿。广告经营者、发布者发布虚假广告的，消费者可以请求行政主管部门予以惩处。广告经营者、发布者不能提供经营者的真实名称、地址和有效联系方式的，应当承担赔偿责任。

广告经营者、发布者设计、制作、发布关系消费者生命健康商品或者服务的虚假广告，造成消费者损害的，应当与提供该商品或者服务的经营者承担连带责任。

社会团体或者其他组织、个人在关系消费者生命健康商品或者服务的虚假广告或者其他虚假宣传中向消费者推荐商品或者服务，造成消费者损害的，应当与提供该商品或者服务的经营者承担连带责任。

（8）消费者通过网络交易平台购买商品或者接受服务，其合法权益受到损害的，可以向销售者或者服务者要求赔偿。网络交易平台提供者不能提供销售者或者服务者的真实名称、地址和有效联系方式的，消费者也可以向网络交易平台提供者要求赔偿；网络交易平台提供者作出更有利于消费者的承诺的，应当履行承诺。网络交易平台提供者赔偿后，有权向销售者或者服务者追偿。

网络交易平台提供者明知或者应知销售者或者服务者利用其平台侵害消费者合法权益，未采取必要措施的，依法与该销售者或者服务者承担连带责任。

【小练习 8-4】消费者因经营者利用虚假广告提供商品或者服务，其合法权益受到损害的，可以向（　　）要求赔偿。
  A. 广告经营者　　　　　　　　B. 广告制作人
  C. 经营者　　　　　　　　　　D. 发布广告的媒体

同步练习

一、单项选择题

1. 《消费者权益保护法》调整的对象是（　　）。
A. 消费者为生产需要购买、使用商品或接受服务时所发生的法律关系
B. 各商家为经营需要而发生的购销关系
C. 消费者为生活消费需要购买、使用商品或者接受服务而发生的法律关系
D. 消费者为营利而进行的购销活动

2. 商品或服务的经营者对工商行政机关的处罚决定不服的，可以自收到处罚决定之日起（　　）向上一级机关申请复议。
  A. 10 日内　　　　　　　　　　B. 15 日内
  C. 30 日内　　　　　　　　　　D. 3 个月内

3. 经营者提供商品或者服务有欺诈行为的，应当按照消费者的要求增加赔偿其受到的损失，增加赔偿的金额为消费者购买商品的价款或接受服务的费用的（　　）。
  A. 1 倍　　　　　　　　　　　　B. 2 倍
  C. 3 倍　　　　　　　　　　　　D. 4 倍

4. 甲厂生产一种易拉罐装碳酸饮料。消费者丙从乙商场购买这种饮料后，在开启时被罐内强烈气流炸伤眼部，下列答案中最正确的是（　　）。
A. 丙只能向乙索赔
B. 丙只能向甲索赔
C. 丙只能向消费者协会投诉，请其确定向谁索赔
D. 丙可向甲、乙中的一个索赔

5. 消费者向有关行政部门投诉的，该部门应当自收到投诉之日起（　　）内，予以处理并告知消费者。
  A. 3 日内　　　　　　　　　　　B. 7 日内
  C. 10 日内　　　　　　　　　　 D. 15 日内

6. 甲借用乙的营业执照销售商品，消费者丙从甲雇佣的营业员丁处购买商品时合法权益受损。消费者丙就其损失请求赔偿的对象是（　　）。
  A. 只能是甲　　　　　　　　　　B. 只能是乙、甲
  C. 只能是丁　　　　　　　　　　D. 可以是甲，也可以是乙

7. 小周在一家商店选购某电视机时觉得该电视机的款式、质量不合心意，打算离开时，被该产品的促销员拦住，称小周必须要买一台，否则不允许离开。促销员的行为侵犯了小周的（　　）。

A. 公平交易权　　　　　　B. 自主选择权

C. 受尊重权　　　　　　　D. 知情了解权

8. 经营者应当保证其提供的商品或者服务符合保障人身、财产安全的要求，对（　　）的商品和服务，应当向消费者作出真实的说明和明确的警示，并说明和标明正确使用商品的方法以防止危害发生的方法。

A. 不合格　　　　　　　　B. 未经检验

C. 数量不足　　　　　　　D. 可能危及人身、财产安全

二、多项选择题

1. 消费者在购买、使用商品的时候，享有（　　）的权利。

A. 自主选择　　　　　　　B. 依法结社

C. 公平交易　　　　　　　D. 没收经营者的不合格商品

E. 索要购货凭证

2. 经营者侵害消费者的人格尊严或者侵犯消费者人身自由的，应负责任有（　　）。

A. 停止侵害　　　　　　　B. 恢复名誉

C. 消除影响　　　　　　　D. 赔礼道歉

3. 下列说法中正确的是（　　）。

A. 经营者提供商品或者服务有欺诈行为的，应当按照消费者的要求增加赔偿其受到的损失，增加赔偿金额为消费者购买商品的价款或者接受服务的费用的 2 倍

B. 经营者对行政处罚决定不服的，可以自收到处罚决定之日起 30 日内向人民法院提起诉讼

C. 对包修、包换、包退的大件商品，消费者要求经营者修理、更换、退货的，经营者应当承担运输等合理费用

D. 拒绝、阻碍有关行政部门工作人员依法执行职务，未使用暴力、威胁方法的，由公安机关依照《中华人民共和国治安管理处罚条例》的规定处罚

4. 消费者和经营者发生消费者权益争议的，可以通过下列（　　）途径解决。

A. 与经营者协商和解

B. 请求消费者协会调解

C. 根据与经营者达成的仲裁协议提请仲裁机构仲裁

D. 向有关行政部门申诉

5. 消费者协会享有下列职权（　　）。

A. 参与行政部门对商品和服务的监督、检查

B. 受理消费者的投诉，并对投诉事项进行调查和仲裁

C. 支持受损害的消费者提起诉讼

D. 对投诉案件涉及的商品质量进行监督

E. 直接对违法经营者进行罚款

6. 下列店堂告示，违反《消费者权益保护法》规定的有（   ）。
   A. "本店商品一旦售出概不退换"
   B. "购买总额在十元以下者，请恕本商场不开发票"
   C. "钱物请当面点清，否则后果自负"
   D. "如售假药，包赔顾客20000元"

7. 某甲喜好品酒，某日花500元向乙商场购茅台酒一瓶，饮后产生种种不适症状，住院治疗共花费1000元。经检验，某甲所购茅台酒为假酒。甲哪些要求合法（   ）。
   A. 主张买卖合同无效，要求返还500元价款，并依法要求乙赔偿损失
   B. 要求乙给付真茅台酒一瓶，并赔偿损失
   C. 依《消费者权益保护法》，要求乙给付相当于价款二倍的罚款，并赔偿损失
   D. 主张乙违约，要求乙承担违约责任

三、判断分析

1. 消费者有权根据商品或服务的不同情况，要求经营者提供商品的检验合格证明、使用方法说明书和售后服务等情况的说明。（   ）

2. 我国消费者权益保护法保护一切有偿取得商品和服务、满足生产消费的物质文化消费的单位和个人。（   ）

3. 消费者协会是依法成立的保护消费者合法权益的社会团体。在保证商品质量和服务质量的前提下，它可以从事商品经营和营利性服务。（   ）

4. 使用他人营业执照的违法经营者提供商品或服务，损害消费者合法权益的，消费者可以向其要求赔偿，也可以向营业执照的持有人要求赔偿。（   ）

5. 消费者在购买、使用商品时，其合法权益受到损害的，只能向销售者要求赔偿，不得向生产者要求赔偿。（   ）

6. 对国家规定或者经营者与消费者约定包修、包换、包退的商品，在保修期内两次修理仍不能正常使用的，经营者应当负责更换或者退货。（   ）

7. 消费者有权要求经营者提供任何商品的价格、产地、生产者、等级、检验合格证明、使用方法说明书、售后服务等情况。（   ）

8. 消费者在租赁柜台购买商品或接受服务，其合法权益受到损害的，可以向销售者或服务者要求赔偿，在柜台租赁期满后，也可以向柜台的出租者要求赔偿。（   ）

四、案例分析

案例1：2016年5月，女青年张某与刘某至某百货商场化妆品自选柜台选购化妆品。两人在此挑选、试用化妆品约20分钟，终因未曾选中合适的化妆品而离开商场。二人走到店门口时，化妆品自选柜台的营业员和一位保安人员追了上来，指控二人偷了化妆品柜台陈列的货物，二人坚决否认，双方相持不下，这时，另一位商场保安人员上来对张、刘二人说："请你们到商场保卫科把事情说清楚。"到保卫科后，商场保安人员要求检查刘、张二人随身所带的皮包，遭到二人的拒绝。保安人员对刘、张说："如果你们确实没有偷窃商场的货物，就应该接受我们的检查来证明你们的清白。"迫于无奈，刘、张二人交出了自己的皮包。经检查，未发现任何商场的化妆品。此后，保安人员进一步提出要对二人搜身检查并立

即找来两位女营业员对刘、张二人强行进行搜身检查，仍然没有找到任何商场的东西。事后，刘、张二人愤然离开了这家百货商场。

2016年6月1日，刘、张二人以该百货商场损害了自己的人格尊严为由提出诉讼，要求该商场赔礼道歉，为其恢复名誉并赔偿精神损失费3000元。

请问：法院应支持刘、张的诉讼吗？为什么？

案例2：2016年5月，来自保定的陈某在北京某商场购买了一双由天津某皮鞋厂生产的皮鞋，价值人民币300元。购鞋的同时，陈某还领取了此商场发的"包修、包换、包退"的三包质量卡。陈某回保定后，穿上了这双新购得的皮鞋。仅穿10天，此鞋鞋底即出现断裂。陈某为此专程前往北京，找到店家要求退货。该商场承认皮鞋确实存在质量问题，同意调换，但同时还表示，目前商场无现货可换，商场将与生产厂家进行联系，请陈某暂回保定等候该商场与生产厂家联系的结果。此后，陈某三次电话查询此事，商场方面总以生产厂家没有回音为由要求陈某继续等待。2017年3月，陈某再次赴北京找商场要求解决问题，商场仍给陈某以同样的答复。陈某遂向人民法院提出诉讼，要求该商场退回购鞋款300元，并要求赔偿交通、误工费等人民币500元。

请问：法院应怎样判决？

专题九
税收管理法律制度

专题九 知识结构图

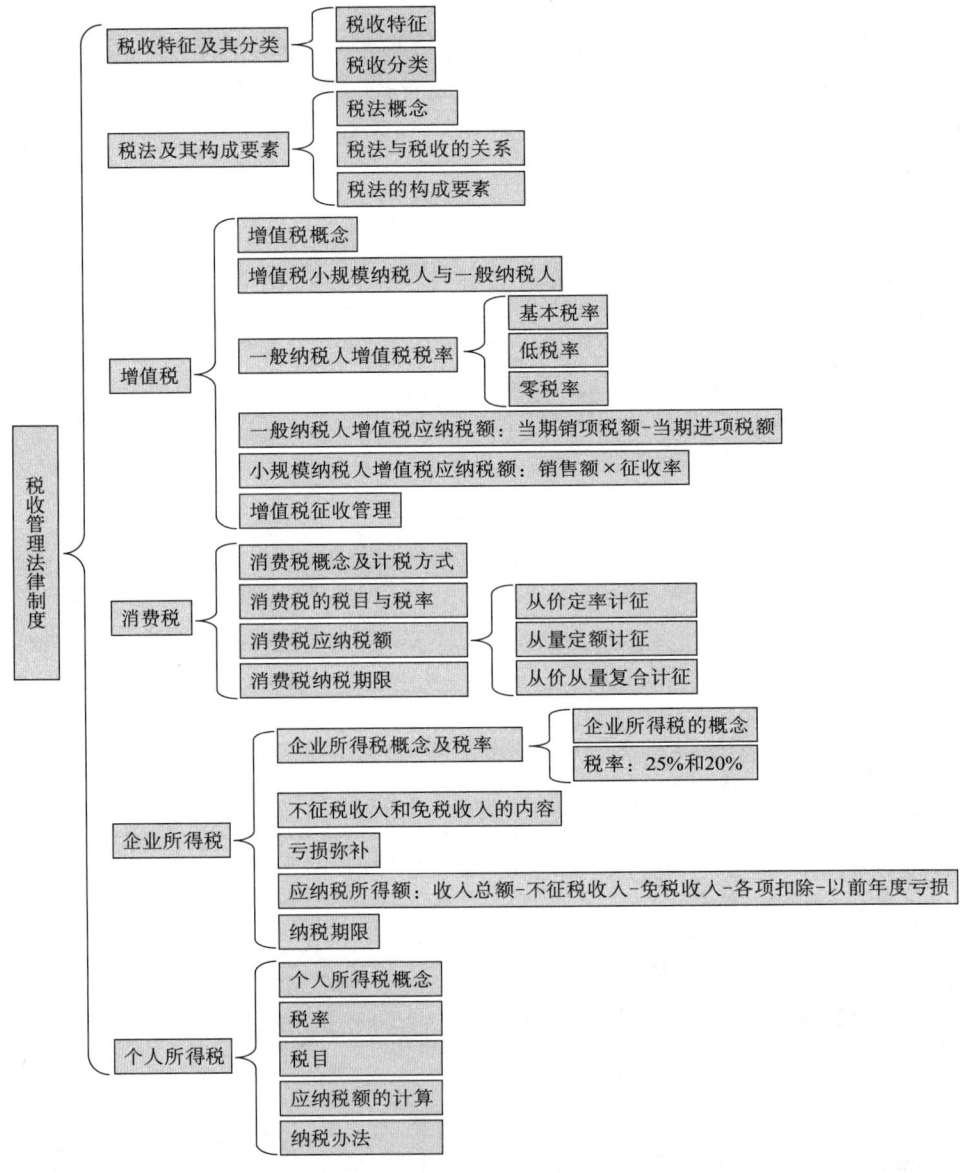

专题九 税收管理法律制度

【学习目标】
- [ ] 了解税收的特征
- [ ] 理解我国税收的分类
- [ ] 理解税法构成要素
- [ ] 掌握增值税、消费税、所得税的计算

【案例导入】

税收存在于我们日常生活中的方方面面，比如出行，我们行走的财政投资的道路；散心，我们漫步在财政投资的公园或广场；上学，我们享受财政"两免一补"政策和义务教育待遇；还可以申请助学金、奖学金；看病，享受着医疗保险；退休后有养老金等；还有国防、治安等看不见的服务，市政绿化给我们带来的环境、美感。但我们同时每个人又都是财政的贡献者，都是纳税人。我们支付的每一个商品价格里都含有一定税收；购买的商品房要缴纳契税、印花税；工资达到一定水平要缴纳个人所得税，等等。

一、税收特征及其分类

（一）税收特征

税收是国家为了实现其职能，凭借政治权力，按照法律规定的标准，无偿取得财政收入的一种特定分配方式。税收具有强制性、无偿性和固定性的特点。

（二）税收分类

税收分类是按一定标准对各种税收进行的分类，一个国家的税收体系通常是由许多不同的税种构成的。常见的对税收分类的方法有以下几种：

1. 按征税对象分类

按征税对象，税收可划分为流转税类、所得税类、财产税类、资源税类和行为税类五种。

流转税主要包括增值税、消费税、关税等；所得税主要包括企业所得税和个人所得税；资源税主要包括土地增值税、城镇土地使用税、资源税等；行为税主要包括车辆购置税、城市维护建设税和印花税等。

2. 按税收财权归属分类

按财权归属，税收可划分为中央税、中央与地方共享税和地方税。

中央税主要包括消费税、关税、车辆购置税、海关代征的进口环节增值税；中央与地方共享税主要包括增值税、企业所得税；地方税主要包括城镇土地使用税、耕地占用税、土地增值税、房产税、车船税和契税等。

3. 按计税标准分类

按计税标准，税收可划分为从价税、从量税和复合税。

从价税有增值税、企业所得税、个人所得税等；从量税有车船税、土地使用税、消费税中的啤酒和黄酒等；复合税有对卷烟、白酒等征收的消费税。

【小思考9-1】如果你开一家商场超市需要缴纳哪些种类的税？

【小提示9-1】盘点世界各国的趣味税收，每个国家根据国情不同都会征收各种不同的税收，下面让我们来了解一下吧。
1. 保加利亚的单身税　2. 欧洲各国的犬税　3. 英国伦敦的拥堵税
4. 匈牙利的炸薯片税　5. 丹麦的脂肪税　6. 美国的发光玩具税

二、税法及其构成要素

（一）税法概念

税法是调整税收关系的法律规范的总称，是国家法律的重要组成部分。它以宪法为依据，调整国家与社会成员在征纳税上的权利与义务关系，是国家税务机关及纳税人的行为规则。

（二）税法与税收的关系

税收活动必须严格依税法的规定进行，税法与税收密不可分，税法是税收的法律表现形式，税收则是税法所确定的具体内容。

税收作为一种经济活动，属于经济基础范畴。税法是一种法律制度，属于上层建筑范畴。

【小思考9-2】你知道国家征税后用于哪些方面的开支吗？

（三）税法的构成要素

税法的构成要素一般包括征税人、纳税义务人、征税对象、税目、税率、计税依据、减税免税、纳税环节、纳税期限、纳税地点和法律责任等项目。其中，纳税义务人、征税对象、税率是构成税法的三个最基本的要素。

1. 纳税义务人

纳税义务人简称纳税人，也称"纳税主体"，是税法规定的直接负有纳税义务的单位和个人，一般分为法人和自然人。

2. 征税对象

征税对象就是指针对什么征税。如增值税的征税对象就是商品、产品、应税劳务等，消费税的征税对象就是烟、酒、化妆品等等，个人所得税的征税对象就是个人所取得的收入等。

3. 税率

税率是对征税对象的征收比例或征收额度。我国现行税率有：比例税率、累进税率、定额税率。

【小思考 9-3】 你觉得"纳税义务人"的"义务"表现在哪里?

> **【小提示 9-2】** 比例税率:同一征税对象或同一税目,规定一个比例的税率;累进税率:是指同一课税对象,随数量的增大,征收比例也随之增高的税率;定额税率:根据单位课税对象,直接规定固定的征税数额。

> **【小练习 9-1】** 纳税人只有相应的义务而没有权利。   (   )

三、增值税

(一) 增值税概念

增值税是对在我国境内销售货物或者提供加工、修理修配劳务以及进口货物的单位和个人就其货物销售或提供劳务的增值额和货物进口金额为计税依据的一种流转税。增值税是我国现行税制下最大的单一税种,2009 年 1 月 1 日起,我国全面实施增值税转型,即由生产型增值税转为消费型增值税。

(二) 增值税小规模纳税人与一般纳税人

根据纳税人的经营规模以及会计核算的健全程度不同,增值税的纳税人,可以分为小规模纳税人和一般纳税人。

(1) 增值税小规模纳税人是指年应税销售额在规定标准以下,并且会计核算不健全,不能按规定报送有关税务资料的增值税纳税人。

①会计核算不健全:不能正确核算增值税的销项税额、进项税额和应纳税额。

②认定标准:

a. 生产型企业,年应税销售额在 50 万元以下的。

b. 批发零售企业,年应税销售额在 80 万元以下的。

c. 服务业企业,年应税销售额在 500 万元以下的。

③特殊情况:年应税销售额超过小规模纳税人标准的个人、非企业性单位、不经常发生应税行为的企业,视同小规模纳税人纳税。

(2) 除上述小规模纳税人以外的其他纳税人属于一般纳税人。

年应税销售额超过认定标准的小规模纳税人,应当向主管税务机关申请一般纳税人资格认定。除国家税务总局另有规定外,纳税人一经认定为一般纳税人后,不得转为小规模纳税人。

(三) 一般纳税人增值税税率

1. 基本税率

增值税的基本税率为 17%,适用范围有:销售或者进口货物;提供加工、修理修配劳务；有形动产租赁服务。

2. 低税率

（1）自 2017 年 7 月 1 日起，一般纳税人销售或者进口下列货物，税率为 11%：农产品、食用植物油、自来水、暖气、冷气、热气、煤气、石油液化气、天然气、沼气、居民用煤炭制品、图书、报纸、杂志、化肥、农药、农机、农膜、饲料、音像制品、电子出版物、二甲醚、食用盐。

（2）一般纳税人提供交通运输、邮政、基础电信、建筑、不动产租赁服务、销售不动产、转让土地使用权，税率为 11%。

（3）一般纳税人提供增值电信、金融、现代（除有形动产租赁服务和不动产租赁服务外）、生活服务、销售无形资产（除转让土地使用权外），税率为 6%。

3. 零税率

纳税人出口货物、国际运输服务、航天运输服务、向境外单位提供的完全在境外消费的服务。

（四）一般纳税人增值税应纳税额

增值税一般纳税人销售货物或者提供劳务的应纳税额，等于当期销项税额抵扣当期进项税额后的余额。其计算公式为：

当期应纳税额 = 当期销项税额 – 当期可以抵扣的进项税额
　　　　　　 = 当期销售额 × 适用税率 – 当期可以抵扣的进项税额

（五）小规模纳税人增值税应纳税额

销售货物或提供应税劳务实行按照销售额和征收率计算应纳税额的简易办法，并不得抵扣进项税额。适用于小规模纳税人的增值税的征收率为 3%。

其计算公式为：应纳税额 = 含税销售额 ÷（1 + 征收率）× 征收率

（六）增值税征收管理

增值税征收管理过程中，主要注意三个方面：一是纳税义务发生的时间；二是纳税期限；三是纳税地点。

【小思考 9-4】 长城公司为增值税一般纳税人，主要从事货物运输服务，2017 年 8 月有关经济业务如下：

（1）购进办公用小轿车 1 部，增值税专用发票上注明的税额为 25500 元。购进货车用柴油，取得增值税专用发票上注明的税额为 51000 元。

（2）购进办公室装修用材料，增值税专用发票上注明的税额为 8500 元。

（3）提供货物运输服务，取得含增值税价款 1110000 元，另收保价费 2220 元。

（4）提供货物装卸搬运服务，取得含增值税价款 31800 元。

（5）提供货物仓储服务，取得含增值税价款 116600 元，另收取货物逾期保管费 21200 元。已知：交通运输业服务增值税税率 11%，物流辅助服务增值税税率 6%，上期留抵增值税6800元,取得的增值税专用发票已通过税务机关认证。

要求:计算本月应交多少增值税?

【小思考9-5】 长新公司为增值税小规模纳税人,主要从事咨询服务,2017年9月有关经济业务如下:

(1) 向某一般纳税人提供资讯服务,取得含税销售额4.12万元。
(2) 向某小规模纳税人提供注册信息服务,取得含税销售额2.06万元。
(3) 购进办公用品3.09万元,并取得增值税普通发票。

要求:已知增值税征收率为3%,计算本月应交多少增值税?

【小提示9-3】 粮食:切面、饺子皮、馄饨皮、面皮、米粉、挂面等粮食复制品,属于11%的低税率;以粮食为原料加工的速冻食品、方便面、副食品和各种熟食品及淀粉,不属于11%的低税率。

【小练习9-2】 按对外购固定资产价款处理方式的不同进行划分,增值税的类型有( )。

A. 生产型增值税　　B. 收入型增值税　　C. 消费型增值税
D. 积累型增值税　　E. 分配型增值税

【小练习9-3】 下列纳税人,其年应税销售额超过增值税一般纳税人认定标准,可以不申请一般纳税人认定的有( )。

A. 个体工商户　　B. 事业单位　　C. 不经常发生应税行为的企业
D. 销售增值税免税产品的企业　　E. 行政单位

【小练习9-4】 下列关于小规模纳税人的说法正确的有( )。

A. 小规模纳税企业的增值税征收率一律为3%
B. 小规模纳税企业销售商品价格通常为含税价
C. 小规模纳税企业销售商品价格通常为不含税价
D. 小规模纳税企业的增值税税率一律为3%

【小练习9-5】 增值税一般纳税人购入货物时即使取得的是普通发票,进项税也能抵扣。( )

四、消费税

(一) 消费税概念及计税方式

1. 消费税的概念

消费税是对从事生产、委托加工和进口应税消费品的单位和个人，就其应税消费品征收的流转税。

2. 消费税的计税方式

《消费税暂行条例》规定，消费税计税方式主要有从价定率、从量定率和从量定额相结合的复合计税三种方式。

(二) 消费税的税目与税率

我国消费税税目共有 14 个，包括：烟（卷烟、雪茄烟、烟丝等子目）、酒及酒精（粮食白酒、薯类白酒、黄酒、啤酒、其他酒和酒精等子目）、化妆品、贵重首饰及珠宝玉石、鞭炮和焰火、摩托车、小汽车、汽车轮胎、高尔夫球及球具、高档手表、游艇、实木地板、木制一次性筷子、成品油。

消费税采用比例税率和定额税率两种形式，根据不同的税目或子目确定相应的税率或单位税额。

(三) 消费税应纳税额

1. 从价定率计征

实行从价定率计算应纳税额情况下，其计算公式为：

应纳税额 = 销售额 × 税率

销售额，即应税销售额，是纳税人销售应税消费品向购买方收取的全部价款和价外费用，但不包括向购货方收取的增值税税款。

2. 从量定额计征

实行从量定额征税的应税消费品，其计税依据是销售消费品的实际销售量。实行从量定额计税的计算公式为：

应纳税额 = 销售数量 × 单位税额

3. 从价从量复合计征

从价从量复合计征是从价定率和从量定额相结合的一种计税方法，其消费税应纳税额等于从价定率计算的应纳税额和从量定额计算的应纳税额之和。

其计算公式为：

应纳税额 = 销售额 × 税率 + 销售数量 × 单位税额

(四) 消费税纳税期限

消费税的纳税期限分别为 1 日、3 日、5 日、10 日、15 日、1 个月或者 1 个季度。纳税人的具体纳税期限，由主管税务机关根据纳税人应纳税额的大小分别核定，不能按照固定期限纳税的，可以按次纳税。

纳税人以 1 个月或者 1 个季度为一个纳税期的，自期满之日起 15 日内申报纳税；以 1

日、3 日、5 日、10 日、15 日为一个纳税期的,自期满之日起 5 日内预缴税款,于次月 1 日起 15 日内申报纳税并结清上月应纳税款。

进口货物自海关填发税收专用缴款书之日起 15 日内缴纳。

【小思考 9-6】长宏公司为增值税一般纳税人,2017 年 10 月 10 日向某公司销售实木地板一批,取得含增值税销售额 117 万元,已知实木地板适用的增值税税率为 17%,消费税税率为 5%。计算该公司当月应纳消费税税额。

【小思考 9-7】长金公司为增值税一般纳税人,主要从事小汽车的制造和销售业务。2017 年 7 月有关业务如下:

(1) 销售 1 辆定制小汽车取得含增值税价款 234000 元,另收取手续费 35100 元。

(2) 将 20 辆小汽车对外投资,小汽车生产成本 10 万元/辆,甲企业同类小汽车不含增值税最高销售价格 16 万元/辆,平均销售价格 15 万元/辆,最低销售价格为 14 万元/辆。

(3) 采取预收款方式销售给 4S 店一批小汽车,5 日签订合同,10 日收到预售款,15 日发出小汽车,20 日开具发票。

(4) 生产中轻型商用客车 500 辆,其中 480 辆用于销售、10 辆用于广告、8 辆用于企业管理部门、2 辆用于赞助。

已知:小汽车增值税税率为 17%,消费税税率为 5%。

要求:(1) 计算销售定制小汽车应缴纳的消费税税额。

(2) 计算以小汽车投资应缴纳的消费税税额。

(3) 采用预收款方式销售小汽车消费税的纳税义务发生时间是哪天?

(4) 资料 4 中多少辆客车应缴纳消费税?

【小提示 9-4】最高税率运用

1. 纳税人兼营不同税率的应税消费品未分别核算的,按最高税率征税;

2. 纳税人将应税消费品与非应税消费品以及适用税率不同的应税消费品组成成套消费品销售的,应根据成套消费品的销售金额按应税消费品中适用最高税率的消费品税率征税。

【小练习 9-6】根据税法规定,下列说法不正确的是(   )。

A. 凡是征收消费税的消费品都征收增值税

B. 凡是征收增值税的货物都征收消费税

C. 应税消费品征收增值税的,其税基含有消费税

D. 应税消费品征收消费税的,其税基不含有增值税

【小练习 9-7】下列各项业务，应同时征收增值税和消费税的有（　　）。
　　A. 地板厂销售自产实木地板　　　B. 汽车厂销售自产电动汽车
　　C. 百货商场销售高档手表　　　　D. 进出口公司进口高尔夫球及球具

【小练习 9-8】消费税税率的形式有（　　）。
　　A. 从价定率征收　　　　　　　　B. 从量定额征收
　　C. 从价定率和从量定额复合征收　　D. 从价定额征收

【小练习 9-9】消费税计税方式主要有（　　）。
　　A. 从价定率　　　　　　　　　　B. 从量定额
　　C. 从量从价复合计税　　　　　　D. 差额计税

五、企业所得税

（一）企业所得税概念及税率

1. 企业所得税的概念

企业所得税是对企业和其他组织的生产经营所得和其他所得征收的一种税。《中华人民共和国企业所得税法》将企业分为居民企业和非居民企业，二者的纳税义务有所不同。值得注意的是，个人独资企业、合伙企业不缴纳企业所得税，而是缴纳个人所得税。

2. 税率

（1）基本税率为25%，适用于居民企业和在中国境内设有机构、场所且所得与机构、场所有关联的非居民企业，应当就其来源于中国境内、境外的所得缴纳企业所得税。

（2）低税率为20%，适用于非居民企业在中国境内未设立机构、场所的，或者虽设立机构、场所但取得的所得与其所设机构、场所没有实际联系的，应当就其来源于中国境内的所得缴纳企业所得税。

（二）不征税收入和免税收入的内容

（1）不征税收入包括：①财政拨款；②依法收取并纳入财政管理的行政事业性收费、政府性基金；③国务院规定的其他不征税收入。

（2）免税收入包括：①国债利息收入；②符合条件的居民企业之间的股息、红利收入；③在中国境内设立机构、场所的非居民企业从居民企业取得与该机构、场所有实际联系的股息、红利收入；④符合条件的非营利组织的收入。

（三）亏损弥补

企业纳税年度发生的亏损，准予以后年度结转，用以后年度的所得弥补，但结转年限最长不得超过5年。

（四）应纳税所得额

应纳税所得额是企业所得税的计税依据。其计算公式为：

应纳税所得额＝收入总额－不征税收入－免税收入－各项扣除－以前年度亏损

（五）纳税期限

企业所得税按年计征，分月或者分季预缴，年终汇算清缴，多退少补。企业所得税的纳税年度，自公历1月1日起至12月31日止。企业在一个纳税年度的中间开业，或者由于合并、关闭等原因终止经营活动，使该纳税年度实际经营期不足12个月的，应当以其实际经营期为一个纳税年度。

【小思考9-8】某居民企业2017年度产品销售收入4 800万元，发生的成本费用3 600万元，材料销售收入400万元，境内分回的投资收益761万元（被投资方税率为15%），实际发生业务招待费15万元，该企业2017年度所得税前可以扣除的业务招待费用为多少万元？

【小思考9-9】2017年某企业当年实现自产货物销售收入500万元，当年发生计入销售费用中的广告费60万元，企业上年还有35万元的广告费没有在税前扣除，企业当年可以税前扣除的广告费是多少万元？

【小思考9-10】2017年某企业财务资料显示，会计利润为370万元，其中营业外支出100万元（其中90万元为公益性捐赠支出），上年度经税务机关核定的亏损为30万元。2017年企业在所得税前可以扣除的捐赠支出是多少万元？

【小思考9-11】某外商投资企业2017年度利润总额为40万元，未调整捐赠前的所得额为50万元，当年"营业外支出"账户中列支了通过当地教育部门向农村义务教育的捐赠5万元。该企业2017年应缴纳的企业所得税为多少万元？

【小思考9-12】某企业取得产品销售收入100万元，产品销售成本60万元，管理费用5万元，销售费用10万元，财务费用2万元，销售产品的税金及附加5万元（不含增值税），该企业当年应缴纳的企业所得税是多少万元？

【小提示 9-5】
1. 企业公益性捐赠支出在年度利润总额 12% 以内的部分，准予在计算应纳税所得额时扣除；超过年度利润总额 12% 的部分，准予结转以后三年内在计算应纳税所得额时扣除。
2. 业务招待费支出按发生额的 60% 扣除，但最高不得超过当年销售（营业）收入的 5‰。
3. 广告费和业务宣传费支出除国务院财政、税务主管部门另有规定外，不超过当年销售（营业）收入 15% 的部分，准予扣除；超过部分，准予在以后纳税年度结转扣除。
4. 判断居民企业和非居民企业有两个标准：一个是注册地；另一个是实际管理机构所在地。也就是说不管是不是在中国境内注册，只要实际管理机构在中国就是居民企业。居民企业不管是在国内还是国外取得的收入，全额上税；非居民企业仅对在中国取得的收入上税。

【小练习 9-10】根据企业所得税法的规定，下列是企业所得税纳人的是（　　）。
A. 个体工商户　　　　　　B. 个人独资企业
C. 合伙企业　　　　　　　D. 非居民企业

【小练习 9-11】非居民企业在中国境内设立从事生产经营活动的机构、场所包括（　　）。
A. 提供劳务的场所
B. 办事机构
C. 在中国境内从事生产经营活动的营业代理人
D. 来华人员居住地
E. 农场

【小练习 9-12】不征税收入包括（　　）。
A. 财政拨款　　　　　　　　　　B. 国债利息收入
C. 符合条件的居民企业之间的股息、红利收入　　D. 股息、红利收入

【小练习 9-13】企业每一纳税年度的收入总额，为应纳税所得额（　　）。

【小练习 9-14】在计算应纳税所得额时，违反税法规定被处的罚款不得扣除，但税收滞纳金可以扣除（　　）。

六、个人所得税

(一) 个人所得税概念

个人所得税是指对个人取得的各项应税所得征收的一种税,其征税对象包括个人和具有自然人性质的企业。

与《企业所得税法》将企业分为居民企业和非居民企业相似,个人所得税的纳税人也可分为居民纳税人和非居民纳税人。

(二) 税率

(1) 工资、薪金所得,适用3%~45%的7级超额累进税率。

应纳所得税额=[(全年工资、薪金收入÷12-费用扣除标准)×税率-速算扣除数]×12

个人所得税税率表
(工资、薪金适用)

级数	全月应纳税所得额		税率(%)	速算扣除数
	含税级距	不含税级距		
1	不超过1500元的	不超过1455元的	3	0
2	超过1500元至4500元的部分	超过1455元至4155元的部分	10	105
3	超过4500元至9000元的部分	超过4155元至7755元的部分	20	555
4	超过9000元至35000元的部分	超过7755元至27255元的部分	25	1005
5	超过35000元至55000元的部分	超过27255元至41255元的部分	30	2755
6	超过55000元至80000元的部分	超过41255元至57505元的部分	35	5505
7	超过80000元的部分	超过57505元的部分	45	13505

(2) 个体工商户、个人独资企业和合伙企业的生产、经营所得及对企事业单位的承包经营、承租经营所得,适用5%~35%超额累进税率。

个人所得税税率表

级数	全月应纳税所得额		税率(%)	速算扣除数
	含税级距	不含税级距		
1	不超过15000元的	不超过14250元的	5	0
2	超过15000元至30000元的部分	超过14250元至27750元的部分	10	750
3	超过30000元至60000元的部分	超过27750元至51750元的部分	20	3750
4	超过60000元至100000元的部分	超过51750元至79750元的部分	30	9750
5	超过100000元的部分	超过79750元的部分	35	14750

(3) 其他各类所得适用20%的比例税率。

(三) 税目

现行个人所得共有11个应税项目。

(1) 工资、薪金所得。
(2) 个体工商户的生产经营所得。
(3) 对企事业单位的承包经营、承租经营所得。
(4) 劳务报酬所得。
(5) 稿酬所得。
(6) 特许权使用费所得。
(7) 利息、股息、红利所得。
(8) 财产租赁所得。
(9) 财产转让所得（是指个人转让有价证券、股票、建筑物、土地使用权、机器设备、车船以及其他财产取得的所得）。
(10) 偶然所得（是指个人得奖、中奖、中彩以及其他偶然性质的所得）。
(11) 经国务院财政部门确定征税的其他所得。

（四）应纳税额的计算

(1) 工资、薪金所得。工资、薪金所得以每月收入额减除费用3500元后的余额，为应纳税所得额。计算公式为：

应纳税额 = 应纳税所得额 × 适用税率 − 速算扣除数
　　　　= （每月收入额 − 减除费用标准）× 适用税率 − 速算扣除数

【小思考9−13】中国公民张某2017年9月份取得工资、薪金收入6000元，计算当月张某应缴纳个人所得税为多少元？

(2) 个体工商户的生产经营所得。以每一纳税年度的收入总额，减除成本、费用以及损失后的余额，为应纳税所得额。其计算公式为：

应纳税额 = 应纳税所得额 × 适用税率 − 速算扣除数
　　　　= （全年收入总额 − 必要费用）× 适用税率 − 速算扣除数

(3) 劳务报酬所得：

①每次收入不足4000元的，其计算公式为：

应纳税额 =（每次收入 − 800）× 20%

②每次收入超过4000元的，其计算公式为：

应纳税额 = 每次收入额 ×（1 − 20%）× 20%

③每次收入超过20000元的，其计算公式为：

应纳税额 = 每次收入额 ×（1 − 20%）× 适用税率 − 速算扣除数

【小思考9−14】张三、李四为君合信公司年会做魔术表演和演唱，双方协商同意表演完毕，君合信公司支付张三所得8000元、李四30000元，计算张三、李四应纳个人所得税是多少？

(4)稿酬所得：
①每次收入不足4000元的，其计算公式为：
应纳税额=（每次收入-800）×20%×（1-30%）
②每次收入超过4000元的，其计算公式为：
应纳税额=每次收入额×(1-20%)×20%×(1-30%)

【小思考9-15】作家李某出版一部长篇小说，2017年9月收到预付稿酬30000元，10月小说正式出版又取得稿酬30000元，计算该作家两个月所获稿酬应缴纳的个人所得税。

(5)特许权使用费所得：
①每次收入不足4000元的，其计算公式为：
应纳税额=（每次收入-800）×20%
②每次收入超过4000元的，其计算公式为：
应纳税额=每次收入额×(1-20%)×20%

(五)纳税办法

个人所得税的纳税办法，有自行申报纳税和代扣代缴两种。

【小思考9-16】中国公民王某2017年1—12月份每月工资5000元，12月份除当月工资以外，还取得全年一次性含税奖金48000元，王某2017年年终奖金应缴纳个人所得税为多少元？

【小思考9-17】某大学教授2017年的收入情况如下：
（1）每月工资收入5000元。
（2）向某家公司转让专用技术一项，取得特许权使用费6000元。
（3）为某家企业进行产品设计，取得报酬5000元。
（4）在某学校举办讲座，取得收入2000元。
（5）因汽车失窃，获得保险公司赔偿8万元。
（6）因科研项目获得省政府颁发的科技奖金2000元。
要求：计算该教授全年工资薪金收入应纳的个人所得税是多少？

【小提示9-6】稿酬与劳务报酬所得的区别，稿酬所得强调的是作品的"出版、发表"，劳务报酬所得强调的是个人独立从事各种技艺，因某一特定事项临时为外单位工作取得的报酬。

【小练习9-15】下列各项属于工资、薪酬所得的是（　　）。
　　A. 年终加薪　　　　　　　　B. 劳动分红
　　C. 津贴　　　　　　　　　　D. 稿酬收入

【小练习9-16】工资、薪金所得适用的征税税率是（　　）。
　　A. 固定税率20%　　　　　　B. 三级超额累进税率
　　C. 五级超额累进税率　　　　D. 七级超额累进税率

【小练习9-17】企业为股东购买车辆并将车辆所有权办到股东个人名下，股东个人应按（　　）项目计算缴纳个人所得税。
　　A. 工资、薪金所得　　　　　B. 劳务报酬所得
　　C. 个体工商户的生产经营所得　D. 利息、股息、红利所得

【小练习9-18】下列项目中，不属于"劳务报酬所得"的有（　　）。
　　A. 发表论文取得的报酬　　　B. 提供著作的版权而取得的报酬
　　C. 将作品连载取得的报酬　　D. 高校教师受出版社委托进行审稿取得的报酬

同步练习

一、单项选择题

1. 税率体现征税的（　　）。
　　A. 深度　　　　　　　　　　B. 高度
　　C. 广度　　　　　　　　　　D. 亮度

2. （　　）不是增值税纳税人。
　　A. 进口固定资产设备的企业　B. 销售商品房的公司
　　C. 零售杂货的个体户　　　　D. 生产销售自然资源的大市场

3. 工资、薪金所得，适用3%~45%的（　　）级超额累进税率。
　　A. 5　　　　　　　　　　　　B. 7
　　C. 8　　　　　　　　　　　　D. 9

4. 我国现行增值税属于（　　）。
　　A. 生产型增值税　　　　　　B. 收入型增值税
　　C. 消费型增值税　　　　　　D. 财政增值税

5. 不属于企业所得税纳税人的是（　　）。
　　A. 有限责任公司　　　　　　B. 股份有限公司

C. 中外合资经营企业 D. 个人独资企业

6. 增值税的零税率是指（　　）。
   A. 纳税人外购货物不含税 B. 纳税人本环节应纳税额为零
   C. 纳税人以后环节税额为零 D. 纳税人生产销售货物整体税负为零
7. 按照17%的税率计算征收增值税的货物是（　　）。
   A. 自来水 B. 居民用煤炭制品
   C. 化肥 D. 复合地板
8. 小规模纳税人销售货物或提供应税劳务的征收率是（　　）。
   A. 17% B. 13%
   C. 3% D. 6%
9. 实行从量定额征税的应税消费品，其计税依据是（　　）。
   A. 应税消费品的实际分配数量 B. 应税消费品的实际生产数量
   C. 应税消费品的实际消费数量 D. 应税消费品的实际销售数量
10. 关于企业所得税纳税期限的说法，错误的是（　　）。
    A. 按年计征 B. 年终汇算清缴
    C. 分月或者分季预缴 D. 按月计征

二、多项选择题

1. 按照功能作用的不同，税法可以分为（　　）。
   A. 税收行政法规 B. 税收实体法
   C. 税收程序法 D. 税收地方法规
2. 税收是国家组织财政收入的主要形式，具有（　　）的特点。
   A. 强制性 B. 无偿性
   C. 有偿性 D. 固定性
3. 《企业所得税法》将企业分为（　　）。
   A. 内资企业 B. 居民企业
   C. 非居民企业 D. 外资企业
4. 应当征收消费税的是（　　）。
   A. 酒精 B. 化妆品
   C. 小汽车 D. 护肤护发品
5. 《个人所得税法》规定，将个人所得税的纳税义务人区分为居民纳税人和非居民纳税人的依据是（　　）。
   A. 境内有无住所 B. 境内工作时间
   C. 取得收入的工作地 D. 境内居住时间
6. 按计税标准不同，税收可以分为（　　）。
   A. 财产税 B. 从价税
   C. 从量税 D. 复合税
7. 不属于增值税一般纳税人的有（　　）。
   A. 年应税销售额未超过小规模纳税人标准的企业

B. 不经常发生增值税应税行为的企业
C. 除个体经营者以外的其他个人
D. 非企业性单位

8. 按照11%的低税率计算征收增值税的货物有（   ）。
   A. 食用植物油   B. 煤气
   C. 报纸   D. 农药

9. 关于税法的表述，正确的有（   ）。
   A. 税法是调整税收关系的法律规范的总称
   B. 税法是国家税务机关及纳税人的行为规则
   C. 税法是国家法律的重要组成部分
   D. 税法以宪法为依据

10. 消费税的征税范围包括（   ）。
    A. 进口应税消费品   B. 生产应税消费品
    C. 销售应税消费品   D. 委托加工应税消费品

三、判断题

1. 企业所得税实行基本税率，基本税率为25%，只适用于居民企业。（   ）
2. 个人独资企业不缴纳企业所得税，但合伙企业须缴纳企业所得税。（   ）
3. 国家征税的过程，就是把一部分国民收入从纳税单位和个人手中转变为国家所有的过程。（   ）
4. 消费税分为一般消费税和特别消费税，前者对所有消费品普遍征税，后者主要对特定消费品征税。我国现行消费税属于一般消费税。（   ）
5. 增值税的小规模纳税实行抵扣制，其销售货物或者提供劳务的应纳税额，等于当期销项税额抵扣当期进项税额后的余额。（   ）
6. 税收作为一种经济活动，属于上层建筑范畴。税法是一种法律制度，属于经济基础范畴。（   ）
7. 实行从量定额征税的应税消费品，其计税依据是销售应税消费品的实际生产数量。（   ）
8. 所得税是以在中国境内提供应税劳务、转让无形资产或销售不动产所取得的营业额为课税对象的一种流转税。（   ）
9. 某有限责任公司2011年3月1日开业，则其企业所得税纳税年度应是2011年3月1日至2012年2月28日。（   ）
10. 一般纳税人实行抵扣制，其销售货物或者提供劳务的应纳税额，等于当期销项税额抵扣当期进项税额后的余额。（   ）

四、案例分析题

案例1：某企业为增值税小规模纳税人，2017年3月发生以下销售业务：
（1）销售给某小型超市一批肥皂，销售收入1330元。
（2）将本月所购化妆品销售给消费者，销售收入10000元。

(3) 销售给某制造企业货物一批,取得货款 15000 元,由税务机关代开增值税专用发票。

要求:计算该企业 3 月份的应纳增值税税额。

案例 2:某企业是一般纳税人,2017 年 7 月生产销售甲类啤酒 400 吨,每吨出厂价格 2800 元,甲类啤酒适用消费税税率 50 元/吨。

当月该啤酒厂应纳消费税税额多少元?

案例 3:某金店在 2017 年 8 月份零售给消费者一批金银首饰,取得含增值税价款 117 万元,那么该金店当月就这批金银首饰应缴纳的消费税为多少元?(已知金银首饰的消费税税率是 5%)

案例 4:某公司在 2016 年发生亏损 100 万元,2017 年实现税前会计利润 700 万元,其中包括国债利息收入 80 万元;在营业外支出中有税收滞纳金 60 万元;所得税税率 25%。

假定不考虑其他因素,则该企业 2017 年的所得税费用为多少元?

案例 5:中国居民王某 2017 年 10 月份取得工资 8000 元,李某 10 月份取得工资 3300 元。

则王某和李某 10 月份分别应交个人所得税费用为多少元?

专题十 证券法律制度

专题十 知识结构图

```
证券法律制度
├── 证券法律制度概述
│   ├── 证券的概念及特征
│   │   ├── 证券的概念
│   │   ├── 证券的特征
│   │   └── 证券的种类 ── 股票 / 债券
│   └── 证券法概述
│       ├── 证券法的概念
│       ├── 证券法的调整对象
│       └── 证券法的基本原则
├── 证券发行
│   ├── 证券发行的概念与方式
│   │   ├── 证券发行的概念
│   │   ├── 证券发行的方式
│   │   └── 证券发行的类型
│   ├── 股票发行条件
│   │   ├── 首次公开发行股票的条件
│   │   ├── 首次公开发行股票的其他条件
│   │   └── 上市公司公开发行新股的条件
│   └── 公司债券发行的条件
│       ├── 公开发行公司债券的条件
│       ├── 不得公开发行公司债券的情形
│       └── 证券发行的程序 ── 证券发行的核准 / 证券发行的保荐
├── 证券交易
│   ├── 证券交易概述
│   ├── 证券交易的相关术语
│   ├── 证券上市制度
│   │   ├── 证券上市的概念
│   │   └── 证券上市的条件
│   ├── 信息披露制度
│   │   ├── 证券发行的信息披露
│   │   └── 持续信息公开
│   └── 证券交易的一般规定
│       ├── 基本规定
│       ├── 限制交易的行为
│       └── 禁止交易的行为
├── 证券交易所
│   ├── 证券交易所概述
│   │   ├── 证券交易所的概念
│   │   ├── 证券交易所的设立和解散
│   │   └── 证券交易所的组织机构
│   ├── 证券交易所的职责
│   └── 证券交易所简介
└── 证券公司
    ├── 证券公司的概念
    ├── 证券公司的业务范围
    ├── 证券公司的设立条件
    ├── 证券公司的经营权限
    └── 证券公司的职责
```

专题十 证券法律制度

【学习目标】
- ☐ 了解股票债券发行的相关知识
- ☐ 了解证券交易的一般规定
- ☐ 了解股票上市的条件
- ☐ 了解证券交易所与证券公司的职责

【案例导入】
　　小明是长沙某职业学校会计专业一年级的学生，寒假回家，听老家的亲朋好友说起投资股票的事情。在深圳上班的舅舅家的大表哥因炒股大赚了一笔。且舅舅家的经济状况也有很大的改善。小明也萌发了去炒股的想法。但是小明没有任何股票方面的知识。股票是什么，股票应在证券交易所买还是在证券公司买、应办理哪些相关手续？证券发行与证券上市又是怎样的概念呢？二者的区别又是怎样的？你能帮小明解答这些疑惑吗？若不能，就和小明一起来学习吧。

一、证券法律制度概述

　　《中华人民共和国证券法》（以下简称《证券法》）由第九届全国人民代表大会常务委员会第 6 次会议于 1998 年 12 月 29 日通过，2004 年 8 月 28 日第十届全国人民代表大会常务委员会第 11 次会议《关于修改〈中华人民共和国证券法〉的决定》第一次修正；2005 年 10 月 27 日第十届全国人民代表大会常务委员会第 18 次会议修订；根据 2013 年 6 月 29 日第十二届全国人民代表大会常务委员会第 3 次会议《关于修改〈中华人民共和国文物保护法〉等十二部法律的决定》第二次修正；根据 2014 年 8 月 31 日第十二届全国人民代表大会常务委员会第 10 次会议《关于修改〈中华人民共和国保险法〉等五部法律的决定》第三次修正。

　　为了规范证券发行和交易行为，保护投资者的合法权益，维护社会经济秩序和社会公共利益，促进社会主义市场经济的发展，制定本法。在中华人民共和国境内，股票、公司债券和国务院依法认定的其他证券的发行和交易，适用本法；本法未规定的，适用《中华人民共和国公司法》和其他法律、行政法规的规定。政府债券、证券投资基金份额的上市交易，适用本法；其他法律、行政法规另有规定的，适用其规定。

（一）、证券的概念及特征

1. 证券的概念

　　证券是以证明或设定权利为目的所做成的一种书面凭证。是指各类记载并代表一定权利的法律凭证，用以证明持有人有权依其所持凭证记载的内容而取得相应的权益。证券包括有价证券和凭证证券两大类，其中凭证证券不能作为财产使用，不能流通。因此，流通中的证券都是有价证券。一般认为，证券有广义和狭义之分。

　　（1）广义的有价证券，是指证明持券人享有一定的经济权益的书面凭证，包括三种：①资本证券，如股票、债券、证券衍生品种等。

②货币证券，如汇票、本票、支票等。

③商品证券，如提货单、运货单、仓库栈单等。

(2) 狭义的有价证券，是指资本证券，即具有一定的票面金额，证明持券人享有一定的所有权或债权的书面凭证以及具有等同于书面效力的凭证。

本章介绍的"证券"仅指资本证券这一狭义的有价证券。《证券法》规范只限于资本证券的范畴，具体包括：

①在中国境内发行和交易的股票、公司债券以及国务院依法认定的其他证券。

②上市交易的政府债券和证券投资基金份额。

③发行交易的证券衍生品种。

2. 证券的特征

(1) 证券是一种投资证券。证券是投资者权利的载体，投资者权利通过证券记载，并凭借证券获取相应的收益。

(2) 证券是一种权益凭证。证券体现一定的权利：股票体现的股权，债券则代表着债权。

(3) 证券是一种可转让的权利凭证。证券具有流通性，其持有者可以随时将证券转让出售，以实现自身的权利。

【小思考10-1】 小明在学习的过程中遇到这样的一个疑问：公司债券持有人和股票持有人与公司之间都会形成一定的关系，都会形成债权债务的关系吗？

3. 证券的种类

根据不同的标准，证券可以分为不同的种类。按照经济性质不同，证券可以分为基础证券和金融衍生证券。其中股票、债券和投资基金属于基础证券，是证券市场的主要交易对象。金融衍生证券，是指由基础证券派生出来的证券交易品种。目前，我国证券市场上流通的证券种类主要有：股票、债券、投资基金份额、认股权证和期货等。

(1) 股票。股票是股份有限公司签发的，证明股东所持股份的凭证。我国证券市场上流通的股票有人民币普通股（A股）和境内上市外资股（B股），另外，中国境内注册的公司还可以发行境外上市外资股。

①人民币普通股（A股），是指中国境内的普通股股票。由注册的股份有限公司发行，供境内机构、组织或个人（不含中国台、港、澳地区的投资者）以人民币认购和交易。

②境内上市外资股（B股），是指在中国境内注册的股份有限公司向境内投资者发行、募集外币资金并在中国境内证券交易所上市交易的股票。

③境外上市外资股，是指在中国境内注册的公司在境外上市的股票，包括H股（香港上市）、N股（纽约上市）、L股（伦敦上市）、S股（新加坡上市）等。

(2) 债券。债券，是指政府、金融机构、公司企业等单位依照法定程序发行的、约定在一定期限还本付息的有价证券，交易方式有现券交易和回购交易。我国证券市场流通的债券有国债、央行票据、短期融资券、金融债、企业债、公司债、可转换公司债券、资产支持证券等。就发行量而言，央行票据、国债和政策性银行金融债是一级市场的主要品种，三者的发行量达90%以上。

【小提示 10-1】我国证券市场上流通的证券种类主要有：股票、债券、投资基金份额、认股权证和期货等，但在本教材中主要介绍股票和债券两种常见的。

（3）认识股票和债券（见图 10-1 至图 10-7）。

图 10-1

图 10-2

图 10-3

图 10-4

图 10-5

图 10-6

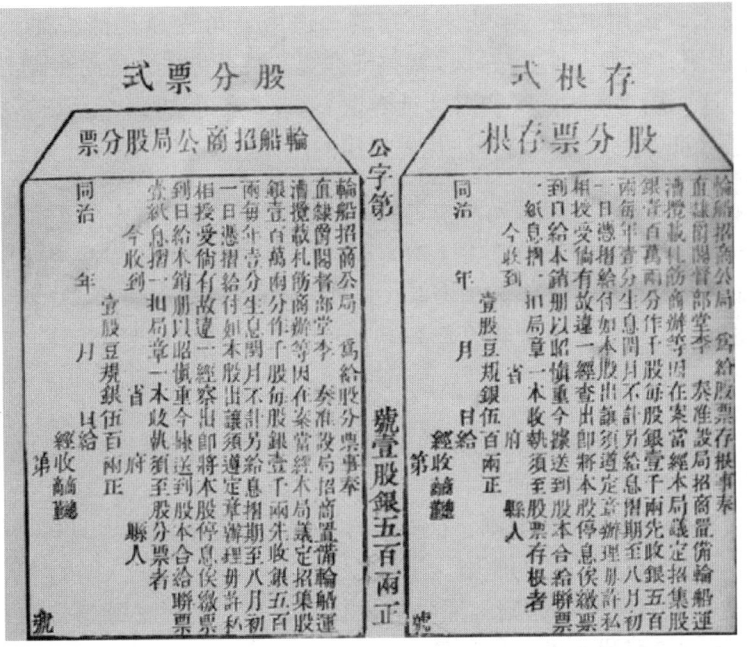

图 10-7

【小练习 10-1】下列关于股票和公司债券法律特征的表述中，不正确的是（　　）。
　　A. 股票和公司债券都属于有价证券
　　B. 发行债券持有人在公司破产时，优先于股票持有人得到清偿
　　C. 发行股票和发行公司债券有不同的法律要求
　　D. 公司债券持有人和股票持有人均与公司之间形成债权与债务的关系

【小练习 10-2】下列证券中，投资风险最小的是（　　）。
　　A. 基金　　　　B. 股票　　　　C. 公司债券　　　　D. 政府债券

（二）证券法概述

1. 证券法的概念

证券法的概念有狭义和广义之分。狭义的证券法，专指《证券法》。广义的证券法是指调整证券发行与交易活动中以及证券监督管理中所发生的社会关系的法律规范的总称。

【小思考 10-2】通过学习，小明知道《证券法》与《公司法》对于证券方面都有相应的规定，你能帮忙说出这些规定的异同吗？

2. 证券法的调整对象

根据《证券法》第 2 条规定："在中国境内，股票、公司债券和国务院依法认定的其他

证券的发行和交易，适用本法。本法未规定的，适用公司法和其他法律、行政法规的规定。"这一规定表明，我国《证券法》以调整证券交易关系为主，同时也调整与证券交易有关的发行关系。这一规定还明确了我国《证券法》与《公司法》以及其他法律、行政法规的关系，确立了《证券法》作为特别法优先适用的法律地位。

【小提示10-2】《证券法》由第九届全国人民代表大会常务委员会第6次会议于1998年12月29日修订通过，自1999年7月1日起施行。《公司法》于1993年12月29日第八届全国人民代表大会常务委员会第5次会议通过，1999年、2004年、2005年多次修正，现行版本由全国人民代表大会常务委员会于2013年12月28日发布。

3. 证券法的基本原则

（1）公开、公平、公正原则，证券的发行、交易活动，必须实行公开、公平、公正的原则。俗称为证券法的"三公"原则。

（2）自愿、有偿、诚实信用原则，证券发行、交易活动的当事人具有平等的法律地位，应当遵守自愿、有偿、诚实信用的原则。

（3）保护投资者合法权益原则，证券的发行、交易活动，必须遵守法律、行政法规；禁止欺诈、内幕交易和操纵证券市场的行为。

（4）分业经营、分业管理原则，证券业和银行业、信托业、保险业实行分业经营、分业管理，证券公司与银行、信托、保险业务机构分别设立。国家另有规定的除外。

（5）国家集中监管与证券业自律相结合原则，这是我国《证券法》第7~9条规定的内容，法律没有以"原则"的表述出现，但理论中认为这是原则。

【小思考10-3】甲公司是上市公司，公司董事长私自将公司募集的股款投入股市炒股，亏损大半。公司为了让投资者继续购买其股票，便在公开的财务报表中隐瞒了此事项。对此，甲公司违反了证券法的什么原则？

【小提示10-3】诚信原则与公开、公平和公正，构成证券法相互补充的共同原则。诚信原则与公开、公平、公正原则相结合，将能最大限度地发挥《证券法》基本原则的功效。而诚信原则应当是三公原则得以实施的首要条件，是三公原则的核心和灵魂。如果没有诚信作基础，那么三公原则将失去其精髓；如果公开披露的信息是虚假的、不真实的，公开又有何意义，公平、公正也就无从谈起。

【小练习10-3】下列不属于我国现行证券法明确规定的证券种类的是（   ）。
A. 股票   B. 证券投资基金   C. 政府债券   D. 认股权证

【小练习10-4】证券市场的三公原则是（   ）。
A. 公开、公平、公正   B. 公开、公信、公正
C. 公开、公平、公信   D. 公信、公平、公正

二、证券发行

（一）证券发行的概念与方式

1. 证券发行的概念

证券发行有广义和狭义之分：广义的证券发行，是指符合发行条件的政府、金融机构、工商企业等组织，以募集资金为目的，依照法律规定发行，是指发行人在所需资金募集后，做成证券并交付投资人受领的单方行为。通常所说的证券发行，本质上是一种直接融资方式，与通过银行等金融机构进行的间接融资方式相对应。

2. 证券发行的方式

（1）上网定价发行，是指证券保荐人利用证券交易所的交易系统发行承销的股票，证券投资者在指定的时间内以确定的发行价格通过与证券交易所联网的各证券营业网点进行委托申购股票的一种发行方式。

（2）上网询价发行，与上网定价发行类似，两者的区别在于：发行当日（申购日）保荐机构只给出股票的发行价格区间而非固定的发行价格。

（3）市值配售发行，是指向二级市场投资者配售发行，是按投资者持有的已上市流通人民币普通股市值向其进行股票配售的一种发行方式。

（4）网上网下累计投标询价发行，又称询价配售方式，这种发行方式比较复杂，发行价格及网上与网下发行数量都是在申购日之后根据申购情况确定的。最终的发行数量和发行价格需根据网上、网下的申购结果而定。这种方式已成为目前证券发行的主要方式。

【小提示10-4】中国证监会《证券发行与承销管理办法》（2006）规定：首次公开发行股票，应当通过向特定机构投资者（简称询价对象）询价的方式确定股票发行价格。询价对象是指符合该办法规定条件的证券投资基金管理公司、证券公司、信托投资公司、财务公司、保险机构投资者、合格境外机构投资者以及经中国证监会认可的其他机构投资者。

3. 证券发行的类型

根据不同的标准，证券发行可以分为不同的类型：

（1）根据证券发行的对象的不同，证券发行可以分为公开发行和非公开发行：

①公开发行是指发行人面向社会公众（即不特定的公众投资者）进行的证券发行。公开发行必须严格遵循《证券法》有关信息披露的规定。有下列情形之一的为公开发行：a. 向不特定对象发行证券的；b. 向特定对象发行证券累计超过200人的；c. 法律、行政法规规定的其他发行行为。

②非公开发行是指向少数特定的投资者进行的证券发行。非公开发行证券，不得采用广告、公开劝诱和变相公开方式。

（2）根据证券发行的目的不同，证券发行可以分为设立发行和增资发行：

①设立发行，是指发行人为设立股份有限公司，而向社会投资者发行股票的行为。设立发行的法律结果为成立新的股份有限公司。

②增资发行，是指对已成立股份有限公司因生产经营需要，追加资本而发行股票的行为。增资发行的法律结果是扩大已有的公司规模。

（3）根据证券发行方式的不同，证券发行可以分为直接发行和间接发行。

（4）根据证券发行条件的确定方式不同，证券发行可以分为议价发行和招标发行。

①议价发行，是指由证券发行人与承销人通过协商发行条件，向公众投资者或股东发行证券的发行方式。协议内容包括发行数量、金额、价格、申请办理发行手续、发行起止日期及对发行人的限制等。

②招标发行，是指由证券发行人与承销商之间以公开招标方式确定发行条件的发行方式。招标方式确定证券发行价格及其报酬。这种方式常见于国债发行。

（5）根据证券发行价格与证券票面金额之间的关系，证券的发行可以分为平价发行、溢价发行和折价发行。

①平价发行，又称面值发行或等价发行，是指证券发行时的发行价格与票面金额相同的发行方式。

②溢价发行，是指证券发行时的发行价格超过票面金额的发行方式，其通常按某一时期（一般指发行时期）金融证券市场的价格，或接近于当时金融证券市场的同类证券价格所确定的价格发行。

③折价发行，又称贴现发行，是指证券的发行价格低于票面金额的发行方式。

> 【小提示10-5】我国《公司法》规定："股票发行价格可以票面金额，也可以超过票面金额，但不得低于票面金额"。

（二）股票发行的条件

1. 首次公开发行股票的条件

设立股份有限公司公开发行股票（以下简称首次公开发行股票），应当符合《证券法》《公司法》规定的发行条件和经国务院证券监督管理机构规定的其他条件，包括中国证监会《首次公开发行股票并上市管理办法》（2006）等规定的发行条件。

（1）《证券法》规定首次公开发行股票的条件。设立股份有限公司发行股票，即首次公开发行股票，应当符合《公司法》规定的条件：

①发起人符合法定人数。

②发起人认购和募集的股本达到法定资本最低限额。

③股份发行、筹办事项符合法律规定。

④发起人制定公司章程，采用募集方式设立的经创立大会通过。

⑤有公司名称，建立符合股份有限公司要求的组织机构。

⑥有公司住所。

（2）首次公开发行股票，应当向国务院证券监督管理机构报送募股申请和下列文件：

①公司章程。

②发起人协议。

③发起人姓名或者名称，发起人认购的股份数、出资种类及验资证明。

④ 招股说明书。

⑤代收股款银行的名称及地址。

⑥承销机构名称及有关的协议。

依照《证券法》规定聘请保荐人的，还应当报送保荐人出具的发行保荐书。法律、行政法规规定设立公司必须报经批准的，还应当提交相应的批准文件。

2. 首次公开发行股票的其他条件

《首次公开发行股票并上市管理办法》规定的首次公开发行条件是：

（1）发行人应当是依法设立且合法存续的股份有限公司。经国务院批准，有限责任公司在依法变更为股份有限公司时，可以采用募集设立方式公开发行股票。

（2）发行人应当具有完整的业务体系和直接面向市场独立经营的能力。发行人的资产完整、人员独立、财务独立、机构独立、业务独立、在独立性方面不得有其他严重缺陷。

（3）发行人已经依法建立健全股东大会、董事会、监事会、独立董事、董事会秘书制度，相关机构和人员能够依法履行职责。

（4）发行人资产质量良好，资产负债结构合理，盈利能力较强，现金流量正常。

（5）筹集资金应当有明确的使用方向，原则上应当用于主营业务。

3. 上市公司公开发行新股的条件

上市公司公开发行新股，应当符合《证券法》《公司法》规定的发行条件和经国务院批准的国务院证券监督管理机构规定的其他发行条件，包括中国证监会《上市公司证券发行管理办法》（2006）等规定的条件：

（1）法律规定的上市公司公开发行新股的条件。上市公司公开发行新股，应当具备以下条件：

①具备健全且运行良好的组织机构。

②具有持续盈利能力，财务状况良好。

③最近三年财务会计文件无虚假记载，无其他重大违法行为。

④经国务院批准的国务院证券监督管理机构规定的其他条件。

上市公司非公开发行新股，应当符合经国务院批准的国务院证券监督管理机构规定的条件，并报国务院证券监督机构核准。

公司对公开发行股票所募集的资金，必须按照招股说明书所列资金用途使用。改变招股说明书所列资金用途，必须经股东大会作出决议。擅自改变用途而未做纠正的，或者未经股东大会认可的，不得公开发行新股，上市公司也不得非公开发行新股。

（2）上市公司公开发行新股的其他法定条件。《上市公司证券发行管理办法》规定的发行证券的条件有：

【小提示10-6】公司公开发行新股，应当向国务院证券监督管理机构报送募股申请和下列文件：①公司营业执照；②公司章程；③股东大会决议；④招股说明书；⑤财务会计报告；⑥代收股款银行的名称及地址；⑦承销机构名称及有关的协议。

①上市公司的组织机构健全、运行良好。

②上市公司的盈利能力具有可持续性。

③上市公司的财务状况良好。

④上市公司最近36个月内财务会计文件无虚假记载，且不存在重大违法行为。

⑤上市公司募集资金的数额和使用应当符合该办法的规定。

⑥上市公司存在规定的不得公开发行证券的情形之一的，不得公开发行证券。

向原股东配售股份（以下简称配股），除符合上述公开发行证券的条件外，还应有以下条件：

①拟配售股份数量不超过本次配售股份前股本总额的30%；

②控股股东应当在股东大会召开前公开承诺配售股份的数量；

③采用证券法规定的代销方式发行。

控股股东不履行认配股的承诺，或者代销期限届满，原股东认购股票的数量未达到拟配售数量70%的，发行人应当按照发行价并加算银行同期存款利息返还已经认购的股东。

向不特定对象公开募集股份（以下简称增发），除符合上述发行证券的条件外，还要符合下列条件：

①最近三个会计年度加权平均净资产收益率平均不低于6%。与扣除非经常性损益后的净利润相比，以低者作为加权平均净资产收益率的计算依据。

②除金融类企业外，最近一期末不存在持有金额较大的交易性金融资产和可供出售的金融资产、借予他人款项、委托理财等财务性投资的情形。

③发行价格应不低于公告招股意向书前20个交易日公司股票均价或前一个交易日的均价。

（3）上市公司非公开发行股票的条件。《上市公司证券发行管理办法》规定，非公开发行股票的特定对象应当符合下列规定：

①特定对象符合股东大会决议规定的条件。

②发行对象不超过10名。

发行对象为境外战略投资者的，应当经国务院相关部门事先批准。

上市公司非公开发行股票，应当符合下列规定：

①发行价额不低于定价基准日前20日个交易日公司股票均价的90%；

②本次发行的股份自发行结束之日起，12个月内不得转让；控股股东、实际控制人及其控制的企业认购的股份，36个月内不得转让；

③募集资金使用符合规定；

④本次发行将导致上市公司控制权发生变化，还应当符合中国证监会的其他规定。

（4）上市公司不得非公开发行股票的情形：

上市公司存在下列情形之一的，不得非公开发行股票。

①本次发行申请文件有虚假记载、误导性陈述或重大遗漏。

②上市公司的权益被控股股东或实际控制人严重损害且尚未消除。

③上市公司及其附属公司违规对外提供担保且尚未消除。

④现任董事、高级管理人员最近36个月内受到过中国证监会的行政处罚。或者最近12个月内受到过证券交易所公开谴责。

⑤上市公司或其现任董事、高级管理人员因涉嫌犯罪正被司法机关立案侦查或涉嫌违法违规被中国证监会立案调查。

⑥最近1年及1期财务报表被注册会计师出具保留意见、否定意见或无法表示意见的审计报告。保留意见、否定意见或无法表示意见所涉及事项的重大影响已经消除或者本次发行涉及重大重组的除外。

⑦严重损害投资者合法权益和社会公共利益的其他情形。

【小练习 10-5】下列有关公开发行股票的说法正确的是（   ）。
　　A. 必须是向特定对象发行股票
　　B. 向累计超过 150 人的特定对象发行证券为公开发行股票
　　C. 向累计超过 100 人的特定对象发行证券为公开发行股票
　　D. 公开发行股票，依法采取承销方式的，应当聘请具有保荐资格的机构担任保荐人

【小练习 10-6】根据我国《证券法》的规定，下列不属于公司公开发行新股的条件是（   ）。
　　A. 具备健全且运行良好的组织机构
　　B. 最近 3 年持续盈利，平均总资产报酬率达到 10% 以上
　　C. 具有持续盈利能力，财务状况良好
　　D. 最近 3 年财务会计文件无虚假记载，无其他重大违法行为

（三）公司债券发行的条件

1. 公开发行公司债券的条件

（1）公开发行公司债券，应当符合下列条件：

① 股份有限公司的净资产不低于人民币 3000 万元，有限责任公司的净资产不低于人民币 6000 万元。

② 累计债券余额不超过公司净资产的 40%。

③ 最近 3 年平均可分配利润足以支付公司债券 1 年的利息。

④ 募集的资金投向符合国家的产业政策。

⑤ 债券的利率不超过国务院规定的利率水平。

⑥ 国务院规定的其他条件。

公开发行公司债券筹集的资金，必须用于核准的用途，不得用于弥补亏损和非生产性支出。上市公司发行可转换为股票的公司债券，除应当符合《证券法》规定的公开发行公司债券的条件外，还应当符合《证券法》关于公开发行股票的条件，并报国务院证券监督管理机构核准。

（2）申请公开发行公司债券，应当向国务院授权的部门或者国务院证券监督管理机构报送下列文件：

①公司营业执照。

②公司章程。

③公司债券募集办法。

④资产评估报告和验资报告。

⑤国务院授权部门或者证券监督管理机构规定的其他文件。

依照《证券法》规定聘请保荐人的，还应当报送保荐人出具的发行保荐书。

2. 不得公开发行公司债券的情形：

有下列情形之一的，不得再次公开发行公司债券：
（1）前一次公开发行的公司债券尚未募足。
（2）对已公开发行的公司债券或者其他债务有违约或者延迟支付本息的事实，仍处于继续状态。
（3）违反证券法规定，改变公开发行公司债券所募集资金的用途。

【小提示10-7】非公开发行，是指向少数特定的投资者进行证券发行。《证券法》并没有对非公开发行的条件和程序进行规定，只是要求非公开发行证券不得采用广告、公开劝诱和变相公开方式。所以，非公开发行其实是证券法中一种灵活且比较简易的发行方式。

【小思考10-4】两年前某公司净资产为2亿元；申请发行5000万元债券，因承销人的原因剩余500万元尚未发行完。该公司净资产现已增加到3亿元，欲申请再发行8000万元债券。请问该公司的申请可否被批准？

3. 证券发行的程序
（1）证券发行的核准。发行人依法申请核准发行证券所报送的申请文件的格式、报送方式，由依法负责核准的机构或者部门规定。发行人申请核准公开发行股票、公司债券，应当按照规定缴纳审核费用。

国务院证券监督管理机构设发行审核委员会，依法审核股票发行申请。发行审核委员会由国务院证券监督管理机构的专业人员和所聘请的该机构外的有关专家组成，国务院证券监督管理机构或者国务院授权部门应当自受理证券发行申请之日起3个月内，依照法定条件和法定程序作出予以核准或者不予核准的决定，发行人根据要求补充、修改发行申请文件的时间不计算在内；不予核准的，应当说明理由。

（2）证券发行的保荐。《证券法》规定。发行人申请公开发行股票、可转换为股票的公司债券，依法采取承销方式的，或者公开发行法律、行政法规规定实行保荐制度的其他证券的，应当聘请具有保荐资格的机构担任保荐人。保荐人的资格及其管理办法由国务院证券监督管理机构规定。

证券公司申请保荐机构资格，应当具备下列条件：
①注册资本不得低于人民币1亿元，净资产不低于人民币5000万元。
②具有完善的公司治理和内部控制制度，风险控制指标符合相关规定。
③保荐业务部门具有健全的业务规程、内部风险评估和控制系统，内部机构设置合理，具备相应的研究能力、销售能力等后台支持。
④具备良好的保荐业务团队且专业结构合理，从业人员不少于35人，其中最近3年从事保荐相关业务的人员不少于20人。
⑤符合保荐代表人资格条件的从业人员不少于4人。
⑥最近3年内未因重大违法违规行为受到行政处罚。
⑦中国证监会规定的其他条件。

【小练习10-7】下列关于公开发行证券的说法中，错误的是（　　）。
　　A. 申请文件置备于指定场所供公众查阅
　　B. 改变招股说明书所列资金用途，必须经股东大会作出决议
　　C. 股票依法发行后，发行人经营与收益的变化，由发行人自行负责
　　D. 公开发行公司债券筹集的资金可以用于弥补亏损和非生产性支出

三、证券交易

证券交易市场通过公开集中竞价买卖的方式形成公认的交易价格，使公众投资者获得投资机会。

（一）证券交易概述

（1）证券交易的概念：证券交易，主要指证券买卖，即证券持有人依照证券交易规则，将已依法发行的证券转让给其他证券投资者的行为。证券交易当事人依法买卖的证券，必须是依法发行并交付的证券。非依法发行的证券，不得买卖。

（2）证券交易的特征：具有流动性、收益性、风险性等特征。

（3）证券交易的方式。可分为集中竞价交易和非集中竞价交易两种，分别适用于证券交易所和场外交易市场。《证券法》规定：证券在证券交易所上市交易，应当采用公开的集中交易的方式或者国务院证券监督管理机构批准的其他方式。

集中竞价交易，是指所有有关购售某一证券的买主和卖主集中在证券交易所公开申报和竞价交易，实行价格优先、时间优先的原则。具体包括以下两种方式：

①集合竞价，是指对一段时间内接受的买卖申报一次性集中撮合的集中竞价形式。

②连续竞价，是指对买卖申报逐笔连续撮合的竞价方式。

由证券经纪公司参与证券交易是主要方式，证券交易程序是证券交易所买进或者卖出证券的具体步骤，具体、明确、严格，主要分为开立证券交易账户、委托指令、委托指令的竞价与成交、清算与交割以及和证券登记过户等步骤。场外交易的程序相对较为简单。

【小练习10-8】根据证券法的规定，证券在证券交易所挂牌交易，应当采用的方式是（　　）。
　　A. 拍卖　　B. 公开竞价　　C. 集中交易　　D. 公开的集中竞价交易

【小练习10-9】有甲、乙、丙、丁四人，均申报买入X股票，申报价格和时间如下：甲的买入价10.75元，时间为13：40；乙的买入价10.40元，时间为13：25；丙的买入价10.70元，时间为13：25；丁的买入价10.75元，时间为13：38。那么他们交易的优先顺序应为（　　）。
　　A. 丁、丙、乙、甲　　　　B. 丁、甲、丙、乙
　　C. 丙、丁、乙、甲　　　　D. 丙、乙、丁、甲

（二）证券交易的相关术语

（1）涨跌停板。每日市价的最高涨至（或跌至）上日收盘价的10%幅度；ST股涨跌幅度为5%。

（2）一手。一手就是100股。股票买卖原则上应以一手为整数倍进行。但由于配股中会发生不足"一手"的情况，如10送3股，您有100股，变为130股，这时可以卖出130股。也就是说，零股不足"一手"可卖出。

（3）现手。就是当时成交的手数

（4）T+1。T是英文Trade（交易的意思）的第一个字母。目前沪深两所规定，当天买进的股票只能在第二天卖出，而当天卖出的股票确认成交后，返回的资金当天就可以买进股票。

（5）利多、利空。利多指有利于证券指数上升、价格上涨的各种因素。如国家经济形势好转、公司业绩良好、银行利率降低等。利空即压抑指数上升，甚至造成指数下降、价格下跌的各种不利因素。

（6）牛市、熊市。牛市是指多头（买方）力量强劲，指数连连上升、价格普遍看涨的市场行情，亦称多头市场。熊市是指空头（卖方）力量强劲、指数连连下挫，价格普遍告跌的市场行情，亦称空头为空头市场。牛市与熊市是交换出现、此起彼伏的。

（7）套牢、解套、割肉、踏空。套牢指多头预期价格会上涨，而买进后价格下跌，致使多头发生账面亏损的现象。被套者经过一段时间后，证券价格上涨甚至超过原价格称为解套。被套者把证券蚀本卖出称为割肉。踏空指价格上涨时，错过了买进的机会。

（8）股票指数。股票价格指数即股票指数。是由证券交易所或金融服务机构编制的表明股票行市变动的一种供参考的指示数字。由于股票价格起伏无常，投资者必然面临市场价格风险。对于具体某一种股票的价格变化，投资者容易了解，而对于多种股票的价格变化，要逐一了解，既不容易，也不胜其烦。为了适应这种情况和需要，一些金融服务机构就利用自己的业务知识和熟悉市场的优势，编制出股票价格指数，公开发布，作为市场价格变动的指标。投资者据此就可以检验自己投资的效果，并用以预测股票市场的动向。同时，新闻界、公司老板乃至政界领导人等也以此为参考指标，来观察、预测社会政治、经济发展形势。

【小提示10-8】 行情术语部分

①日开盘价：日开盘价是指每个交易日的第一笔成交价格，这是传统的开盘价定义。目前中国市场采用集合竞价的方式产生开盘价。

②日收盘价：日收盘价是指每个交易日的最后一笔成交价格。因为收盘价是当日行情的标准，又是下一个交易日开盘价的依据，可据以预测未来证券市场行情，所以投资者对行情分析时一般采用收盘价作为计算依据。

③日最低价：指当天该股票成交价格中的最低价格。

④日最高价：指当天该股票成交价格中的最高价格。

⑤日成交额：指当天已成交股票的金额总数。

⑥日成交量：指当天成交的股票数量。

（三）证券上市制度

证券上市是证券发行与证券交易的桥梁，连接证券一级市场和证券二级市场。证券上市是已依法发行的证券进入证券交易所进行证券交易的前提。

1. 证券上市的概念

狭义证券上市，是指某种已发行证券获准成为证券交易对象的过程。证券一旦获准在证券交易所上市交易，即为上市证券。广义的证券上市，还可以指证券在场外交易市场获得交易资格的过程。通常所说的证券上市，仅仅是指狭义的证券上市。证券上市的目的主要是筛选出适合特定的证券交易所的上市条件的证券，并为其提供实现证券的流通性的场所。

2. 证券上市的条件

（1）股票上市的条件。股份有限公司申请股票上市，应当符合下列条件：

①股票经国务院证券监督管理机构核准已公开发行。

②公司股本总额不少于人民币3000万元。

③公开发行的股份达到公司股份总数的25%以上；公司股本总额超过人民币4亿元的，公开发行股份的比例为10%以上。

④公司最近3年无重大违法行为，财务会计报告无虚假记载。

（2）公司债券上市的条件。公司债券上市交易，应当符合下列条件：

①公司债券的期限为1年以上。

②公司债券实际发行额不少于人民币5000万元。

③公司申请债券上市时符合法定的公司债券发行条件。

【小思考10-5】甲公司准备将其股票上市。该公司股本总额为5000万元，公开发行的股份占到公司股份总数的20%，最近三年甲公司均盈利10%以上，财务会计报告无虚假。其是否有不满足股票上市的条件？

【小练习10-10】下列关于公司债券上市的说法中，错误的是（　　）。

　　A. 债券发行额不低于人民币1000万元
　　B. 公司申请债券上市时仍符合法定的公司债券发行条件
　　C. 债券期限不低于1年
　　D. 申请可转换为股票的公司债券上市交易，还应当报送保荐人出具的上市保荐书

（四）信息披露制度

信息披露制度，又称信息公开制度，是证券发行人、上市公司及其他主体，依照法律规定的方式，将证券发行、交易及与之有关的重大信息予以公开的一种法律制度。信息披露制度包括证券发行的信息披露和持续信息公开。

（1）证券发行的信息披露，是指证券公开发行时对发行人、拟发行的证券以及与发行证券有关的信息进行披露。该类信息披露文件主要有招股说明书、募集说明书、上市公

告等。

（2）持续信息公开，是指证券上市交易过程中发行人、上市公司对证券上市交易及与证券交易有关的信息要进行持续的披露，该类信息披露文件主要有上市公司定期报告（包括中期报告和年度报告）和上市公司临时报告（即重大事件公告）。

> 【小提示10-9】中国证监会《上市公司信息披露管理办法》（2006）规定：为了规范发行人、上市公司及其他信息披露义务人的信息披露行为，加强信息披露事务管理，保护投资者合法权益，根据《公司法》、《证券法》等法律、行政法规，制定本办法。

① 信息披露义务人应当真实、准确、完整、及时地披露信息，不得有虚假记载、误导性陈述或者重大遗漏。信息披露义务人应当同时向所有投资者公开披露信息。

② 发行人、上市公司的董事、监事、高级管理人员应当忠实、勤勉地履行职责，保证披露信息的真实、准确、完整、及时、公平。

③ 在内幕信息依法披露前，任何知情人不得公开或者泄露该信息，不得利用该信息进行内幕交易。

④ 信息披露文件主要包括招股说明书、募集说明书、上市公告书、定期报告和临时报告等。

⑤ 上市公司及其他信息披露义务人依法披露信息，应当将公告文稿和相关备查文件报送证券交易所登记，并在中国证券监督管理委员会（以下简称中国证监会）指定的媒体发布。

（五）证券交易的一般规定

1. 基本规定

（1）证券交易所、证券公司、证券登记结算机构必须依法为客户开立的账户并保密。

（2）证券交易的收费必须合理，并公开收费项目、收费标准和收费办法。

证券交易的收费项目、收费标准和管理办法由国务院有关主管部门统一规定。

2. 限制交易的行为

（1）证券交易当事人依法买卖的证券，必须是依法发行并交付的证券。非依法发行的证券，不得买卖。依法发行的证券，法律对其转让期限有限制性规定的，在限定的期限内，不得买卖。

（2）依法公开发行的股票、公司债券及其他证券，应当在依法设立的证券交易所上市交易或者在国务院批准的其他证券交易场所转让。

（3）证券交易以现货和国务院规定的其他方式进行交易。

（4）证券交易所、证券公司、证券登记结算机构从业人员、证券监督管理机构工作人员和法律、行政法规禁止参与股票交易的其他人员在任期或者法定限期内，不得直接或者以化名、借他人名义持有、买卖股票，也不得收受他人赠送的股票。任何人在成为所列上述人员时，其原已持有的股票，必须依法转让。

（5）为股票发行出具审计报告、资产评估报告或者法律意见书等文件的证券服务机构和人员，在该股票承销期内和期满后6个月内，不得买卖该种股票。除上述规定外，为上市公司出具审计报告、资产评估报告或者法律意见书等文件的证券服务机构和人员，自接受上市公司委托之日起至上述文件公开后5日内，不得买卖该种股票。

(6) 持有一个股份有限公司已发行的股份5%的股东，应当在其持股数额达到该比例之日起3日内向该公司报告，公司必须在接到报告之日起3日内向国务院证券监督管理机构报告；属于上市公司的，应当同时向证券交易所报告。上市公司董事、监事、高级管理人员、持有上市公司股份5%以上的股东，将其持有的该公司的股票在买入后6个月内卖出，或者在卖出后6个月内又买入，由此所得收益归该公司所有，公司董事会应当收回其所得收益。但是，证券公司因包销购入售后剩余股票而持有5%以上股份的，卖出该股票不受6个月时间限制。

3. 禁止交易的行为

(1) 虚假陈述和信息误导。虚假陈述和信息误导是指行为人对证券发行、交易及其相关活动的事实、性质、前景、法律等事项做出不实、严重误导或者有重大遗漏的陈述或者诱导，致使投资者在不了解事实真相的情况下，做出证券投资决定的欺诈行为。

(2) 虚假陈述行为包括：

①发行人、证券经营机构在招募说明书、上市公告书、公司报告及其他文件中做出虚假陈述。

②律师事务所、会计师事务所、资产评估机构等专业性证券服务机构在其出具的法律意见书、审计报告、资产评估报告及参与制作的其他文件中做出虚假陈述。

③证券交易场所、证券业协会或者其他证券业自律性组织做出对证券市场产生影响的虚假陈述。

④发行人、证券经营机构、专业性证券服务机构、证券业自律性组织在向证券监管部门提交的各种文件、报告和说明中做出虚假陈述。

(3) 信息误导：

①禁止国家工作人员、传播媒介从业人员和有关人员编造、传播虚假信息，扰乱证券市场。

②禁止证券交易所、证券公司、证券登记结算机构、证券服务机构及其从业人员，证券业协会、证券监督管理机构及其工作人员，在证券交易活动中做出虚假陈述或者信息误导。

③各种传播媒介传播证券市场信息必须真实、客观，禁止误导。

(4) 内幕交易行为。内幕交易是指知悉证券交易内幕信息的知情人员，利用内幕信息进行证券交易的活动。《证券法》明确规定，下列人员为知悉证券交易内幕信息的知情人员：

①发行股票或者公司债券的公司董事、监事、经理、副经理及有关的高级管理人员。

②持有公司5%以上股份的股东。

③发行股票公司的控股公司的高级管理人员。

④由于所任公司职务可以获取公司有关证券交易信息的人员。

⑤证券监督管理机构工作人员，以及由于法定的职责对证券交易进行管理的其他人员。

⑥由于法定职责而参与证券交易的社会中介机构或者证券登记结算机构、证券交易服务机构的有关人员。

⑦国务院证券监督管理机构规定的其他人员。

内幕信息是指证券交易活动中，涉及公司的经营、财务或者对该公司证券的市场价格有重大影响的尚未公开的信息。内幕信息包括：

①法律规定上市公司必须公开的、可能对股票价格产生较大影响、而投资者尚未得知的重大事件。

②公司分配股利或者增资的计划。

③公司股权结构的重大变化。

④公司债务担保的重大变更。

⑤公司营业用主要资产的抵押、出售或者报废一次超过该资产的30%。

⑥公司的董事、监事、经理、副经理或者其他高级管理人员的行为可能依法承担重大损害赔偿责任。

⑦上市公司收购的有关方案。

⑧国务院证券监督管理机构认定的对证券交易价格有显著影响的其他重要信息。

知悉证券交易内幕信息的知情人员或者非法获取内幕信息的其他人员，不得买入或者卖出所持有的该公司的证券，或者泄露该信息或者建议他人买卖该证券。

【小思考10-6】小明没弄懂证券发行与证券上市的概念各自是什么？以及证券发行与证券上市的区别又是什么？

【小练习10-11】下列未公开信息中，不属于内幕信息的是（　　）。
A. 公司分配股利的计划
B. 公司增资的计划
C. 董事、监事、高级管理人员的行为可能依法承担重大损害赔偿责任
D. 公司营业用主要资产的抵押、出售或报废一次超过该资产的20%

【小练习10-12】证券交易内幕信息的知情人包括（　　）。
A. 发行人的董事、监事、高级管理人员
B. 持有公司5%以上股份的股东及其董事、监事、高级管理人员，公司的实际控制人及其董事、监事、高级管理人员
C. 发行人控股的公司及其董事、监事、高级管理人员
D. 保荐人、承销的证券公司、证券交易所、证券登记结算机构、证券服务机构的有关人员

四、证券交易所

（一）证券交易所概述

1. 证券交易所的概念

证券交易所是为证券集中交易提供场所和设施，组织和监督证券交易，实行自律管理的法人。

按照证券交易所的组织形式不同，证券交易所可以分为会员制证券交易所和公司制证券交易所两类。会员制证券交易所是非营利性的法人组织；公司制证券交易所是以公司形式出

现的营利性法人。《证券法》规定，进入证券交易所参与集中交易的，必须是证券交易所的会员。我国实行会员制，上交所、深交所在章程中规定其为实行自律管理的会员制法人。

投资者应当与证券公司签订证券交易委托协议，并在证券公司开立交易账户，以书面、电话以及其他方式委托该证券公司代其买卖证券。

证券公司根据投资者的委托，按照证券交易规则提出交易申报，参与证券交易所场内的集中交易，并根据成交结果承担相应的清算交收责任。按照依法制定的交易规则进行的交易，不得改变其交易结果。在证券交易所内从事证券交易的人员，违反证券交易所有关交易规则的，由证券交易所给予纪律处分；对情节严重的，撤销其资格，禁止其入场进行证券交易。

2. 证券交易所的设立和解散

证券交易所的设立和解散，由国务院决定。

申请设立证券交易所，首先由中国证监会进行审核，再报国务院进行批准。

设立证券交易所必须制定章程。证券交易所章程的制定和修改，必须报国务院证券监督管理机构批准。

证券交易所必须在其名称中注明证券交易所字样。其他任何单位或者个人不得使用证券交易所或者近似的名称。

3. 证券交易所的组织机构

会员大会是证券交易所的权力机构，决定证券交易所的重大问题。证券交易所可以自行支配的各项费用收入，应当首先用于保证其证券交易所和设施的正常运行并逐步改善。实行会员制的证券交易所的财产积累归会员所有，其权益由会员共同享有，在其存续期间，不得将其财产积累分配给会员。证券交易所设理事会。证券交易所设总经理一人，由国务院证券监督管理机构任免。

（二）证券交易所的职责

（1）证券交易所应当为组织公平的集中交易提供保障，公布证券交易即时行情，并按交易日制作证券市场行情表，予以公布。未经证券交易所许可，任何单位和个人不得发布证券交易即时行情。

（2）证券交易所有权依照法律、行政法规，以及国务院证券监督管理机构的规定，办理股票、公司债券的暂停上市、恢复上市或者终止上市的事务。

（3）因突发性事件而影响证券交易的正常进行时，证券交易所可以采取技术性停牌的措施；因不可抗力的突发性事件或者为维护证券交易的正常秩序，证券交易所可以决定临时停市。证券交易所采取技术性停牌或者决定临时停市，必须及时报告国务院证券监督管理机构。

（4）证券交易所对证券交易实行实时监控，并按照国务院证券监督管理机构的要求，对异常交易的情况提出报告。证券交易所应当对上市公司及相关信息披露义务人披露信息进行监督，督促其依法及时、准确地披露信息。证券交易所根据需要，可以对出现重大异常交易情况的证券账户限制交易，并报国务院证券监督管理机构备案。

（5）证券交易所应当从其收取的交易费用和会员费、席位费中提取一定比例的金额设立风险基金。风险基金由证券交易所理事会管理。证券交易所应当将收存的风险基金存入开户银行专门账户，不得擅自使用。

(6) 证券交易所依照证券法律、行政法规制定上市规则、交易规则、会员管理规则和其他有关规则，并报国务院证券监督管理机构批准。

(三) 证券交易所简介

1. 上海证券交易所

上海证券交易所成立于 1990 年 11 月 26 日，同年 12 月 19 日开业。秉承"法制、监管、自律、规范"的八字方针，上海证券交易所致力于创造透明、开放、安全、高效的市场环境，切实保护投资者权益，其主要职能包括：提供证券交易的场所和设施；制定证券交易所的业务规则；接受上市申请，安排证券上市；组织、监督证券交易；对会员、上市公司进行监管；管理和公布市场信息。

2. 深圳证券交易所。深圳证券交易所位于深圳罗湖区，地王大厦斜对面。成立于 1990 年 12 月 1 日，于 1991 年 7 月 3 日正式营业，是深圳证券交易所为证券集中交易提供场所和设施，组织和监督证券交易，实行自律管理的法人，由中国证监会直接监督管理。深交所致力于多层次证券市场的建设，努力创造公开、公平、公正的市场环境。主要职能包括：提供证券交易的场所和设施；制定本所业务规则；接受上市申请、安排证券上市；组织、监督证券交易；对会员和上市公司进行监管；管理和公布市场信息；中国证监会许可的其他职能。2004 年 9 月 6 日，实施《上市公司股权分置改革业务操作指引》。

【小提示 10-10】《证券交易所管理办法》第 12 条规定，证券交易所不得直接或者间接从事：
(1) 以营利为目的的业务。
(2) 新闻出版业。
(3) 发布对证券价格进行预测的文字和资料。
(4) 为他人提供担保。
(5) 未经证监会批准的其他业务。

【小练习 10-13】证券交易所不得从事（　　）。
A. 以营利为目的的业务　　B. 信息公布和管理
C. 上市公司的挂牌退市　　D. 提供场内交易平台

【小练习 10-14】申请证券上市交易，应经（　　）审核同意，双方签订上市协议。
A. 中国证券登记结算有限公司　　B. 中国证券业协会
C. 中国证券会　　D. 证券交易所

五、证券公司

(一) 证券公司的概念

证券公司是指依法成立、经营证券业务以及相关业务的机构。设立证券公司，必须经国务院证券监督管理机构审查批准。未经国务院证券监督管理机构批准，任何单位和个人不得经营证券业务。证券公司，是指依照《公司法》和《证券法》的规定设立的经营证券业务的有限责任公司或者股份有限公司。证券公司必须在其名称中注明证券有限责任公司或者证券股份有限公司字样。

（二）证券公司的业务范围
（1）证券经纪。
（2）证券投资咨询。
（3）与证券交易、证券投资活动有关的财务顾问。
（4）证券承销与保荐。
（5）证券自营。
（6）证券资产管理。
（7）其他证券业务。

（三）证券公司的设立条件
设立证券公司应当具备下列条件：
（1）有符合法律、行政法规规定的公司章程。
（2）主要股东具有持续盈利能力，信誉良好，最近3年无重大违法违规记录，净资产不低于人民币2亿元。
（3）有符合《证券法》规定的注册资本。证券公司的注册资本因业务范围的不同而有不同的要求。其经营前业务范围第（1）项至第（3）项的业务的，注册资本最低限额为人民币5000万元；经营第（4）项至（7）项业务之一的，注册资本最低限额为人民币1亿元；经营第（4）项至第（7）项业务中两项以上的，注册资本最低限额为人民币5亿元。证券公司的注册资本应当是实缴资本。国务院证券监督管理机构根据审慎监管原则和各项业务的风险程度，可以调整注册资本最低限额，但不得少于前款规定的限额。
（4）董事、监事、高级管理人员具备任职资格，从业人员具有证券从业资格。
（5）有完善的风险管理与内部控制制度。
（6）有合格的经营场所和业务设施。
（7）法律、行政法规规定的和经国务院批准的国务院证券监督管理机构规定的其他条件。

> **【小提示10-11】** 国务院于2008年4月23日通过《证券公司监督管理条例》（自2008年6月1日起施行），规定了设立与变更、组织机构、业务规则与风险控制、客户资产的保护、监督管理措施等。

> **【小练习10-15】** 证券公司的业务范围决定其注册资本最低限额，下列业务中需要注册资本最少的业务是（　　）。
> 　　A. 证券经纪　　　B. 证券承销　　　C. 证券自营　　　D. 证券资产管理

(四)证券公司的经营权限

证券公司依法享有自主经营的权利,其合法经营不受干涉。除此,《证券法》主要规定了证券公司的经营权限:

(1)证券公司不得为其股东或者股东的关联人提供融资或者担保。

(2)证券公司应当建立健全内部控制制度,采取有效隔离措施,防范公司与客户之间、不同客户之间利益冲突。证券公司必须将其证券经纪业务、证券承销业务、证券自营业务和证券资产管理业务分开办理,不得混合操作。

(3)证券公司的自营业务必须以自己的名义进行,不得假借他人名义或者以个人名义进行。证券公司不得将其自营账户借给他人使用。

(4)证券公司客户的交易结算资金应当存放在商业银行,以每个客户的名义单独立户管理。证券公司不得将客户的交易结算资金和证券归入其自有资产。禁止任何单位或者个人以任何形式挪用客户的交易结算资金和证券。

(5)证券公司办理经纪业务,不得接受客户的全权委托而决定证券买卖、选择证券种类、决定买卖数量或者买卖价格。

(6)证券公司不得以任何方式对客户证券买卖的收益或者赔偿证券买卖的损失做出承诺。

(7)证券公司及其从业人员不得未经过其依法设立的营业场所私下接受客户委托买卖证券。

(8)证券公司应当妥善保存客户开户资料、委托记录、交易记录和与内部管理、业务经营有关的各项资料,任何人不得隐瞒、伪造、篡改或者毁损。上述资料的保存期限不得少于20年。

【小练习10-16】根据《证券法》的规定,下列各项中,正确的是(　　)。
A. 证券公司均可以从事证券自营业务
B. 证券公司均不得从事证券自营业务
C. 证券公司只能从事由包销产生的证券自营业务
D. 一部分证券公司可以从事证券自营业务

(五)证券公司的职责

(1)融资中介职能,这是指证券公司通过帮助资金需求者发行证券,将证券发售给资金供应者,使资金供求双方联系起来实现资金融通的职能。

(2)分散证券市场风险的职能,是指证券公司通过自身的业务经营活动在一定程度上分散证券市场的风险。

(3)促进证券市场平稳发展的职能,指证券公司利用自身的优势可以促进证券市场的平衡发展。

【小思考10-7】甲乙丙丁四个公司准备成立一家证券公司,四个公司各投资5000

万元；甲公司去年因偷税被当地工商局查处并通报；乙公司派出其总经理 A 担任该证券公司董事长，A 曾经在另一上市公司任职，但 2 年前因违法违纪被解除职务；该证券公司准备开设的业务有证券承销、证券自营。根据《证券法》的规定你认为哪些是不符合法律规定的事项？

【小思考 10－8】小明有了新的疑惑：证券交易所与证券公司有区别吗？区别是什么？

同步练习

一、单选题

1. 下列不属于我国现行证券法明确规定的证券种类的是（　　）。
   A. 股票　　　　　　　　　　B. 证券投资基金
   C. 政府债券　　　　　　　　D. 认股权证

2. 股东大会一般每（　　）定期召开一次。
   A. 两年　　　　　　　　　　B. 一年
   C. 半年　　　　　　　　　　D. 一月

3. 甲股份公司准备发行公司债券，财务部门报告称：本公司目前净资产5000万元，去年已经发行了1000万元的公司债券。问甲公司今年还可发行（　　）公司债券？
   A. 2000万元　　　　　　　　B. 500万元
   C. 1000万元　　　　　　　　D. 3000万元

4. 某上市公司上市后股本总额减少到2500万元，已经连续两年严重亏损，证券交易所规定其6个月内必须使股本总额达到上市条件，但该公司未能在6个月内改变现状。为此，证券交易所将（　　）。
   A. 暂停该公司股票上市交易
   B. 再给该公司3个月的宽限期
   C. 终止该公司股票上市交易
   D. 只有在该公司连续三年亏损的情况下才能终止该公司股票上市交易

5. 公开原则的核心要求是（　　）。
   A. 实现市场信息的公开化　　　B. 公正地对待证券交易的参与各方
   C. 上市公司对重大事项及时向社会公布　D. 参与交易的各方应当获得平等的机会

6. 根据（　　）的不同，债券主要有政府债券、金融债券和公司债券三大类。
   A. 发行对象　　　　　　　　B. 债券持有人
   C. 发行主体　　　　　　　　D. 债券承销商

7. 新股竞价发行在国外指的是一种由多家承销机构通过招标竞争确定证券发行价格，并在取得承销权后向投资者推销证券的发行方式，也可以称为（　　）。

A. 支付购买方式 B. 承销购买方式
C. 招标购买方式 D. 同一价购买方式

8. 首次发行的股票在（　　），发行人及其主承销商可以根据初步询价结果确定发行价格，不再进行累计投标询价。
A. 主板上市的 B. 中小企业板上市的
C. 代办股份转让系统上市的 D. 二板上市的

9. 召开股东大会的上市公司要提前（　　）天刊登公告，在公告中说明是否要进行网络投票。
A. 5 B. 10
C. 15 D. 30

10. 从事证券自营业务的证券公司，其净资本不得低于（　　）人民币。
A. 3000 万元 B. 5000 万元
C. 1 亿元 D. 2 亿元

11. 证券公司自营买卖业务的首要特点为（　　）。
A. 决策的自主性 B. 收益的不稳定性
C. 买卖的随意性 D. 交易的风险性

12. （　　）是证券公司自营业务面临的主要风险。
A. 经营风险 B. 政策风险
C. 市场风险 D. 法律风险

13. 融资买入、融券卖出的申报数量应当为（　　）或其整数倍。
A. 1000 股（份） B. 1000 手
C. 100 股（份） D. 100 手

14. 证券公司开展融资融券业务试点，必须经（　　）批准。
A. 中国人民银行 B. 国务院
C. 证券交易所 D. 中国证监会

15. 证券公司董事会应当就风险管理、审计等事项设立专门委员会。审计委员会应当由（　　）担任召集人。
A. 独立董事 B. 董事长
C. 监事 D. 总经理

16. 客户交易结算资金应当存放在指定（　　），以每个客户的名义单独立户管理。
A. 证券登记结算公司 B. 商业银行
C. 证券交易所 D. 证券公司

17. 股票风险的内涵是指预期收益的（　　）。
A. 不确定性 B. 变动性
C. 跳跃性 D. 间断性

18. 目前，投资者在我国证券市场上进行证券交易时采用（　　）。
A. 代码制 B. 挂名制
C. 匿名制 D. 实名制

19. 甲有限责任公司拟公开发行公司债券，下列有关该公司资产额的表述中，符合《证券法》规定公开发行公司债券条件的是（　　）。

  A. 该公司总资产额为人民币 3000 万元　　B. 该公司净资产额为人民币 3000 万元
  C. 该公司总资产额为人民币 6000 万元　　D. 该公司净资产额为人民币 6000 万元

20. 国务院证券监督管理机构应自受理股票发行申请文件之日起一定期间内作出核准或不核准的决定，该期间应当为（　　）。

  A. 15 日　　　　　　　　　　　　　　B. 1 个月
  C. 3 个月　　　　　　　　　　　　　　D. 6 个月

21. 下列各项中，符合股份有限公司股票上市条件的是（　　）。

  A. 公司股本总额不少于人民币 6000 万元
  B. 公开发行的股份达到公司股份总数的 25% 以上，公司股本总额超过人民币 4 亿元的，公开发行股份的比例为 10% 以上
  C. 公司最近 1 年无重大违法行为，财务会计报告无虚假记载
  D. 必须是国家鼓励发展的产业

22. 根据我国《证券法》的规定，该公司发生下列各项情形应当认定为重大事件发布临时报告，其中不包括（　　）。

  A. 公司副经理发生变动
  B. 更换公司董事长
  C. 持有公司 5% 以上股份的股东持有股份的情况发生较大变化
  D. 更换公司总经理

23. 王某委托证券公司进行证券买卖，证券公司为了谋取佣金收入，诱使王某进行了一些不必要的证券买卖，该证券公司的行为属于（　　）。

  A. 欺诈客户行为　　　　　　　　　　B. 内幕交易行为
  C. 操纵市场行为　　　　　　　　　　D. 信用交易行为

24. 在证券发行和交易活动中，一方当事人不得无偿占有他方当事人的财产和劳动。这体现的是证券法的原则是（　　）。

  A. 自愿　　　　　　　　　　　　　　B. 有偿
  C. 诚实信用　　　　　　　　　　　　D. 公开

25. 证券交易的方式可以分为集中竞价交易和非集中竞价交易两种，分别适用于（　　）和（　　）。

  A. 证券交易所、证券交易所　　　　　B. 证券交易所、场外交易市场
  C. 场外交易市场、证券交易所　　　　D. 场外交易市场、场外交易市场

二、多选题

1. 依照证券法的相关规定，股份有限公司可以发行下列（　　）类型的股票。

  A. 普通股和优先股　　　　　　　　　B. 记名股和无记名股
  C. 额面股和无额面股　　　　　　　　D. 表决权股和无表决权股

2. 中国证监会 2006 年 3 月 1 日接到多家上市公司申请发行新股的报告，下列（　　）公司的申请依法不应被批准

  A. 甲公司正在改组其组织机构，尚未完成

B. 乙公司2004年度亏损
C. 丙公司2005年发生了多起公司财务人员违法乱纪行为
D. 丁公司上年度未按时公布报表被交易所通报

3. 有关证券交易所的说法正确的是（　　）。
A. 自律性法人　　　　　　　　B. 供证券集中交易的场所
C. 设立和解散都由国务院决定　　D. 营利性法人

4. 以下（　　）属于证券监督管理机构的职责。
A. 制定证券市场监督管理的规章、规则
B. 对证券发行、上市、交易、登记、存管等进行监督管理
C. 对证券发行人、上市公司、证券交易所、证券公司等业务活动进行监督管理
D. 制定证券从业者资格标准和行为准则并监督实施

5. 某国有企业为了扩大生产规模，准备公开发行股票募集资本。在讨论采取何种方式发行股票时，A经理发言认为应当联系几个大公司来认购股票，B经理不以为然，认为应当向普通公众公开发行。对于以上发言，正确的有（　　）。
A. A经理的意见是非公开发行　　B. A经理的意见是公开发行
C. B经理的意见是公开发行　　　D. 两位经理的意见都是公开发行

6. 甲公司去年亏损，今年小有盈利，为了扩大生产经营，准备公开发行新股募集资金。该公司去年曾因财务作假被税务局查处。下列说法错误的有（　　）。
A. 该公司2年前的财务问题不影响其公开发行新股
B. 甲公司去年亏损，不得发行新股
C. 甲公司今年已经扭亏为盈了，可以发行新股
D. 除非甲公司今年也盈利，明年可以发行新股募集资金

7. 下列人员中，（　　）禁止从事证券交易活动。
A. 证券交易所的工作人员小刘，尚在任职期间
B. 为甲公司股票发行出具审计报告的某会计师事务所主任会计在该股票承销期内
C. 为某公司股票作保荐人的贾某借其妻子的名义在该股票发行期间购买股票
D. 为上市公司出具法律意见书的某律师事务所律师在法律意见书公开1个月后

8. 下列（　　）是内幕信息的知情人。
A. 股票发行公司的股东
B. 持有公司10%股份的股东
C. 某上市公司的大股东
D. 为某股份公司发行股票登记结算服务的机构

9. 甲有限责任公司准备将其公司债券上市交易。其公司净资产5000万元，公司已发行债券2000万元，期限2年。下列说法正确的是（　　）。
A. 甲为有限责任公司，如果要债券上市，净资产应当达到6000万元
B. 公司债券要上市，实际发行额2000万元太少，应不低于5000万元
C. 甲公司的累计债券余额未超过公司净资产的40%，符合法律规定的要求
D. 甲公司的债券期限符合法律规定

10. 我国《证券法》规定可以从事证券投资咨询业务的主体包括（　　）。

A. 资信评级机构 B. 证券投资咨询机构
C. 基金公司 D. 证券公司

11. 下列尚未公开的信息中（   ）属于内幕信息。
A. 上市公司订立可使全年销售收入大幅增长的销售合同
B. 持有公司3%股份的股东或者实际控制人其持有股份或者控制公司的情况发生变动
C. 上市公司发生重大损失
D. 某上市公司做出与另一公司合并的决定且合并后将取得在行业内的垄断地位

12. 目前我国债券质押式回购交易可在（   ）进行。
A. 上海证券交易所 B. 深圳证券交易所
C. 场外交易市场 D. 全国银行间同业拆借中心

13. 证券经营机构自营买卖的对象是（   ）。
A. 包括非上市证券 B. 包括上市证券
C. 仅限于非上市证券 D. 仅限于上市证券

14. 关于证券发行与证券交易的关系以下说法正确的有（   ）。
A. 证券交易有利于证券发行的顺利进行 B. 证券交易决定了证券发行的规模
C. 证券发行为证券交易提供了对象 D. 证券发行与证券交易相互促进

15. 上海证券交易所和深圳证券交易所在连续竞价期间发布的即时行情的内容包括（   ）等。
A. 证券代码 B. 当日累计成交金额
C. 实时最高五个价位买入申报和数量 D. 实时最高七个价位买入申报和数量

16. 关于证券交易异常波动下列说法正确的有（   ）。
A. 异常波动指标自复牌之日起重新计算
B. ST股票连续3个交易日内收盘价格涨跌幅偏离值累计达到±15的情况属于证券交易异常波动
C. 非特别处理的股票连续3个交易日内收盘价格涨跌幅偏离值累计达到±15的情况属于证券交易异常波动
D. 非特别处理的股票连续3个交易日内收盘价格涨跌幅偏离值累计达到±20的情况属于证券交易异常波动

17. 根据我国《证券法》的规定（   ）实行分业经营、分业管理。
A. 保险业 B. 信托业
C. 银行业 D. 证券业

18. 关于证券登记下述说法正确的有（   ）。
A. 证券登记是确定或变更具体证券持有人及其权利的法律行为
B. 证券登记是保障投资者合法权益的重要环节
C. 证券登记是证券登记结算公司为证券公司建立和维护证券持有人名册的行为
D. 证券登记是规范证券发行和证券交易过户的一个环节

19. 关于上海证券交易所和深圳证券交易所交易时间的规定以下表述正确的是（   ）。
A. 证券交易所交易时间内因故停市交易时间不做顺延
B. 证券交易所可以调整交易时间但必须经中国证监会批准

C. 在国家法定假日交易时间为正常交易日的一半
D. 如果交易时间变更须由中国证券业协会公告

20. 按照现行规定在上海证券交易所上市交易的下列交易品种中佣金最低为人民币 5 元的有（   ）。
A. A股
B. 基金
C. 国债现券
D. 可转换债券

21. 根据《证券法》以下对证券交易所的描述正确的是（   ）。
A. 证券交易所的设立和解散由国务院证券监督管理机构决定
B. 证券交易所是为证券集中交易提供场所和设施组织和监督证券交易实行自律管理的法人
C. 证券交易所是有组织的市场又称"场内交易市场"
D. 证券交易所不持有证券也不进行证券的买卖但能决定证券交易的价格

22. 对基金、股票与债券的认识正确的是（   ）。
A. 股票反映的是所有权关系，债券反映的是债权债务关系，而基金反映的则是信托关系，但公司型基金除外
B. 债券筹集的资金主要投向实业，股票、基金所筹集的资金主要投向有价证券等金融工具
C. 基金是间接投资工具，股票和债券是直接投资工具
D. 基金的收益有可能高于债券，投资风险有可能小于股票

三、判断题

1. 公司债券和股票，从标的物的角度考虑，并没有区别，即都是货币。（   ）
2. 某股份有限公司发行了可转换公司债券，当转换为公司股票的条件具备时，债券持有人必须将公司债券转换为公司股票。（   ）
3. 有限责任公司发行公司债券必须具备的条件之一，即净资产额不低于5000万元人民币。（   ）
4. 股票上市交易的条件之一是公司股本总额不少于人民币 3000 万元。（   ）
5. 股票是股份有限公司签发的债务证书凭证。（   ）
6. 证券交易必须遵循的三公原则是公开、公平和公正。（   ）
7. 证券公司在证券承销过程中不得进行自营买卖。（   ）
8. 新股竞价发行在国外指的是一种由多家承销机构通过招标竞争确定证券发行价格并在取得承销权后向投资者推销证券的发行方式。（   ）
9. 证券交易使证券的流动性特征显示出来促进了证券发行的顺利进行。（   ）
10. 证券交易所本身不能决定证券交易价格。（   ）
11. 可转换债券的持有者必须在规定的转换期间内选择有利时机要求证券公司按规定的价格和比例将债券转换为股票。（   ）
12. 目前沪深证券交易所的证券交收均采用 T+1 滚动交收方式。（   ）
13. 在我国根据现行交易规则申报竞价部分成交后委托人对未成交部分不得撤单。（   ）

14. 根据沪深证券交易所集合竞价规定所有在集合竞价中成交的有效申报都以同一成交价成交。   （ ）

15. 债券的全价交易是指买卖债券时以不含有自然增长的票面利息的价格报价但以全价价格即含有应计利息的价格作为最后清算交割价格。   （ ）

四、案例分析题

案例1： 17岁的中学生张某对股票非常感兴趣，感觉炒股赚钱很快。2014年8月，他想亲自试一把，便偷偷将家中的存款提出8800元，在某证券交易所建立了股东账户。没想到几次交易后，张某不但分文未赚，反将8800元的本钱赔光。此事被其父母得知后，要求证券交易所赔偿。证券交易所表示，股票买卖，有赔有赚，不能赔偿。张某的父母遂向法院起诉。分歧：第一种意见认为：证券交易所不应赔偿，应驳回起诉。理由：张某所受损失，是股票交易的正常风险，且证券交易所并不清楚张某未成年，主观上也没有过错，不应赔偿张某的损失，应驳回起诉。第二种意见认为：证券交易所应返还张某所受损失8800元。理由：张某系限制民事行为能力人，其与证券交易所建立的股票买卖关系无效，证券交易所虽没有过错，但应当返还张某所受损失8800元。你认为应该怎样处理张某的这件事情呢？

案例2： A、B两公司均为股票上市公司。A公司单独设立证券投资部，集中大量货币资金与某证券公司联合，利用公司年度报告和中期报告前的时间差，大量购入本公司股票；后利用发行债券的资金，委托其关联企业代为收购B公司发行在外普通股，因未以A公司名义收购，故未上报国务院证券监督管理机构，也未对外公告，截至目前已累计收购B公司股份的40%。请问：A公司上述行为有哪些不合法之处？

案例3： 远大股份有限公司经过法定程序批准，于2015年2月10日通过向社会公开发行股票成立，注册资本为5000万元。为了扩大生产经营规模，公司决定通过增资扩股方式筹集资金。2015年8月28日，该公司董事会向股东大会提交了一份增资扩股方案，该方案主要内容如下：

（1）本次发行的新股一律为人民币普通股，每股面额为1元人民币，拟发行2000万股，一律以配售方式发行。

（2）根据公司盈利和财产增值情况，每股发行价格拟定为3元人民币，并委托大海证券公司独家承销。

（3）如果一切进展顺利，新股销售时间将安排在2016年2月2日到6月2日之间进行。

请问：上述内容是否符合法律的规定，为什么？

案例4： 中国证监会在组织对A上市公司（本题下称"A公司"）进行例行检查时，发现该公司存在下列事实：

（1）A公司是由B国有企业（本题下称"B企业"）经批准于2007年7月独家发起，向社会公开发行股票，以募集方式设立的股份有限公司。A公司申请公开发行股票时拟订的募集资金投向包括投资人民币3000万元新建一条化工生产线。在上市后，董事会通过决议将原用于该项目的资金用于补充流动资金。

（2）A公司根据有关规定向公司职工发行了500万股公司职工股。甲会计师事务所在查验公司提供的公司职工股股东名单后，就认购公司职工股的股款出具了验资报告。A公司在其公告的上市公告书中称，公司职工股股款已经全部到位。后经查实，公司职工股股款未完全到位。

（3）2015年10月18日，A公司决定投资收购一家生物医药开发公司，该收购行为完成后，将使A公司经营范围发生重大变化。在上述信息披露之前，B企业购入A公司流通股票，并于该信息披露后售出，赢利1000万元人民币。

要求：

（1）根据要点（1）所述内容，A公司改变募集资金投向的程序是否符合法律规定？并说明理由。

（2）根据要点（2）所述内容，根据《中华人民共和国证券法》的规定，A公司及甲会计师事务所有什么违法之处？并说明应承担的法律责任。

（3）根据要点（3）所述内容，根据《中华人民共和国证券法》的规定，B企业有什么违法之处？并说明应承担的法律责任。

案例5：某股份有限公司（下称公司）于2006年6月在上海证券交易所上市。2007年以来，公司发生了下列事项：

（1）2007年5月，董事赵某将所持公司股份20万股中的2万股卖出；2008年3月，董事钱某将所持公司股份10万股中的2.5万股卖出；董事孙某因异国定居，于2007年7月辞去董事职务，并于2008年3月将其所持公司股份5万股全部卖出。

（2）监事李某于2007年4月9日以均价每股8元价格购买5万股公司股票，并于2007年9月10日以均价每股16元价格将上述股票全部卖出。

（3）2007年5月12日，公司发布年度报告。为该公司年报出具审计报告的注册会计师周某于同年5月20日购买该公司股票1万股。

（4）公司股东大会于2007年5月8日通过决议，由公司收购本公司股票900万股，即公司已发行股份总额的3%，用于奖励本公司职工。同年6月，公司从资本公积金中出资收购上述股票，并将其中的600万股转让给公司职工，剩余的300万股拟在2008年10月转让给即将被吸收合并于该公司的另一企业的职工。

要求：根据本题所述内容，分别回答下列问题：

（1）赵某、钱某和孙某卖出所持公司股票的行为是否符合法律规定并分别说明理由。

（2）李某买卖公司股票的行为是否符合法律规定并说明理由。

（3）周某买入公司股票的行为是否符合法律规定并说明理由。

（4）公司收购用于奖励职工的本公司股票数额是否符合法律规定并说明理由。公司从资本公积金中出资收购用于奖励职工的本公司股票的行为是否符合法律规定并说明理由。公司预留300万股股票拟在2008年10月转让其他职工的行为是否符合法律规定并说明理由。

参考文献

1. 财政部会计资格评价中心：《经济法律基础》，经济科学出版社2017年版。
2. 叶青：《经济法基础应试指南》，人民出版社2017年版。
3. 华泽会计：《财经法规与会计职业道德》，立信会计出版社2014年版。
4. 华泽会计：《财经法规与会计职业道德应试指导》，立信会计出版社2014年版。
5. 韩菲：《财经法规与会计职业道德》，高等教育出版社2016年版。
6. 余琼、韩菲：《财经法规与会计职业道德学习指导与练习》，高等教育出版社2017年版。
7. 杜文娟：《知识产权保护制度》，北京工业出版社2003年版。